Publication de l'Association des Anciens Élèves de l'École
des Hautes Études Commerciales

La

Sibérie Économique

Considérée plus spécialement dans sa partie Cisbaïkalienne

PAR

Claudius AULAGNON

DIPLÔMÉ SUPÉRIEUR DE L'ÉCOLE DES HAUTES ÉTUDES COMMERCIALES
CHARGÉ DE MISSION PAR LE MINISTÈRE DU COMMERCE, DE L'INDUSTRIE,
DES POSTES ET DES TÉLÉGRAPHES

Préface par M. Frédéric PASSY, Membre de l'Institut

Ouvrage honoré d'une souscription du Ministère du Commerce

PARIS

GUILLAUMIN ET Cⁱᵉ

Éditeurs du Journal des Économistes

RUE DE RICHELIEU, 14

1901

La Sibérie Économique

Considérée plus spécialement dans sa partie Cisbaïkalienne

Publication de l'Association des Anciens Élèves de l'École
des Hautes Études Commerciales

La

Sibérie Économique

Considérée plus spécialement dans sa partie Cisbaïkalienne

PAR

Claudius AULAGNON

DIPLÔMÉ SUPÉRIEUR DE L'ÉCOLE DES HAUTES ÉTUDES COMMERCIALES
CHARGÉ DE MISSION PAR LE MINISTÈRE DU COMMERCE, DE L'INDUSTRIE,
DES POSTES ET DES TÉLÉGRAPHES

Préface par M. Frédéric PASSY, Membre de l'Institut

Ouvrage honoré d'une souscription du Ministère du Commerce

PARIS

GUILLAUMIN ET Cⁱᵉ

Éditeurs du Journal des Économistes

RUE DE RICHELIEU, 14

1901

A MA MÈRE

PRÉFACE

Toute la presse était récemment occupée des exploits accomplis, par quelques-uns de ses représentants, pour réaliser en moins de temps que le héros imaginaire de Jules Verne le tour de force d'un voyage sans arrêt autour du monde.

Est-ce bien voyage qu'il faut dire? Et, franchement, à part l'intérêt de constater avec quelle vitesse un homme ou un colis, lancé à travers l'espace, peut parcourir un nombre donné de mille kilomètres, quelle satisfaction personnelle ces projectiles humains peuvent-ils avoir retirée de cette course qui ne leur a permis de rien voir; et de quel avantage durable a-t-elle pu être pour l'ensemble de l'humanité? En une heure, avec de bons indicateurs de chemin de fer et de bons horaires des compagnies de navigation, un calculateur un peu avisé aurait pu faire, sans sortir de son cabinet, les mêmes constatations.

Enregistrons les résultats obtenus; félicitons les champions de l'énergie, de la vigueur et de l'activité dont ils ont fait preuve; mais, sans leur faire tort, reportons-en surtout l'honneur aux perfectionnements des moyens de communication, qui, en nous ouvrant l'espace, nous ont rendu maîtres du temps, et qui, Dieu merci! peuvent être utilisés d'une façon plus sérieuse et plus pratique.

Le monde, il y a trois quarts de siècle, un demi-siècle même, était encore, en majeure partie, inexploré. Il est aujourd'hui traversé dans toutes les directions; et il n'y aura bientôt plus, s'il y en a encore, de cartes où l'on puisse lire cette mention, jadis si fréquente : TERRES INCONNUES.

Deux grandes régions surtout ont cessé de mériter cette désignation : l'intérieur du continent africain et cette portion considérable
de l'Asie, dont le nom seul, la Sibérie, inspirait une sorte d'effroi.

Un de nos jeunes confrères, qui porte dignement un grand
nom, M. Pierre Leroy-Beaulieu, avait déjà, dans son livre La
Rénovation de l'Asie, commencé à nous donner de cette Russie
orientale des idées plus exactes. Un autre voyageur, M. Claudius
Aulagnon, rendant compte d'une mission économique qui l'y a
conduit l'an dernier, achève, aujourd'hui, de nous la faire connaître.

Ce mauvais renom de la Sibérie, dit-il, tient principalement à
deux causes : l'une matérielle, l'autre morale, ou, plus exactement peut-être, politique. Il y a, au point de vue du climat, deux
Sibéries, pour ainsi dire : celle du Nord et de l'Est, ensevelie, la
plus grande partie de l'année, sous la neige, et dont le sol, sauf
une faible épaisseur de la surface, ne dégèle jamais ; et celle
de l'Ouest et du Centre, qui, bien que d'un climat pour nous rigoureux, est accessible à la culture, riche et féconde même sur
bien des points, et dont les blés, pour ne parler que d'eux, ceux
de l'Altaï, notamment, pourraient bien faire un jour, à la production européenne, une concurrence plus sérieuse que beaucoup
d'autres. On a jugé du tout d'après la partie. Et volontiers on se
figure la Sibérie entière comme à peu près inhabitable. Elle ne
l'est pas plus, nous dit M. Aulagnon, que le Canada, avec lequel
elle lui paraît présenter beaucoup d'analogie. Et lorsqu'elle sera
suffisamment peuplée ; lorsque, par le perfectionnement et la mul-
tiplication de ses voies fluviales et ferrées, la circulation des produits et des hommes y sera rendue moins difficile, elle pourra
devenir, par l'utilisation de ses ressources naturelles, un grand
centre d'exploitation agricole et industrielle.

D'autre part, on s'est habitué à ne considérer la Sibérie que
comme un enfer administratif, le séjour intolérable et détesté des
exilés et des condamnés. Or, depuis une époque récente, il est
vrai, la Sibérie a cessé d'être affectée au service de la déportation.

L'île Sakhaline, dans le Pacifique, est seule, désormais, réservée
pour ce service; et la Sibérie, dans laquelle ne sont pas acheminés,
chaque année, moins de deux cent mille émigrants de la Russie
d'Europe, passe rapidement à l'état de colonie de peuplement.

En sorte qu'il y a, observe M. Aulagnon, à côté de ce que l'on
pourrait appeler la Sibérie morte, une Sibérie vivante, dont l'histoire ne fait que commencer. Et le réveil de cette Sibérie vivante,
activé par ces merveilleux instruments de transformation qui
s'appellent les chemins de fer, sera peut-être beaucoup plus rapide,
surtout si les capitaux étrangers viennent le seconder, que ne se
le figurent même les plus optimistes.

M. Aulagnon, préoccupé surtout de rechercher et d'indiquer ce
qui, dans cette transformation prévue, peut intéresser les relations
commerciales de la France, est-il lui-même trop disposé à voir
en beau l'avenir de ces régions qu'il vient de parcourir? Je ne me
permettrai pas de me prononcer à ce sujet. Ce que je puis dire,
c'est, d'une part, qu'il paraît avoir étudié avec beaucoup de soin
tous les éléments de richesse : minérale, végétale et animale, du
pays ; et que l'on trouvera dans son livre des renseignements qui
paraissent puisés aux meilleures sources. Et c'est, d'autre part, que
quelques-uns des conseils qu'il donne attestent chez lui beaucoup
de prudence. C'est ainsi que, tout en insistant sur le rôle considérable des chemins de fer, il a soin de mettre le lecteur en garde
contre les illusions qu'il pourrait se faire au sujet de l'abaissement
des prix de transport. Les compagnies de navigation, d'après lui,
auront toujours, ou longtemps tout au moins, un avantage indiscutable pour toutes les marchandises dont la valeur ne comporte pas un fret élevé, ou dont la nature n'exige pas un transport
rapide.

Il montre également que, si l'on veut établir avec chances de
succès des relations commerciales dans ces pays, il sera nécessaire,
pendant un certain temps au moins, de s'entendre à plusieurs pour
avoir un représentant et un dépôt collectif, sans quoi l'on ne pourrait ni trouver une rémunération suffisante des gros capitaux qui

seraient indispensables, ni tenir des magasins suffisamment assortis. Ces représentants, d'ailleurs, devront, sous peine d'échouer
misérablement, connaître parfaitement la langue et les habitudes
du pays.

Je ne puis, dans ces quelques pages, que donner un rapide
aperçu de ce que l'on peut trouver de renseignements dans le cons
ciencieux travail de M. Aulagnon. Mon but, d'ailleurs, n'est point
de dispenser de le lire, mais d'engager, au contraire, à le lire. Je
me permettrai toutefois, à titre d'indication, de relever quelques
faits dont, même en France, on pourrait tirer parti.

On sait quelle importance a prise, en Danemark, la fabrication
des beurres. Eh bien, ce qui se fait en Danemark a commencé à se
faire, sur une assez grande échelle déjà, en Sibérie. Des beurreries
modèles, des beurreries industrielles, dans lesquelles le lait,
apporté par les habitants, est traité par les procédés les plus per-
fectionnés, se sont créées et se développent tous les jours. Leurs
produits, désignés sous le nom de beurres d'exportation, vont,
soit directement, soit en passant par le marché de Copenhague,
alimenter les marchés de Londres, de Hambourg, de Moscou; et
il n'en a pas été expédié ainsi, pendant la dernière année, pour
moins de 29 millions de francs. Des instructeurs officiels des
beurres encouragent cette industrie, en enseignant, dans les lieux
où elle n'est point encore exercée, la meilleure manière de traiter
le lait. Il s'est formé, d'ailleurs, et il se forme tous les jours, pour
alimenter les beurreries, des syndicats de paysans. Parfois, il est
vrai, ils ont à lutter contre la routine. Et c'est ainsi que, dans
quelques endroits, on a voulu s'opposer à ce que l'on fît subir au
lait la torture des machines, par la crainte que les vaches, par
vengeance, ne cessassent d'en fournir.

Un autre usage, qui montre avec quelle promptitude le commerce sait profiter de toutes les ressources nouvelles qui lui sont
offertes, c'est l'emploi du colis postal de cinq kilos, pour l'expédition des fourrures. Ces fourrures, en effet, sont au nombre des
marchandises qui peuvent payer le temps. Il y a telles peaux qui

sur le marché d'Irbit, se vendent plusieurs milliers de francs la pièce. Quel prix doivent-elles atteindre sur le dos des animaux à deux pieds qui s'en revêtiront?

J'aurais bien des choses encore à noter dans le livre de M. Aulagnon; par exemple, ce qu'il dit de l'organisation actuelle du commerce, qui n'a guère pu, jusqu'à présent, être alimenté, comme il l'était jadis par les foires de Beaucaire, de Montpellier, de Troyes, de Leipzig ou de Nijni-Novgorod, que par des grandes foires, où les marchands locaux allaient se fournir, une fois ou deux par an; ce qui les faisait, après leur rentrée chez eux, seuls détenteurs des marchandises et, par conséquent, maîtres du marché.

Mais j'ai dit que je laissais au lecteur le soin de chercher lui-même dans le texte ce qu'il a besoin de savoir. Et je m'arrête en répétant qu'il trouvera, sur tous les points : localités, moyens de transport, quantités, prix et jusqu'aux noms des banques et des principales maisons, des renseignements détaillés. J'ajoute seulement que les idées personnelles de l'auteur, quand, au lieu de se borner à constater, il juge, sont celles d'un esprit libéral et qui connaît la valeur de la concurrence. Sans méconnaître, en dénonçant même, comme je l'ai dit plus haut, celle que les blés de la Sibérie peuvent venir faire à leur tour à nos blés indigènes, ce n'est point le découragement, mais l'énergie qu'il prêche à nos cultivateurs. « La conquête progressive de la terre par l'humanité, dit-il, a pour conséquence logique la baisse progressive et constante du prix des produits agricoles... Et ce n'est pas par des mesures d'État, et notamment par la plus en faveur jusqu'à ce jour, par l'isolement douanier, par la suppression brutale de la concurrence extérieure, par la protection, en un mot, » qu'il sera possible de sauvegarder ses intérêts. « Ceux qui se fient à de pareils moyens ressemblent un peu à l'autruche qui, sur le point d'être atteinte par le chasseur, croit lui échapper en cachant sa tête sous le sable. »

J'apprends, au moment où je cite ces paroles, que l'auteur a

XII

été jadis, à l'École des Hautes Études Commerciales, l'un de mes élèves. Cela n'ajoute rien au mérite de son étude; mais il me sera bien permis de dire que cela ajoute quelque chose à la satisfaction avec laquelle j'en ai pris connaissance et à la sympathie avec laquelle je lui souhaite le succès auquel il a droit.

Frédéric PASSY.

LA SIBÉRIE ÉCONOMIQUE

I. — CONSIDÉRATIONS GÉNÉRALES.

LE mot de Sibérie évoque en général l'idée d'une vaste région aux glaces et aux neiges perpétuelles, d'un pays difficilement accessible, à peine habité si ce n'est par des criminels et des forçats, d'un pays que son climat rendrait infertile et qui n'aurait d'autres richesses que les fourrures de ses animaux et l'or de ses placers.

Il convient de faire une distinction. La Sibérie est immense, et c'est pourquoi elle n'est pas partout semblable à elle-même. Si les contrées dont l'ensemble forme la Sibérie ont des caractères communs, elles ne se distinguent pas moins par les aspects du sol, les populations qui y vivent et par leurs productions.

C'est surtout la Sibérie du Nord et de l'Est qui a valu au pays entier sa mauvaise réputation. Les plaines septentrionales sans limites, les forêts marécageuses sont ensevelies sept à huit mois de l'année sous la neige. A 30 centimètres de profondeur, le sol y est éternellement gelé. De malheureuses peuplades errantes, Ostiaks ou Samoyèdes, dont le nombre diminue chaque année, sont avec les rennes, les chiens et les bêtes sauvages, les seuls habitants de ces contrées désolées. De même, dans l'est, des espaces infinis, plaines ou montagnes, sont à peine explorés. Les misérables humains chasseurs et pêcheurs, qui habitent ce royaume du froid n'y vivent qu'au prix de mille souffrances et seul, le métal magique, l'or, caché dans le lit des torrents, peut y attirer des êtres civilisés. Ce sont ces régions, lieux de relégation et de mort, qui ont créé la légende sibérienne.

Le chemin de fer les a, il est vrai, rapprochées de nous. Plus facilement accessibles, elles inspirent déjà moins d'effroi. Placées en dehors de la sphère d'influence du Transsibérien, elles ne participent que pour une faible part au développement économique dont celui-ci est la cause et restent pour longtemps encore à l'abri des envahissements civilisateurs. Nous n'en avons donc pas entrepris la description. Bien que fort attrayante, elle serait dénuée d'intérêt immédiat et nous eût éloigné du but que nous poursuivons qui est, avec l'étude de la transformation actuelle de la Sibérie, la recherche de la part que peut prendre notre pays, la France, au développement éco-

nomique de cette contrée nouvellement ouverte aux relations internationales.

Car il est une autre Sibérie, un pays vivant qui, assoupi pendant le
rigoureux hiver, se réveille dès qu'il est dépouillé du manteau de neige
qui le couvre 4 ou 6 mois de l'année, dont le climat diffère peu en somme
de celui de la Russie orientale et dont le sol, gras et fertile, nourrit
une population déjà nombreuse. Nous voulons parler de la zone que
nous appellerons la Sibérie moyenne, que le Transsibérien traverse
ou dont il forme dans certains endroits la limite septentrionale.

Dans cette Sibérie moyenne, nous mettrons à part la Sibérie orientale, c'est-à-dire les territoires russes de l'Amour. Ces territoires,
bien qu'appelés à un assez rapide développement, sont encore peu
peuplés, et sont orientés non vers l'Europe, à laquelle ne les relie que
le court tronçon du chemin de fer de Transbaïkalie, mais vers le Pacifique. Unis au Japon par une mer intérieure, ils ne sont pas d'un
autre côté comme la Cisbaïkalie, séparés de la Chine par d'infran-
chissables chaînes de montagnes; c'est le vaste fleuve Amour, la
grande artère du pays qui sur près de deux mille kilomètres forme
au sud un immense trait d'union entre les deux pays. C'est donc
avec les peuples jaunes et plus loin sur l'autre bord de l'Océan, avec
l'Amérique que la Sibérie orientale a et aura surtout des relations
commerciales. Pour ces raisons, notre pays est intéressé moins directement à l'évolution économique de cette partie de la Sibérie. Nous
n'en avons donc parlé qu'accessoirement.

Notre étude a porté plus spécialement sur la zone moyenne de la
Cisbaïkalie, c'est-à-dire sur les parties occidentales et centrales de la
Sibérie. Ce sont, en effet, ces régions (et surtout la Sibérie occidentale avec les Gouvernements de Tomsk et de Tobolsk) qui forment ce
qu'on peut appeler le jardin de la Sibérie. Le climat, bien que continental à l'excès, y permet cependant l'agriculture et l'élevage. Le
sol produit des céréales en assez grande abondance pour que celles-
ci puissent contribuer à l'alimentation de la Russie et de l'Europe
occidentale. De merveilleux pâturages naturels nourrissent un bétail
qui, par tête d'habitant, est peut-être plus nombreux qu'en aucun
autre pays. Les produits de cet élevage s'exportent pour partie en
Russie et certains d'entre eux, tels que les beurres, sont dès maintenant l'objet d'échanges commerciaux considérables entre la Sibérie
et l'Europe. D'autres de ces produits commencent à être transformés
dans le pays même, grâce à la naissance de diverses industries.
D'autre part, la chasse aux animaux à fourrures, la pêche dans des
lacs, des rivières et des fleuves puissants et nombreux, l'exploitation
d'immenses forêts, le lavage des sables aurifères et l'extraction de
la houille et d'autres minéraux fournissent les ressources accessoires dont vivent ces contrées.

Sans pouvoir donc donner à la Sibérie entière le nom de pays riche, on voit néanmoins que la Sibérie moyenne, de l'Oural au Baïkal, mérite parfaitement cette épithète. C'est dans ces gouvernements que s'est du reste concentrée la population puisque sur un total de 7.500.000 âmes environ que compte la Sibérie, 6.100.000 environ habitent la Cisbaïkalie (à elle seule, la Sibérie occidentale en compte environ 5.000.000).

Ces régions sont en effet pour la Russie ce qu'est pour nous l'Algérie, ce qu'est pour l'Angleterre, le Canada ou l'Australie, une colonie de peuplement. C'est là que la Métropole déverse l'excès de sa population. La population russe croît, on le sait, avec une rapidité étonnante et la culture séculaire et primitive d'un lopin de terre de plus en plus réduit ne suffit plus à la nourrir. La crise agricole qui a fait naître la Russie industrielle a été aussi la cause d'un grand mouvement d'émigration.

Chaque année, à raison de 200.000 hommes et plus, une armée de cultivateurs franchit l'Oural. Dirigée et aidée par le Gouvernement qui distribue les terres, elle s'en va, noyant de son flot puissant les anciens déportés, refoulant ou absorbant les races indigènes, coloniser, défricher les steppes vierges de l'Asie, se frayer un chemin au milieu de l'immense forêt, y faire naître des bourgs, demain des villes, consolider ainsi le nom et la force russes de l'autre côté des monts et rétablir un harmonieux équilibre entre les différentes parties du vaste Empire.

Il fallait assurer à ce grand mouvement migratoire un écoulement rapide et régulier. En outre, cette colonisation faisait naître des productions nouvelles auxquelles devaient répondre de nouveaux moyens de transport. On a construit à cet effet des voies ferrées : le Chemin de fer Ouralien, le Transsibérien aujourd'hui presque achevé, le Chemin de fer Perm-Kotlas. D'autres lignes vont être établies qui uniront plus intimement encore la Colonie à la Métropole.

La colonisation pourtant n'eût pu porter ses fruits ; mais un oukase impérial a salué l'aube de ce siècle par l'abolition de l'exil, a délivré la Sibérie de l'opprobre des bagnes, du virus malfaisant qui la contaminait. La déportation n'est plus (1), et le pays, livré auparavant à l'arbitraire d'une administration sans contrôle, est maintenant doté de l'organisation judiciaire qui lui manquait ; il a des tribunaux.

En voie de peuplement rapide, ayant des institutions qui la font presque égale à la Métropole, munie d'un organe économique moderne, le chemin de fer, la Sibérie entre enfin dans une phase nouvelle de son existence ; elle commence son histoire.

---

(1) La Sibérie ne reçoit plus maintenant ni forçats, ni relégués ; les pénitenciers ont été transportés dans l'île de Sakhaline, sur le Pacifique.

La question des voies de communications et des moyens de transports domine toute étude sur la Sibérie.

Nous attachant particulièrement à cette Sibérie vivante dont nous venons de parler, à la Cisbaïkalie, nous examinerons donc d'abord attentivement les voies terrestres, fluviales ou ferrées qui relient entre elles les différentes parties du pays ou les font communiquer avec la Métropole et l'Extérieur.

Nous étudierons ensuite les principaux facteurs de la production sibérienne : l'agriculture, l'élevage, l'industrie forestière, la chasse et la pêche, les industries minières, les industries de transformation et le commerce, en cherchant autant qu'il nous sera possible à mettre en lumière l'influence qu'ont eue déjà ou auront sur ces diverses branches de l'activité du pays, les voies ferrées russo-sibériennes, et à dégager les points de contact commerciaux que le développement économique déterminé par ces voies peut faire naître entre la Sibérie et la France [1].

(1) Qu'il nous soit permis d'exprimer ici notre sincère gratitude aux nombreuses personnes, fonctionnaires, négociants ou industriels sibériens — dont beaucoup sont depuis devenus pour nous des amis — à l'amabilité et à l'obligeance desquels nous devons d'avoir pu, pendant notre séjour en Sibérie, recueillir l'ample moisson de renseignements et de documents qui nous a engagé à entreprendre cette tâche en nous en permettant l'exécution.

II. — VOIES DE COMMUNICATION.

Aperçu général.

Lon a dit de la Russie que son étendue était son plus grand ennemi. Cette vérité s'applique encore mieux, si c'est possible, à sa possession d'Asie, à la Sibérie.

C'est en effet l'immensité des territoires dont la réunion forme la Sibérie qui en a arrêté si longtemps le développement. Les populations disséminées dans différentes contrées éloignées de plusieurs milliers de kilomètres les unes des autres doivent, pour communiquer entre elles et être en rapports avec le monde extérieur, traverser des étendues sans fin. Les échanges indispensables à la vie sont donc difficiles et lents, par suite, périodiques.

La vapeur, abrégeant le temps, raccourcit les distances, mais aujourd'hui encore, il faut des semaines entières pour parcourir l'Obi ou l'Yénisséï, de même que la petite locomotive russe halète de longues journées avant d'arriver au bout du ruban de fer qui unit l'Asie à l'Europe.

La Sibérie, il est vrai, possède des voies navigables auxquelles seule en Europe la Volga peut être comparée ; mais ces fleuves dont les bassins sont chacun grands comme la moitié de l'Europe sont sans communication pratique entre eux, et la Sibérie, divisée par eux en des sortes de grands territoires parallèles, n'ayant pour la plupart, comme unique débouché, que des mers presque fermées, ne sut de longtemps utiliser ces voies naturelles et resta éloignée du monde.

Les produits de son agriculture, de son élevage, privés d'issue, ne pouvaient qu'avec peine et dans une faible mesure, contribuer à alimenter des régions moins favorisées ; les objets les plus nécessaires à la vie ne parvenaient qu'après de long mois, et grevés de frais de transport qui dépassaient plusieurs fois leur valeur.

La Sibérie ne put donc longtemps fournir aux marchés extérieurs que des produits chers, tels que l'or et les fourrures, susceptibles de supporter des frets élevés. Elle dut seulement aux relations commerciales de ses marchands de Kiakhta avec les Chinois, alors que les ports de l'Empire du Milieu étaient fermés aux étrangers, le privilège de transporter à travers ses forêts, ses marécages et ses steppes, les thés de Chine destinés à la Métropole.

Ces transports à travers les régions centrales et occidentales de la Sibérie s'effectuaient dans une même direction, de l'est à l'ouest, pour les thés et les fourrures. Quant aux produits manufacturés que la Sibérie recevait en échange de l'Europe, ils suivaient la même voie, mais en sens contraire.

La Sibérie de la déportation ne pouvait espérer attirer sur elle une attention dont la Métropole avait elle-même tant besoin et réclamer pour ses communications des voies artificielles dont le coût eût été en disproportion avec le chiffre de la population appelée à en profiter; et, comme ses voies navigables ne pouvaient pas, par leur orientation, se prêter facilement à leur utilisation, les transports de marchandises, de voyageurs ou de condamnés s'établirent par routes.

Depuis, les vapeurs ont fait leur apparition sur les fleuves sibériens, et après eux, le chemin de fer est venu réunir les différents bassins, tracer une ligne presque ininterrompue entre Moscou et l'Amour, et rendre sans emploi la grande route de terre dont il a pris la place. Ces considérations indiqueraient donc qu'un aperçu des routes de terre ne pourrait présenter qu'un intérêt historique, si la Sibérie était restée seulement un pays de transit, si son développement économique n'obéissait pas à des lois identiques à celles qui président à la transformation des pays plus avancés, si des voies de communication nouvelles ne lui créaient de nouvelles ressources entraînant elles-mêmes de nouveaux besoins qui ne pourront de sitôt être satisfaits par l'exécution de nouvelles voies ferrées.

Routes de terre.

Le chemin de fer qui traverse seulement ce vaste pays ne suffit pas à le desservir, et si le grand roulage sur la voie postale de Tioumène à Irkoutsk a été définitivement tué cette dernière décade, il existe encore et existera longtemps sur d'autres routes. Le mot « routes » appliqué aux voies de terre sibériennes ne doit pas évoquer l'idée de chaussées empierrées, bordées de fossés, etc.: comme leurs sœurs de Russie qui sont tout à fait abandonnées depuis la construction des chemins de fer, comme du reste dans tous les pays neufs. dont le développement économique ne s'est pas fait progressivement, mais a procédé par bonds et par à-coups, ces routes ne ressemblent en rien à celles de l'Europe.

Si leur établissement a causé certains frais dans quelques parties marécageuses ou trop boisées, leur construction, le plus souvent, n'a pas été onéreuse. Les ponts en effet manquent totalement et c'est sur des bacs, mus par la seule force du courant, qu'on traverse les fleuves ou les rivières. L'entretien de ces voies ne coûte généralement rien au Trésor, qui, tout au contraire, tire de l'exploitation bien entendue des relais de poste, des bacs de passage, d'excellents revenus. Boueuses au printemps, ensevelies en été sous d'épaisses couches de poussière que le vent soulève en tourbillons, c'est en hiver surtout qu'elles s'animent. La neige durcie est plus moelleuse sous le traîneau que le plus doux des macadams et pendant quatre ou cinq mois, la glace des fleuves emprisonnés est la route naturelle que parcourent, au pas rythmé des petits chevaux, les interminables files de traîneaux. C'est à ce moment que les relations sont actives et rapides, et c'est alors surtout que céréales, noix de cèdre, peaux et autres produits, s'apportent à la station du chemin de fer ou au port fluvial où elles seront emmagasinés jusqu'à l'ouverture de la navigation.

Les routes sibériennes sont donc seulement des passages fréquentés et en donner un aperçu n'est pas faire une étude de travaux publics, mais plutôt esquisser les courants primordiaux du commerce du pays.

Le grand Tract. — La plus importante des routes de Sibérie était, comme je l'ai indiqué, le grand « Tract » postal qui, de l'ouest à l'est, traversait la Sibérie dans toute sa largeur.

Formé de deux rameaux qui, sortant, l'un de l'Oural méridional (Orenbourg-Orsk- Verkhné Ouralsk), l'autre de la Russie du Nord-Est (Perm-Ekatérinbourg) s'unissaient à Omsk, il passait ensuite à Tomsk en traversant les bourgs de Kaïnsk et de Kolyvan et atteignait l'Yénisséï à Krasnoïarsk pour se diriger ensuite sur Irkoutsk. Le Baïkal traversé, la voie s'orientait :

1° Sur Troïtskosavsk et Kiakhta pour rejoindre la voie des caravanes qui, à travers la Mongolie, unit l'Europe à Pékin ;

2° Sur Tchita, empruntant ensuite l'Amour jusqu'à son embouchure dans la mer d'Okhotsk à Nikolaïevsk.

Le mouvement des voyageurs et des marchandises sur cette voie était extrêmement actif, car la presque totalité du trafic sibérien s'y concentrait (1).

Mais ceci a tué cela : aujourd'hui, les populations, échelonnées le long de cette route de plus de 7.000 kilomètres, qui vivaient pour ainsi dire uniquement de l'industrie du roulage, ont dû chercher dans l'agriculture et dans des occupations sédentaires de nouveaux moyens d'existence ; car le Tract est abandonné, et, seuls, quelques-uns de ses tronçons ont encore un semblant d'existence.

Celui de Tioumène à Perm, grâce à la foire d'Irbit et aux tarifs qui

---

(1) On évalue à 4.000.000 de pouds, soit 656.000 quintaux, le trafic annuel du traînage ou du roulage sur la partie Tomsk-Irkoutsk, ce qui représente environ 80.000 à 100.000 charrettes ou traîneaux et 20.000 conducteurs.

grèvent lourdement les transports à petites distances par voie ferrée, réussit encore à faire à cette dernière une concurrence redoutable (1).

Le tronçon d'Orenbourg à Omsk a gardé une certaine activité, mais il n'a guère qu'une importance locale ; il sert à amener, soit vers le Transsibérien, soit vers la ligne du chemin de fer d'Orenbourg à Samara, les produits de l'élevage Kirghise, ou à distribuer dans la steppe les produits manufacturés arrivant par les voies ferrées.

Un autre tronçon, celui d'Irkoutsk à Kiakhta, subsiste encore grâce à la faveur douanière dont jouit Irkoutsk. Les thés entrant en Russie par cette ville acquittent en effet des droits de douane bien moins élevés que ceux qui sont payés par d'autres frontières (pour les thés noirs par exemple 317 fr. 90, au lieu de 514 fr. 45 par 100 kilogs comme à Odessa).

Pour cette raison, une grande partie des thés chinois destinés à la consommation russe emprunte encore la voie des caravanes à travers la Mongolie et la Transbaïkalie. L'achèvement de la voie ferrée mandchourienne qui mettra Irkoutsk en communication directe avec Vladivostok et Port-Arthur va porter le dernier coup au tronçon de route Irkoutsk-Kiakhta dont le trafic a déjà fortement diminué du fait de la concurrence de la navigation à vapeur sur la Sélenga, le Baïkal et l'Angara.

Voie Tachkent-Petropavlovsk. — Quelles sont maintenant les autres grandes routes fréquentées ? Deux des plus longues sont celles qui unissent Tachkent et l'Asie centrale au Transsibérien, l'une par l'ouest, l'autre par l'est, formant à elles deux une sorte de circonférence tout autour des steppes kirghises. La première se dirige de Tachkent sur l'extrémité septentrionale de la mer d'Aral et va rejoindre à Orsk, le tronçon Orenbourg-Petropavlovsk.

Voie Tachkent-Omsk. — La deuxième se dirige au contraire à l'est, et traverse la région du Sémiriétchié, passe à Vierny et à Kopal d'où elle envoie des tronçons sur les provinces occidentales chinoises, à Kouldja, à Tchougoutchak, puis remonte au nord pour atteindre Sergiopol, Sémipalatinsk, Pavlodar et enfin Omsk.

(1) Le transport par voiture des marchandises de première catégorie (produits manufacturés, tissus, articles de toilette, etc.) entre Tioumène et Perm est plus avantageux que le transport par fer : le prix en est moindre (50 à 60 kopeks au lieu de 75 pour une distance de 800 kil.). La durée du transport est réduite de moitié; les transporteurs répondent en outre de la totalité des marchandises, tandis que le chemin de fer garde une franchise et que les actions en restitution qu'on lui entame sont toujours longues et remplies de formalités.
Entre Tobolsk et Ekatérinbourg, le transport des poissons se fait souvent par traîneaux ou voitures à raison de 30 à 35 kopeks par poud, tandis que les transports de retour, constitués par des farines, ne coûtent que 15 à 18 kopeks (soit 24 à 29 francs par tonne) pour une distance d'environ 600 kilomètres.

: Les caravanes qui parcourent ces deux grandes voies apportent au Transsibérien ou à l'Irtych les produits de l'Asie centrale (Turkestan, Boukharie), soies et étoffes de soie, tapis et fruits secs; de Chine, des laines de mouton; de la région du Sémiriétchié et des steppes, des poils de chameaux, des laines de mouton, des boyaux, des cuirs de bœufs, de chevaux, des peaux de moutons et de chèvres. C'est aussi par ces voies que les steppes s'approvisionnent en produits manufacturés : objets en fonte, sucre, thé, etc.

Les autres routes de la steppe, bien que moins importantes, ont un trafic analogue; ce sont les voies suivantes : Pétropavlovsk-Koktchétav-Atbassar-Akmolinsk. — Pavlodar-Karkaralinsk. — Sémipalatinsk-Zaïçansk.

Voies Altaïennes. — Plus à l'est, vient aboutir la grande artère de l'Altaï qui unit Tomsk à Barnaoul et là se divise en deux rameaux qui vont atteindre la Mongolie occidentale à Kobdo, l'un par Biisk, le Katoun et la Tchouya en passant à Koch-Agatch; l'autre, plus au sud, par Zmieinogorsk, Oust-Kamenogorsk et Boukhtarma.

Cette route dans sa première partie double l'Obi presque jusqu'à Biisk; bien que les contrées qu'elle traverse soient fertiles et produisent beaucoup, la concurrence de la navigation à vapeur lui a fait perdre beaucoup de son importance; elle ne sert guère maintenant qu'aux communications locales ou d'hiver.

Plus loin, de Biisk à Kobdo, la traversée des montagnes est difficile; c'est par des sentiers escarpés et dangereux que se fait à dos de chameaux ou de chevaux l'échange des marchandises russes (étoffes, cuirs, cornes de maral (1), sucre, argent métallique, etc.) contre les laines de moutons (djébaga), le thé chinois et les marmottes de Mongolie. Cette voie de pénétration en Chine perd d'année en année son activité commerciale; cependant on espère la lui redonner en rendant, par des travaux, son passage plus facile en certains endroits. Une somme de 60.000 roubles a été à cet effet assignée par le cabinet impérial.

L'autre embranchement de Barnaoul à Oust-Kamenogorsk draine, soit vers l'Obi, soit vers l'Irtych, les abondantes productions agricoles ou pastorales de ce rayon. Plus au sud, ce n'est qu'une voie souvent difficile de petite communication. Il en est de même pour la voie qui relie la région montagneuse et minière de Kouznetsk à celle de Barnaoul.

Voies du gouvernement d'Yénisséïsk. — Dans le bassin de l'Yénisséï les deux seules voies routières de quelque importance doublent le

(1) Le « Maral » est une variété de cerfs qui se rencontre fréquemment dans l'Altaï méridional. Les Chinois achètent les bois de cet animal, les découpent en fragments dont ils se servent comme amulettes.

fleuve qu'elles empruntent simplement en hiver. Ce sont les voies de : Krasnoïarsk à Yénisséisk et d'Atchinsk à Minoussinsk. Les gros transports se faisant en été par le fleuve, ces deux routes servent seulement en hiver au transport des voyageurs.

AUTRES VOIES. — Les routes d'Irkoutsk à Verkholensk et de Touloun à Oust-Koutskoïé (sur la Léna) servent au transport des voyageurs et des approvisionnements à destination du bassin de la Léna dont elles sont les seules communications, et notamment aux mines d'or des bassins de la Vitim et de l'Olekma.

La route très accidentée, qui contourne le lac Baïkal, ne sert qu'aux relations locales.

En ce qui concerne la Sibérie orientale, les populations très clairsemées qui l'habitent sont groupées le long des fleuves dont elles se servent pour les rares relations commerciales qu'elles entretiennent, à des intervalles périodiques, avec le reste de la Sibérie.

TRANSPORTS SUR ROUTES. — Ce qui caractérise les transports sur routes par chevaux ou à dos de chameaux (dans les steppes kirghises), c'est leur rapidité relative et leur bon marché, ceci surtout en Sibérie occidentale. En moyenne, le transport des marchandises ne coûte guère plus de 1/4 à 1/10 de kopek par poud et par verste (soit 0 fr. 1139 à 0 fr. 163 par tonne kilométrique). En hiver, les hommes et les chevaux n'étant pas alors occupés par les travaux des champs, ces prix tombent encore au-dessous, à 5 centièmes de kopek par poud-verste (0 fr. 08135 par tonne kilométrique). Ces prix pour les petites distances concourent facilement avec les tarifs différentiels du chemin de fer, tarifs avantageux surtout pour les grands parcours. Les chevaux sibériens, bien que petits, joignent à une grande rapidité une grande endurance ; ils font souvent de longs voyages à raison de 100 kilomètres par jour. Leur entretien est des plus économiques. Malgré le bon marché de l'avoine (qui, dans le gouvernement de Tobolsk, par exemple, dépasse rarement 30 kopeks par poud (1), et qui descend souvent jusqu'à 10 kopeks, soit 1 fr. 63 les 100 kilogs), leur nourriture consiste presque exclusivement, en été, dans l'herbe qui croît le long du chemin.

En Sibérie occidentale, on peut donc parcourir en voiture des distances énormes à des prix très réduits : pour les voyageurs 1 1/2 à 2 kopeks par verste et par cheval, prix auxquels il convient d'ajouter une taxe prélevée spécialement par le Gouvernement. Ce mode de transport est souvent préféré aux voyages par eau, à cause de sa rapidité (vitesse commerciale 10 à 15 kilomètres à l'heure).

Les transports sur routes sont assurés par plusieurs comptoirs

(1) Voir, à la fin de l'ouvrage, notre table d'équivalences entre les prix en roubles par poud et en francs par 100 kilogs.

d'expédition qui ont pour la plupart leurs sièges en Russie, et des
agences dans les principales villes de Sibérie ; les plus importants de
ces comptoirs sont : la compagnie « Nadiéjda » de Saint-Pétersbourg, la
compagnie russe « Rossiiskoyé Obchtchestvo » de Saint-Pétersbourg,
« Kouktérin » de Tomsk, les Frères Kamensky de Perm, etc., etc...
Ces compagnies se chargent également de l'assurance des marchandises qui leur sont confiées.

Voies fluviales.

Considérations générales. — L'énorme Sibérie, si informe et si
peu peuplée, possède un admirable réseau fluvial, des fleuves puissants, coulant en plaine sur la plus grande partie de leurs cours et
dont les ramifications gigantesques s'étendent sur tout le pays.

Cependant, ces fleuves magnifiques ne rendent pas les services
qu'on pourrait en attendre. Ils se jettent dans des mers sinon complètement fermées, du moins d'un accès difficile, et leur cours inférieur
se trouve dans la zone polaire. Le climat rigoureux de la Sibérie les
rend inutilisables, même dans leurs parties moyennes ou supérieures,
pendant près de la moitié de l'année. De plus, ils ne traversent les régions fertiles de la Sibérie, celles où le climat permet l'agriculture ou
l'élevage du bétail, qu'au début de leur descente dans la plaine, là où
ils présentent à la navigation le moins de commodités.

L'Obi, tel qu'il est, navigable depuis Biisk, c'est-à-dire sur près de
3.250 kilomètres, forme cependant avec son affluent l'Irtych, dont la
longueur est de 2.800 kilomètres, et ses sous-affluents, la Tobol et la
Toura, un magnifique réseau de plus de 6.200 kilomètres qui, par
Tioumène, met l'Oural et par suite la Russie, en communication d'une
part avec les riches districts du gouvernement de Tomsk, d'autre
part avec la steppe kirghise dont l'Irtych draine les produits.

Le système de l'Obi ne sert donc pas seulement à faire communiquer entre eux les différents points de son bassin ; il forme encore, et
c'est de là qu'il tire son importance, deux grandes voies de transit
qu'empruntent à l'aller les matières premières de Sibérie et dans le
sens contraire les produits manufacturés d'Europe.

Les céréales de l'Altaï qui se chargent sur les nombreux quais,
échelonnés le long de l'Obi, entre Biisk et Kolyvan, descendent le
fleuve jusqu'à Samaravo, à sa réunion avec l'Irtych, remontent ensuite
ce dernier qu'elles quittent à Tobolsk pour emprunter la Tobol et la
Toura, puis aboutir à Tioumène ou à Irbit, sur la Nitza, aux hautes
eaux du printemps.

Quant aux produits de la steppe kirghise, qui sont chargés tout le
long de l'Irtych depuis Sémipalatinsk jusqu'à Omsk, ils empruntent

de même à Tobolsk la voie de la Tobol, de la Toura pour arriver aux mêmes points.

L'embouchure commerciale de l'Obi n'est donc pas son embouchure naturelle; elle est à Tioumène, et tout le cours inférieur du grand fleuve, de Samaravo à la mer, n'est qu'une sorte de grand affluent, qui, à l'automne, apporte à l'artère principale son contingent de trafic (les poissons du Bas-Obi).

Quant à l'Yénisséï, son réseau est tout aussi étendu; les mailles en sont même plus serrées; il n'a plus cependant la même importance, car les régions qu'il arrose, moins favorisées encore par le climat, sont moins peuplées et moins productives.

Le fleuve lui-même, voie de navigation superbe, mais dont l'orientation suit de très près la direction sud-nord, pourrait se prêter cependant à des transports de grand transit, si son affluent principal, l'Angara, née du Baïkal, n'avait pas son cours obstrué de rapides.

L'Yénisséï, malgré donc le volume énorme des eaux qu'il roule, malgré sa longueur et l'étendue superficielle de son bassin, n'a joui jusqu'à présent que d'un trafic très restreint et, à quelques exceptions près, tout local. Il forme la route naturelle qui unit le rayon fertile de Minoussinsk aux rayons de consommation situés plus au nord, à celui de Krasnoïarsk, au district minier d'Yénisséisk et aux rares populations égrenées sur les rives du fleuve jusqu'à Touroukhansk. Céréales, sel, viandes et suifs descendent le fil de l'eau, tandis qu'en sens contraire, les fourrures et quelquefois les thés qui, chargés sur radeau à Irkoutsk suivent l'Angara jusqu'à Yénisséisk, viennent jusqu'à Krasnoïarsk aboutir au grand tract postal qui les conduit ensuite à Moscou.

Le Baïkal, cette mer intérieure qui, sur une largeur moyenne de 70 à 100 kilomètres, a une longueur d'environ 780 kilomètres, baigne des rives sauvages et désolées; il ne serait qu'une voie de communication locale et ne devrait qu'aux mines d'or du rayon de Bargouzin un certain trafic, si les montagnes élevées et difficilement accessibles qui bordent sa partie méridionale ne faisaient pas de ces eaux, entre Listvinitchnoié et Myssovaïa, la ligne naturelle et obligée du transit entre Moscou, l'Amour et la Chine.

La Léna, dont les sources sont en Sibérie centrale, dans le gouvernement d'Irkoutsk, est par son volume d'eau le plus important des fleuves de Sibérie. Dans sa partie moyenne, elle a constamment 6 kilomètres et plus de largeur. Avec son cours qui est de 4.000 kilomètres environ et celui de ses affluents principaux, la Léna serait une voie commerciale inestimable, si son immense bassin, presque complètement inhabité, n'était le plus froid du globe. Navigable dès Oust-Koust en été, dès Jigalova au printemps, elle tire une certaine activité des riches exploitations aurifères des systèmes de ses affluents la Vitim et l'Olekma. Quant aux populations disséminées le long de ses rives jusqu'à Yakoutsk, elles reçoivent d'Irkoutsk au printemps, par le fleuve, les approvisionnements qui leur sont nécessaires, de même qu'en hiver la glace qui le recouvre porte les traîneaux chargés de fourrures destinées à l'Europe.

Le Transsibérien couvre maintenant d'une ligne presque ininterrompue toute la Sibérie de l'Oural jusqu'à Strétensk sur un bras de l'Amour. Il en est résulté de profondes modifications dans tous les courants commerciaux entraînant naturellement de graves perturbations dans le trafic des voies navigables.

Les gouvernements du centre et de l'est ont été mis enfin en relations avec leurs voisins de l'ouest qui regorgent de céréales. D'autre part, grâce à la création de tarifs nouveaux, le chemin de fer a pu enlever à la navigation une part importante de ses frets de transit (céréales, thés, produits manufacturés).

Les transports par voie d'eau ont donc un peu changé de caractère. L'Irtych et l'Obi, au lieu de rester uniquement des voies de transit, sont devenus, surtout dans leur partie méridionale, des sortes d'affluents venant aboutir à un grand collecteur commun, la voie ferrée, dont ils sont pour ainsi dire les ramifications. Les céréales, les cuirs, les laines, rassemblés par l'Irtych, commencent à s'arrêter à Omsk pour gagner de là par voie ferrée la Russie. Une partie des produits altaïens suit le fleuve jusqu'à la station d'Obi pour se diriger également par fer sur l'ouest vers la Russie, ou sur l'est en Sibérie. Il en est de même pour l'Yénisséï qui, du nord et du sud, apporte à la station de Krasnoïarsk son tribut de trafic.

Examinons rapidement les conditions dans lesquelles se fait la navigation sur ces fleuves, qu'elle est la flottille sibérienne, quel sera son rôle.

L'IRTYCH. — L'Irtych est une très belle voie de navigation; large et profond, il peut se comparer aux plus grands fleuves européens. Ses eaux sont le plus hautes depuis la débâcle jusque vers mi-juin; elles baissent ensuite rapidement pour remonter un peu en automne. Pendant la première moitié de son cours, l'Irtych est cependant très irrégulier et la présence de nombreux bancs de sable rend quelquefois son utilisation impossible aux lourds bateaux qui le parcourent. Les contrées que baigne le haut Irtych reçoivent en effet très peu de neige en hiver et quelquefois peu de pluies en été; certaines années, qui semblent revenir par périodes, la sécheresse est intense, et dès juillet brûle et désole les steppes kirghises; la navigation en amont de Pavlodar doit alors cesser.

Les sources de l'Irtych dans l'Altaï du sud sur territoire mongol sont assez mal connues; il est navigable cependant dès la frontière, après laquelle il se jette dans le lac Zaïçan pour en sortir et couler à travers une région montagneuse jusqu'à Sémipalatinsk. Cette première partie de son cours, de la frontière chinoise à Sémipalatinsk, ne donne encore lieu à aucun mouvement de bateaux à vapeur, et seuls des radeaux chargés à Zaïçansk de laines, de suifs, de peaux, se risquent à la descente du courant, extrêmement violent en beaucoup d'endroits, quelquefois dangereux à cause de quelques rapides difficiles à éviter.

Un vapeur de l'Administration des voies de communications, le *Tioumène* fit en 1896 avec succès une expédition destinée à explorer cette partie de la rivière (1). Cet exemple incita la Compagnie qui exploite les minerais de Zyrianovskoïé à faire construire un vapeur de faible tirant d'eau pour assurer ses transports d'Omsk jusqu'à Boukhtarma (2). Des marchands de Sémipalatinsk formèrent de même en 1900 une « Compagnie de navigation pour les transports du Haut Irtych » (du Zaiçan à Sémipalatinsk) et à cet effet, ils acquirent un vapeur et des péniches; mais la sécheresse ne permit pas à leur vapeur le *Sviatoï Klioutch* calant 62 cent., de franchir les bancs de sable qui obstruent le lit du fleuve un peu en amont de Sémipalatinsk.

Il est probable que cette nouvelle voie, maintenant mieux connue, va prochainement s'ouvrir au commerce. La « Compagnie de navigation et de commerce de l'Ouest Sibérien » compte en effet envoyer dès l'année prochaine dans ces régions les plus légers vapeurs de sa flottille.

De Sémipalatinsk à Tchernoïarsk, sur une étendue de 490 kilomètres environ, la navigation a eu à lutter avec des difficultés assez sérieuses : l'Irtych a peu d'eau, le farwater varie constamment et les rives basses, argileuses, friables, s'effritent sous l'action du courant; la rivière s'élargit, quelquefois jusqu'à deux kilomètres, décrivant des méandres sans fin, et le sable et l'argile qu'elle roule s'amassent par endroits, formant des bancs, des îles et des îlots innombrables. Dans cette zone on compte aussi plusieurs rapides formés par des roches; le plus gênant, celui d'Ysvestkovskoïe, à environ 125 kilomètres de Sémipalatinsk, pourrait être approfondi. Dans les bonnes années, on peut naviguer, franchir les bancs par des fonds de 1^m,70 à 1^m,80 aux hautes eaux; mais de juillet à novembre, la profondeur sur les barres diminue jusqu'à 0^m,85.

Cette zone pourrait être l'objet de travaux d'amélioration qui rendraient de grands services à la navigation et aux districts qu'elle dessert.

---

(1) Ce petit vapeur de 40 mètres environ de longueur, et d'une force de 25 chevaux, calait, chargé de combustibles pour trois jours, 62 centimètres. Il parvint parfaitement de Sémipalatinsk jusqu'à l'Alkabek, frontière chinoise.

(2) Les deux années consécutives de sécheresse 1899-1900 n'ont pas permis encore à ce petit vapeur de dépasser Sémipalatinsk.

De Tchernoïarsk à Omsk, sur une étendue de 537 kilomètres, la rivière présente les mêmes caractères : les bancs de sables sont nombreux ; mais ils sont ordinairement à une profondeur d'eau de $1^m,25$, rarement inférieure à 1 mètre.

En aval d'Omsk, la navigation se fait dans de bien meilleures conditions ; par toutes eaux, un vapeur tirant $1^m,45$ peut naviguer partout ; de Tobolsk à l'embouchure de l'Irtych la rivière peut même porter des vapeurs ou des barges calant $2^m,15$.

L'administration des voies de communications se préoccupe de la situation peu favorable où se trouve la navigation à vapeur de l'Irtych, mais, faute de crédits, sa sollicitude n'a pu se témoigner que par l'entretien de poteaux indicateurs, qui, placés sur la rive, en face des bancs à signaler, en fournissent chaque jour la profondeur. Le télégraphe unit les principales stations situées le long de la rivière, mais en amont de Tobolsk seulement.

La débâcle de l'Irtych à Sémipalatinsk a lieu vers le milieu d'avril ; vers le 15 novembre, la rivière est prise par les glaces. A Tobolsk, la débâcle a lieu environ 15 jours plus tard et la navigation cesse de même deux semaines avant.

L'Obi. — L'Obi est navigable à partir de Biisk jusqu'à son embouchure ; de Biisk à Barnaoul, la navigation est rendue difficile en été à cause des nombreux bancs de sables et de l'irrégularité du farwater ; mais à partir de Barnaoul, c'est un fleuve magnifique qui, été et automne, peut porter des vapeurs de $1^m,20$ et plus. En aval de l'embouchure de la Tom des vapeurs tirant $1^m,77$ peuvent librement circuler. Dans la partie inférieure de son cours, l'Obi peut porter des vapeurs de plus de 8 à 10 pieds : sa largeur atteint alors plusieurs kilomètres et les vents violents qui soufflent quelquefois sur la « Toundra » dénudée, rendent alors la navigation dangereuse pour les trop petites embarcations.

Les bancs du Haut-Obi sont signalés de la même façon que ceux du Haut-Irtych ; mais la navigation est particulièrement gênée du fait de l'absence de communications télégraphiques le long du fleuve au nord de Tomsk.

Il serait désirable pour la commodité de la navigation que cette lacune fût comblée ; on comprend facilement quel obstacle elle apporte à la régularité des arrivages et des départs, quelles difficultés elle cause en cas d'avaries en cours de route ; elle fait en outre perdre, au printemps et à l'automne, un temps précieux. Il serait en effet très utile aux armateurs d'être avisés de la débâcle ou de la prise du fleuve par les glaces à Samarovo (extrémité nord de la route suivie par la majorité des transports) aussitôt qu'elle se produit. Les armateurs, plutôt que d'exposer leurs bateaux à des avaries ou à des stationnements onéreux à l'embouchure de l'Irtych, préfèrent en effet les garder au port, à Tioumène, et attendre en ce point les nouvelles de l'ouverture ou de la fermeture du fleuve, que la poste qui arrive en barques leur apporte plusieurs jours après. La débâcle à Barnaoul a lieu vers la dernière semaine d'avril ; la fermeture de la navigation, à la hauteur de cette ville, se fait en général dans la première quinzaine de novembre ; à Samarovo la navigation commence environ quinze jours plus tard pour cesser un peu avant.

La Toura et la Tobol. — Nous avons vu l'importance commerciale de ces rivières qui de Tobolsk à Tioumène forment le chenal par où passe une grande partie des matières premières sibériennes et des produits manufacturés venant de Russie.

La navigation y éprouve malheureusement les plus grandes difficultés : rives qui se désagrègent et s'écroulent sous l'action du courant ; barres très nombreuses ; courtes périodes des pleines eaux. Il a été procédé depuis 1894 à des travaux d'amélioration de ces rivières ; on exécute notamment des dragages constants ; en outre les barres sont signalées de jour et de nuit ; les cotes de niveau sont télégraphiées à Tioumène. Ceci n'a cependant pas suffi à rendre cette voie plus facile. En période de basses eaux, c'est-à-dire à partir de juillet, des bateaux calant plus de 70 à 78 centimètres, venant de Tobolsk, ne peuvent dépasser Yevlevo à plus de 200 kilomètres de Tioumène ; les marchandises doivent alors être déchargées et transportées sur charrettes jusqu'à cette dernière ville ; ces transports, au moment des travaux des champs, sont, on le conçoit, très onéreux.

Les frais que causerait l'extension des travaux de dragage ou l'établissement d'écluses sur la Toura nous font penser que la solution qui sera donnée au problème consistera à prolonger la voie ferrée ouralienne, de Tioumène jusqu'à Yevlevo, peut-être même jusqu'à Tobolsk.

Dans leurs parties supérieures, la Tobol et la Toura ne sont navigables qu'au printemps : il en est de même de la Nitza qui passe à Irbit.

Quant aux autres grandes rivières du système de l'Obi, elles ont une moins grande importance.

La Tom, par basses eaux, n'est accessible que jusqu'à 6 kilomètres en aval de Tomsk, à Tchérémochniki, où se trouve la gare fluviale de Tomsk.

La Tavda est assez puissante ; elle porte les bateaux chargés de céréales destinées à approvisionner les rayons miniers ouraliens qu'elle traverse (Bogoslovskoïé, etc.) ; c'est par elle que s'expédient sur la Sibérie les bois, les fontes et les fers de l'Oural.

Quant à la Tchoulym, elle n'est navigable à Atchinsk que pendant la courte période des hautes eaux qui suit la débâcle.

Sur le lac Baïkal : Lancement du brise-glaces « le Baïkal ».

L'Yénisséï. — L'Yénisséï est navigable dès son entrée sur le territoire sibérien. Dans les districts montagneux où il coule d'abord son cours est cependant gêné par de nombreux rapides. La navigation n'existe pour ainsi dire pas dans ce rayon complètement inhabité où l'on ne s'est guère servi du fleuve que pour transporter sur des barques ou sur des radeaux les thés chinois en contrebande.

L'Yénisséi entre ensuite dans le district de Minoussinsk et forme alors une voie de navigation large, profonde et ininterrompue jusqu'à son embouchure. Seul, à Kazatchinskoïé, un passage un peu difficile, formé par des roches immergées, qu'une dépense insignifiante suffirait à faire sauter, gêne la navigation un peu en amont de la ville d'Yénisseïsk. En aval de cette ville le fleuve peut parfaitement porter des navires de mer de petit tonnage.

L'Yénisséï, vers Krasnoïarsk, se ferme en général dans la première quinzaine de décembre et la débâcle a lieu vers la fin avril, ou dans la première quinzaine de mai.

Aucuns travaux, de balisage par exemple, ne semblent avoir été faits pour faciliter la navigation sur ce fleuve.

L'Angara. — L'Angara, son affluent de droite, est une puissante rivière longue de 1.600 kilomètres; malgré sa profondeur (4 à 9 mètres environ), elle ne présente pas les mêmes commodités, car elle est parsemée de rapides. Celui notamment qu'elle franchit à sa sortie du Baïkal établit en cet endroit un courant d'une violence telle que l'eau n'y gèle jamais, même par les plus grands froids. Ce rapide n'est cependant pas un obstacle pour la navigation. Mais d'autres rapides, entre Bratsky-Ostrog et l'embouchure, sur lesquels le fond se trouve à des profondeurs variant de $1^m,20$ à $1^m,65$, ont fait penser longtemps que la rivière n'était pas navigable; c'est seulement vers 1881, à la suite de l'heureuse expédition du capitaine Kalistratof, que l'on songea à établir sur l'Angara des services réguliers de bateaux. Des tentatives furent faites dans ce but par Sibiriakof, un des promoteurs de la navigation à vapeur de la Sibérie; elles ne réussirent cependant pas, et aujourd'hui, l'Angara n'est guère utilisé par la navigation qu'entre le Baïkal et Bratsky-Ostrog, c'est-à-dire sur une longueur d'environ 600 à 700 kilomètres. Entre Bratsky-Ostrog et l'Yénisséï, c'est-à-dire sur son cours inférieur, l'Angara sert seulement de passage à des radeaux ou des barques légères qui, descendant le fil de l'eau, approvisionnent en thé ou en céréales les rares riverains.

L'Angara, par suite de la violence extraordinaire de son courant, ne se couvre de glace que vers la fin du mois de décembre, pour se dégager de nouveau au mois de mai.

Le Baïkal. — Le Baïkal est ouvert à la navigation à peu près aux mêmes époques; c'est une véritable mer qui est sujette à de fréquentes et violentes tempêtes. Son importance a appelé sur lui l'attention des pouvoirs publics, et depuis cinq ans, une Commission d'officiers de la marine, présidée par le savant colonel O. K. Drijenko, travaille à en dresser une carte exacte (la dernière datant de près d'un siècle), exécute des sondages, construit des phares, etc., etc...

CANAL DE LA KETT A LA KASS. — Depuis longtemps, les inconvénients et la cherté des transports de marchandises qui s'effectuaient par le grand tract de Moscou à Irkoutsk, et vice versa, avaient fait naître l'idée de réunir par un canal les bassins de l'Obi et de l'Yénisséï, ce qui aurait mis, par voie d'eau, le Baïkal, en communication directe avec Irbit et l'Europe. Des bateaux chargés à Irbit ou à Tioumène auraient suivi la Toura et la Tobol, puis l'Irtych jusqu'à son confluent avec l'Obi, remonté ensuite ce dernier fleuve, franchi le canal projeté pour se trouver ainsi dans l'Yénisséï, puis empruntant les eaux de l'Angara, ils auraient enfin abouti à Irkoutsk et au Baïkal.

Vers 1875, un projet fut officiellement approuvé ; il consistait à unir les deux fleuves en utilisant le cours de la Kett (affluent de droite de l'Obi) et ceux de l'Ozerna, de la Lomovata et de l'Iazéva ; on était ainsi relié au lac Balchoï et enfin à la petite et à la grande Kass (affluent et sous-affluent de l'Yénisséï).

La Kett est en effet navigable sur une longueur de 550 kilomètres environ, et il suffisait de canaliser sur près de 2 kilomètres le cours supérieur de l'Iazéva, d'unir le lac Balchoï à la petite Kass par un canal d'environ 7 kilomètres et demi et enfin d'approfondir, sur un kilomètre 200 environ, la grande Kett à son embouchure dans l'Yénisséï.

Le système Obi-Yénisséï devait laisser passer les embarcations calant 7 tchetverts ($1^m,24$), d'une longueur de 44 mètres et d'une largeur de 7 mètres.

En 1881, l'exécution du projet fut décidée et l'on commença les travaux à l'heure même où se présentaient d'autres projets, indiscutablement plus avantageux, et qui consistaient à unir les deux bassins par une voie ferrée à traction animale ou à traction mécanique.

Le canal est aujourd'hui terminé ; ce n'est pas un canal de grande navigation ; il a été construit sur le type des canaux de halage de Russie, du système Marie. Or, le halage est absolument impossible dans ces régions désertes et marécageuses. Sur un parcours de 150 kilomètres, on a placé 12 écluses de $8^m,50$ de largeur, destinées à maintenir le niveau des eaux de l'Ozerna. Les dimensions de ces écluses ne permettent pas aux vapeurs et aux barques qui font le service habituel de la navigation sur les fleuves sibériens d'utiliser cette voie de communication. Plus de la moitié des vapeurs ont en effet 0 à 60 mètres de longueur sur environ 11 mètres de largeur ; presque ous en outre sont munis de roues latérales ; quant aux barges, leur longueur varie le plus souvent entre 50 et 70 mètres pour une largeur supérieure à 10 mètres. Au surplus, le passage dans ce canal n'est possible qu'aux hautes eaux du printemps pour les bateaux calant de 1^m,24 à 1^m,77, car dès la première quinzaine de juillet, le niveau des eaux tombe à 88 centimètres et au-dessous.

.En fait, un bateau portant 80 tonnes environ de marchandises ne pourrait passer que pendant cinq à six semaines dans l'année; après cette époque, un chargement supérieur à 8 ou 9 tonnes est impossible.

Depuis que le canal est achevé (en 1894), il n'a donné passage par année qu'à une ou deux petites embarcations chargées de sel et de farine destinées aux rares populations russes ou indigènes, habitant les forêts qu'il traverse; quant aux minuscules vapeurs de l'Administration des voies fluviales, ils ne s'y aventurent, un chaque année, qu'avec une circonspection acquise par l'expérience.

Ce résultat est donc loin de celui qu'on espérait et l'on ne peut que regretter les sommes considérables d'argent, de travail et d'efforts, dépensées pour sa construction et pour son entretien.

Cette voie artificielle, créée sous 59° 1/2 de latitude nord, dans des régions à peu près désertes et peu favorables à la colonisation (forêts marécageuses et glaces six à huit mois de l'année) n'est pas justifiée par des besoins locaux. Elle n'aurait eu de l'importance qu'au cas où elle aurait vraiment pu servir de voie de transit. Il aurait fallu pour cela qu'elle fût utilisable pendant toute la période de navigation et qu'elle répondît aux dimensions de la flottille sibérienne; mais pour atteindre ce but, les travaux à exécuter étaient énormes, ils impliquaient en outre la suppression des rapides de l'Angara, prolongement naturel et obligé du système.

Le canal de la Kett à la Kass dans les conditions où il est construit, n'a nullement créé la nouvelle voie de transit que l'on attendait; il n'a nullement mis l'Oural en communication avec le Baïkal. Tout au plus a-t-il uni théoriquement la vallée de l'Yénisséï à la Sibérie occidentale et à l'Oural. L'impossibilité pratique d'utiliser le système Obi-Yénisséï explique parfaitement l'indifférence complète du commerce et de l'armement sibériens à son égard, car c'est seulement la construction du Transsibérien, voie rapide, ouverte au commerce pendant toute l'année, voie qui traverse des régions peuplées et productives, qui a résolu l'union pratique des bassins fluviaux de la Sibérie.

Navigation a vapeur dans le bassin de l'Obi. — Ce fut en 1844 que les fleuves sibériens virent pour la première fois un bateau à vapeur; vingt ans après, il n'y avait encore que 16 vapeurs sur tout le bassin de l'Obi. En 1884, ce chiffre montait à 55, en 1894 à 102. En 1899, la flottille était portée à 119 vapeurs d'une force totale de 7.750 chevaux.

Ces vapeurs, presque tous pontés, sont pour les plus grands construits en fer et actionnés à l'aide de roues latérales. Un nombre infime d'entre eux sont construits en acier. A l'exception des vapeurs les plus modernes et qui sont encore en très petit nombre, leurs générateurs travaillent tous à basse pression; les chaudières tubulaires ne sont pas encore employées. Tous les vapeurs consomment du bois comme combustible. La moitié d'entre eux développent une force supérieure à 60 chevaux (de 60 à 250 ch.); ils ont une longueur de 40 à 80 mètres, calent en moyenne de 1 mètre à 1^m,40; quelques-uns cependant ne tirent pas plus de 0^m,71; ils réalisent contre le courant des vitesses variant de 4 à 10 kilomètres à l'heure. Pour les deux tiers environ, ils servent exclusivement au transport des marchandises et au remorquage des péniches. Les autres sont aménagés pour recevoir également des passagers.

Le nombre des péniches (barges) que cette flottille remorque a passé de 325 en 1894 à 380 en 1899; elles peuvent soulever ensemble 17.000.000 de pouds, soit 278.000 tonnes de marchandises; 206 de ces barges peuvent porter chacune de 50.000 à 110.000 pouds (840 à 1.804 tonnes); ces péniches, construites pour la plupart à Tioumène, sont en bois (cale en sapin, le reste en pin) et représentent chacune une valeur moyenne de 8.000 à 14.000 roubles.

Trafic. — Les chiffres des marchandises reçues ou expédiées par la station de « Toura » (gare fluviale de la ville de Tioumène) nous renseigneront approximativement sur l'importance des transports directs de marchandises arrivées par voie d'eau pour être expédiées immédiatement par fer, ou vice versa.

En 1886, Toura a reçu par fer............... 985.000 pouds.
En 1889   —   — .... 1.504.000 —
En 1891   —   — .... 2.302.000 —
En 1898   —   — .... 2.427.000 —

Quant aux marchandises reçues par eau et transbordées à Toura sur wagon, elles ont passé de 753.000 pouds en 1886 à 10.700.000 pouds en 1898.

En douze ans, le fret total a donc plus que triplé, l'augmentation portant principalement sur les matières premières sibériennes.

Parmi les éléments qui constituent ce fret, les plus importants sont les céréales (blés divers en grains ou en farine) qui entrent dans ce chiffre pour 8.561.000 pouds, c'est-à-dire pour environ 83 % du fret à l'aller ou 80 % du fret total :

Froment..................... 7.500.000 pouds environ.
Seigle...................... 300.000 — —
Avoine...................... 270.000 — —
Farines..................... 208.000 — —
Graines oléagineuses........ 150.000 — —

Le thé vient en second lieu. En 1898 il en fut expédié de Toura 649.000 pouds. Puis viennent par ordre d'importance les laines (165.000 pouds environ par an), les peaux brutes, les suifs, les beurres fondus et les crins.

De Russie, la gare fluviale de Toura reçoit des sucres, des huiles de pétrole, du charbon, des étoffes et tissus, du fer, des objets en fer, fonte et acier, des machines agricoles, bougies, produits chimiques, tabac, etc...

Aux chiffres qui précèdent il conviendrait d'ajouter ceux des marchandises débarquées sur charrettes pour être consommées ou entreposées à Tioumène, ceux des marchandises reçues par charrettes à Toura, ceux des marchandises reçues par fer à la gare de Tioumène et qui stationnent dans cette ville avant leur embarquement. On estime que le mouvement total des transports par eau, à destination de Tioumène et Toura, était ces dernières années d'environ 16 millions de pouds.

Le Transsibérien fait une concurrence très sérieuse à la navigation. Il lui a enlevé presque tous ses passagers et il lui dispute ses frets les plus avantageux.

Le sucre, les étoffes et tissus de Moscou et de Pologne et tous les produits chers ont avantage à emprunter la voie ferrée, sur laquelle les transports sont réguliers, plus rapides et possibles à toutes époques de l'année. Le thé commence à abandonner la voie fluviale (Tchoulym-Obi-Irtych-Tobol-Toura) et à s'expédier directement par fer d'Irkoutsk à Moscou. Les céréales elles-mêmes sont disputées par le chemin de fer qui a établi des tarifs de transport direct à destination de Kotlas et d'Archangel. Il fut même question un moment pour ces marchandises, et peut-être oubliait-on alors le rôle d'un chemin de fer d'État, de tarifs dits « de navigation » inférieurs aux tarifs ordinaires et valables seulement pour la période où la navigation est ouverte.

Tioumène a donc perdu sa prépondérance d'autrefois en tant que port fluvial (1).

La navigation ainsi concurrencée sur ses transports à grande distance tend à reporter une partie importante de son activité sur les parcours traversant des régions abondant en matières premières, c'est-à-dire sur les parties de l'Irtych et de l'Obi situées au sud de la voie ferrée. Elle devient donc l'auxiliaire de celle-ci.

Cette modification dans les directions suivies par le trafic nous fait assister à la naissance économique de deux stations de transbordement situées au confluent de la voie ferrée avec l'Irtych et avec l'Obi :

(1) Tioumène doit cependant à son activité industrielle de rester le point d'arrivée de nombreux produits de la dépouille animale et le point de départ de produits fabriqués (cuirs tannés, grossiers instruments d'agriculture, voitures, roues, etc., etc...).

sur l'Irtych, Omsk et sur l'Obi, Novo-Nikolaïevsk sur la rive gauche et « Obi » sur la rive droite.

Les quantités de marchandises expédiées et reçues par la voie ferrée de et sur ces stations de transit nous donneront une idée de la nouvelle orientation que commence à prendre le trafic sur l'Irtych et sur l'Obi.

En 1898 Omsk qui n'était autrefois qu'une ville de fonctionnaires, sans commerce, industrie ou productions spéciales, a reçu par voie d'eau et réexpédié par fer environ 1.275.000 pouds de marchandises (céréales, sels, peaux brutes diverses, suif, etc.). Cette même station recevait par fer :

111.400 pouds de sucre ;

70.689 pouds de thé, etc.;

partie de ces marchandises était réexpédiée par eau.

Il faudrait ajouter aujourd'hui les transports de houille du quai fluvial de Voskrescienskoïe (près Pavolodar), transports dont l'importance est actuellement de 2 à 3.000.000 de pouds et qui ne tardera pas probablement à dépasser 7.000.000 de pouds annuels.

Pour les stations de Novo-Nikolaïevsk, d'Obi et de Tchéremochnikï (gare fluviale de Tomsk), le mouvement total des échanges entre la voie ferrée et la navigation était en 1898 de 5.625.000 pouds (1).

La liste des transports effectués sur le bassin de l'Obi sera complète lorsque nous aurons mentionné les transports de blés et de farine qui, provenant des districts méridionaux de l'Irtych et de l'Obi vont alimenter les villes et villages situés sur le cours septentrional de ces deux grandes artères, et quand nous aurons enfin cité le trafic occasionné par les pècheries de l'embouchure de l'Obi et du bas fleuve ; on évalue à 310.000 pouds l'importance de ce trafic en poissons.

Quels sont les prix des frets pour les grands transports par voie d'eau dans le bassin de l'Obi ?

Pour les céréales qui sont, comme nous l'avons vu, les gros éléments du trafic, les frets payés habituellement sont les suivants :

Chargement et déchargement compris.	de Semipalatinsk à Omsk quai..	1.062 verstes	8-10 kp. poud.
	— à Tioumène..	2.084 —	10 —
	de Barnaoul à Tomsk...........	894 —	5 —
	— à Tioumène	2.947 —	8-15 —
	de Novo-Nikolaïevsk à Tioumène.	2.414 —	10 —

Ces prix représentent 1/250 de kopck par verste, c'est-à-dire environ $0^c,67$ par tonne kilométrique. Pour les autres marchandises, la

(1) Les marchandises reçues à Tchéremochnikï à destination de Tomsk forment des quantités importantes, mais le nombre nous en échappe, car elles sont transbordées du bateau sur charrettes.

moyenne est d'environ 1°,34 par tonne kilométrique (1). A la remonte, ces prix sont considérablement augmentés.

Bien qu'inférieurs de beaucoup à ce qu'ils étaient il y a quelques années, ces frets sont cependant beaucoup plus élevés que ceux pratiqués sur la Volga par exemple où ils ne dépassent pas 1/700 de kopek par verste, soit 0",232 par tonne kilométrique.

Pourquoi, malgré cette différence de plus du double à leur avantage, les entreprises de navigation du bassin de l'Obi se plaignent-elles de voir ces dernières années soldées par des exercices sans bénéfice, ou comportant des pertes? L'armement sibérien subit en effet une crise déterminée par le chemin de fer qui lui a enlevé une partie considérable de son trafic bien avant que l'impulsion donnée au pays par la construction du Transsibérien lui ait permis d'accroître notablement ses productions.

La diminution momentanée du trafic ne suffit cependant pas à expliquer la situation défavorable dans laquelle se trouve actuellement la navigation. Il ne faudrait pas non plus l'attribuer exclusivement aux conditions extérieures dans lesquelles s'effectue cette navigation : brièveté de la période pendant laquelle les fleuves sont libres de glaces, peu de profondeur dans les parcours qui sont l'objet d'un trafic intensif, difficulté des relations télégraphiques ou absence complète de celles-ci, etc...

A notre avis, c'est à un matériel ancien qu'est due, pour une bonne part, la crise dans laquelle l'armement se débat aujourd'hui. Les coques sont pour la plupart en bois; les vapeurs en fer ne sont pas encore nombreux et ceux en acier sont l'exception. Les générateurs tubulaires ne sont nulle part employés et l'on ne connaît partout que des bouilleurs à basse pression. Quant aux machines, elles sont vieilles et dépensent énormément de vapeur.

Un des obstacles les plus sérieux au développement rationnel de la navigation semble résider aussi dans l'emploi du bois comme combustible. Le bois qui, pour une même puissance calorifique que la houille, exige en volume et en poids une quantité presque double doit, pour ne pas encombrer ou surcharger un vapeur naviguant dans des eaux peu profondes, être chargé à des intervalles rapprochés. Ce chargement s'effectue en cours de route, une ou deux fois par jour, le plus souvent en dehors des arrêts utiles. Il est long et difficile, surtout pendant la période des basses eaux. Il nécessite un nombreux équipage dont l'entretien à bord est très onéreux.

(1) On compte en général pour les cuirs, suifs, laines, etc.,
de Semipalatinsk à Tioumène, 20 kopeks.
de Semipalatinsk à Omsk quai, 15 —
Pour la houille, le transport du quai de Voskresienskoïe à celui d'Omsk a été convenu à 2 kopeks 3/4 par poud, frais de chargement et de déchargement non compris. La distance est de 425 verstes environ.

La fréquence de ces stationnements réduit en outre d'une manière considérable la durée du travail effectif du vapeur et, par conséquent, le nombre de ses voyages pendant la campagne de navigation.

La découverte des gisements houillers d'Ekibas-Tous à 110 km, environ de Pavlodar et de l'Irtych, gisements dont l'exploitation régulière a commencé en 1900, va, ainsi que l'exploitation des houillères de Soudjenka, permettre à la navigation d'utiliser un combustible plus avantageux, moins lourd, et dont le chargement mécanique, à postes fixes, sera plus rapide et moins onéreux.

La transformation des appareils de chauffage que nécessitera l'emploi d'un nouveau combustible amènera sans doute les armateurs à construire de nouveaux vapeurs d'un type plus conforme aux nécessités modernes.

Ces bateaux que nous avons vus lourds, tirant beaucoup, ne répondent pour la plupart en effet que très imparfaitement à leur destination. Plus de la moitié de ceux qui appartiennent à des entreprises s'occupant exclusivement d'armement, sont des vapeurs mixtes. Aménagés pour recevoir en même temps des marchandises et des passagers, ils font en outre l'office de remorqueurs. L'emploi de pareils vapeurs n'est plus compréhensible aujourd'hui ; les passagers et les marchandises susceptibles de rapide détérioration demandent à être transportés rapidement et au moyen de services réguliers. Quant aux céréales, leur transport peut être plus lent, mais il doit se faire plus économiquement.

Il semble qu'il y ait actuellement une tendance de la part des armateurs à créer pour les passagers et certaines marchandises de valeur, telles que les beurres, des services rapides et réguliers se suivant à de courts intervalles. Nous citerons, à cet effet, les services de passagers des armateurs W. E. Edelstein et E. J. Melnikova entre Tomsk, Barnaoul et Biisk. La « Compagnie de navigation et de commerce de l'Ouest Sibérien » a organisé également des départs hebdomadaires qui sont, à un ou deux jours près, réguliers (1).

Nous devons signaler également l'absence complète d'outillage mécanique pour le chargement, le déchargement et la manutention

(1) Les prix de transport pour les passagers sont relativement bas, surtout pour les grandes distances.

	1re classe	2e classe	3e classe
Par exemple : de Tomsk à Tioumène........	15 roubles	10 roubles	5 roubles
de Tioumène à Semipalatinsk.	20 »	15 »	8 »
de Tomsk à Barnaoul.......	5,50	4 »	2.50.

Les voyages par eau sont par contre très lents (Tioumène à Semipalatinsk 12 à 14 jours); le voyageur est en outre, avant le départ, obligé de rester plusieurs jours dans l'incertitude la plus complète relativement à l'arrivée et au départ du vapeur qui doit le transporter. Les retards, accidents, etc., qui augmentent encore la durée du voyage font souvent préférer les voyages en voiture (tarentass) deux fois plus rapides, s'ils sont plus coûteux et plus fatigants.

Sur la Selenga : Un bac de passage.

Transport du thé par caravanes à travers la Mongolie.

des marchandises, aussi bien sur les vapeurs que sur les quais des stations les plus importantes telles que Toura, Omsk, Novo-Nicolaïevsk. En outre le quai d'Omsk, par exemple, est distant de 4 à 5 kilomètres de la gare de cette ville. Il en résulte des manutentions et un camionnage supplémentaires, qui grèvent désavantageusement les marchandises lourdes. Un projet de création de gare fluviale à Omsk, dû à l'initiative de M. Podchivalof, le distingué Directeur de la succursale de la Banque commerciale sibérienne à Omsk, a été élaboré et il est probable qu'il sera promptement suivi d'exécution. Nous devons enfin signaler pour mémoire d'autres difficultés qui gênent l'armement sibérien : la cherté de l'argent, des primes d'assurance, enfin le refus des banques de faire des avances sur les connaissements fluviaux.

La situation désavantageuse dont souffre la navigation du système obien a des remèdes : la transformation de son matériel et l'emploi d'un autre combustible. Les entreprises à qui leurs moyens financiers permettront de rompre radicalement avec les anciens usages et de s'organiser sur des bases nouvelles sortiront brillamment des difficultés actuelles. La navigation à vapeur de la Sibérie occidentale doit en effet profiter du développement économique d'un pays dont la colonisation vient augmenter rapidement les productions ; elle doit s'emparer d'une bonne partie du trafic des marchandises lourdes, telles que céréales, produits de l'élevage, etc. L'utilisation de la Voie Maritime du Nord dont nous aurons l'occasion de parler, l'aboutissement d'un projet de voie ferrée à travers l'Oural septentrional (Obdorsk-Bielkovskoïe) pourront lui donner une rapide impulsion. Avec un trafic plus intense, elle travaillera plus économiquement, laissera aux produits sibériens une plus grande valeur et, par suite, élargira leur débouché.

Elle a donc un grand rôle à jouer dans l'économie sibérienne et la crise qu'elle subit en ce moment ne peut que la préparer à le mieux remplir.

Les principaux armateurs du bassin de l'Obi sont :

La Compagnie de Navigation et de Commerce de l'Ouest Sibérien qui possède......................	34 vapeurs et 147 barges.
Les frères Kornilof qui possèdent................	7 à 9 vapeurs et 30 barges.
Plotnikof...................................	— et —
Usines Bogoslovskoïe...........................	11 vapeurs
Wardropper...................................	3 vapeurs et 12 barges.
Etc., etc.	

NAVIGATION A VAPEUR DANS LES AUTRES BASSINS FLUVIAUX

L'Yénisséï. — Sur l'Yénisséï, le trafic est plutôt localisé ; il consiste en grande partie dans les produits du sol et de l'élevage du district de Minoussinsk qui vont approvisionner les centres de consommation situés plus au Nord (Krasnoïarsk, mines d'or d'Yénisséïsk), puis la vallée inférieure de l'Yénisséï jusqu'à Touroukhansk.

Le district de Minoussinsk, le plus productif de ceux situés dans la vallée même du fleuve, a été moins touché par la colonisation russe que les gouvernements occidentaux; ses productions ne se sont pas accrues dans la même proportion et il est encore hors d'état de donner un élément sérieux à l'exportation. Le léger excédent de céréales ou autres produits qu'il fournit, s'expédie le plus souvent sur des radeaux qui suivent le fil de l'eau ou sur de grossières barges qui, à leur arrivée, sont vendues et utilisées comme bois de chauffage. Ces dernières années cependant, le remorquage à vapeur semble s'emparer de ce frêt; il ne représente guère plus d'un million de pouds par an.

Le chemin de fer a permis aujourd'hui au district de Minoussinsk de contribuer à l'approvisionnement du gouvernement d'Irkoutsk; les marchandises sont transportées par eau jusqu'à Krasnoïarsk (station de Krasnoïarsk et d'Yénisséï), point où se font les transbordements.

En 1898, les stations de Krasnoïarsk et d'Yénisséï (1) ont reçu du fleuve et réexpédié par voie ferrée 242.826 pouds de céréales en grains et en farines; ce chiffre en 1899 était légèrement supérieur (246.256 pouds).

Viennent ensuite comme éléments de fret : les peaux brutes, la laine, le savon, l'eau-de-vie blanche (vodka), les objets de fonte de l'usine d'Abakansk, etc...

Du chemin de fer, le fleuve reçoit les thés, le sucre, les produits manufacturés; quant au bas Yénisséï, il fournit au district de Minoussinsk et à la voie ferrée des poissons, des fourrures.

Les prix des transports sur l'Yénisséï sont extrêmement variables; on compte cependant en moyenne 10 kopeks environ pour le transport des céréales de Minoussinsk à Yénisséïsk; à la remonte ce prix est de 30 kopeks et plus.

La flottille à vapeur de l'Yénisséï n'en est qu'à ses débuts. En 1881, un seul vapeur naviguait sur le fleuve; en 1890, le fleuve portait 6 vapeurs et 30 péniches. Aujourd'hui, la flottille de l'Yénisséï se compose d'une centaine de barges et de 37 vapeurs (dont 9 appartiennent à l'Administration des voies de communication); ces vapeurs croisent en général entre Yénisséïsk, Krasnoïarsk et Minoussinsk; quelques-uns seulement font des voyages entre Yénisséïsk et l'embouchure du fleuve. Quatre de ces vapeurs (d'une force de 130 chevaux environ)

(1) Ne pas confondre la station « d'Yénisséï », en face de Krasnoïarsk, sur la rive droite du fleuve, avec la ville d'Yénisséïsk, sur le même fleuve, mais à 250 kilomètres plus au nord.

sont assez bien aménagés pour le transport des voyageurs et ne manquent pas d'un certain confort. Mais un défaut qui est commun à toutes les entreprises d'armement de l'Yénisséï est l'absence totale de régularité dans leurs tarifs et dans l'organisation des services ; ce défaut est dû au peu de densité des populations riveraines et à l'irrégularité même du fret.

La navigation à vapeur souffre ici de l'absence de mesures propres à la rendre moins dangereuse. Ni bouées, ni balises, rien pour guider le pilote. Aussi à la nuit tombante, les vapeurs interrompent-ils leur marche de peur d'accidents, et gardent-ils pendant plusieurs heures une immobilité coûteuse. Rares sont les années où un ou plusieurs vapeurs ne viennent se briser sur le rapide de Kazatchinskoïé dont nous avons déjà parlé. Est-ce manque d'initiative ou d'entente ? Personne n'a pu trouver la somme insignifiante qui suffirait à le supprimer.

L'absence d'un port d'hivernage, si rudimentaire soit-il, à Krasnoïarsk par exemple, point de stationnement habituel, est fort à regretter. Les vapeurs amarrés à la berge pendant l'hiver doivent pour se préserver de la pression des glaces et de la débâcle qui sur l'Yénisséï est particulièrement violente, se livrer chaque année à des travaux de défense fort coûteux.

Les quais yénisséïens de même que les stations de transbordement Krasnoïarsk et Yénisséï manquent de tout outillage ; en outre, à Krasnoïarsk, comme à Omsk, la station du chemin de fer se trouve fort éloignée du quai.

La navigation sur l'Yénisséï a cependant un bel avenir. Le district de Minoussinsk commence maintenant seulement à se développer et si la décadence momentanée du district aurifère d'Yénisséïsk lui fait perdre une partie de son fret, cette diminution est compensée par une activité plus grande sur le parcours supérieur du fleuve entre Minoussinsk et Krasnoïarsk. L'Yénisséï, navigable sur presque toute son étendue est en outre un champ d'action magnifique pour des relations extérieures par l'Océan Glacial (nous aurons ultérieurement l'occasion d'en parler).

Les principaux armateurs de l'Yénisséï sont :

Gadalof, Tchrépanof, Sibiriakof, Charipof, etc... à Krasnoïarsk et à Yénisséïsk.

Angara. Lac Baïkal. Selenga. — La navigation est ici monopolisée par un commerçant de Kiakhta, M. Niemtchinof.

Sur l'Angara, les vapeurs ne naviguent qu'entre la source de la rivière (Listvinitchnoïé sur le Baïkal), et Konovalova, c'est-à-dire sur un parcours d'environ 250 kilomètres. Ces transports n'ont qu'une importance locale ; ils desservent en thés et produits manufacturés les rares villages qui bordent la rivière jusqu'à Balagansk et plus loin jusqu'à Bratsky-Ostrog; on utilise la voie de l'Angara pour le transport des marchandises destinées aux régions que baignent la Léna et ses affluents.

Sur le Baïkal et la Sélenga, le fret le plus important est constitué par le thé de Kiakhta; chargé à Bolliouta, celui-ci suit la Sélenga jusqu'à son embouchure dans le lac, traverse ce dernier et emprunte les eaux de l'Angara pour arriver à Irkoutsk.

La ligne la plus fréquentée du Baïkal est en effet celle de la traversée du lac entre Myssovaïa et Listvinitchnoïé, source de l'Angara et point d'arrivée du chemin de fer; c'est cette ligne directe qu'empruntent passagers et marchandises qui vont de Sibérie occidentale en Sibérie orientale, de Russie à Vladivostok, d'Irkoutsk à Pékin ou vice versa. Cette ligne est parcourue par les deux vapeurs brise-glaces de l'administration du chemin de fer, et, suivant les besoins, par quelques vapeurs de Niemtchinof.

Les autres lignes du Baïkal, notamment celle de Listvinitchnoïé à la pointe nord du lac, n'ont qu'un trafic absolument restreint. Sur toutes ces lignes, les frets dépendent presque entièrement de l'armateur et ne sont guère régularisés que par la concurrence des voies de terre. Ils sont en moyenne quinze à vingt fois supérieurs à ceux usités en Sibérie occidentale. La main-d'œuvre est ici plus chère et le trafic moins important; on ne peut cependant s'empêcher de trouver ces prix très exagérés. Dès la mise en marche des brise-glaces de l'État, l'entreprise Niemtchinof a dû baisser de plus de moitié ses prix sur la ligne Listvinitchnoïé-Myssovaïa; elle reste cependant maîtresse de ses tarifs sur les autres lignes.

Une partie du transit baïkalien échappe à la navigation et s'effectue l'hiver, non sans difficultés il est vrai, sur la glace du lac.

Avec l'achèvement du tronçon du chemin de fer Irkoutsk-Myssovaïa qui contournera au sud le Baïkal, la navigation sur le lac perdra son trafic de transit; dès 1902, le Transmandchourien détournera en outre les thés de la voie mongolienne; la navigation du Baïkal devra alors chercher dans le développement des relations locales un aliment à une activité encore bien faible.

Sur la *Léna*, la navigation à vapeur est assez développée grâce à la présence des mines d'or des bassins de la Vitim et de l'Olekma, ses affluents de droite. Les plus importantes compagnies minières possèdent des vapeurs qui assurent le transport de leurs ouvriers et de leurs approvisionnements. En outre, deux entreprises particulières (Glotof, Sibiriakof-Basanof) entretiennent un service public de passagers et de marchandises, service qui se distingue par son irrégularité et sa cherté.

Nous n'avons pas entrepris ici l'étude de la Sibérie orientale (bassin de l'Amour), nous ne nous occuperons donc pas de la navigation sur la Chilka, l'Amour et l'Oussouri.

Voie maritime du Nord.

La Sibérie (occidentale et centrale) dont nous avons étudié les relations extérieures par Tioumène et dont nous examinerons ultérieurement les communications par voie ferrée avec la Russie, a encore d'autres portes de sortie : celles de l'embouchure de ses fleuves, l'Obi et l'Yénisséï. Ceux-ci se jettent en effet dans la mer de Kara qui communique elle-même avec l'océan Arctique, à l'ouest de la Nouvelle-Zemble, par les passages de Yougor, le détroit de Kara et celui de Matotchkin.

Au dix-septième siècle, la domination russe s'était déjà étendue sur les rives de l'Océan Arctique et de la mer de Kara; des étrangers avaient apparu à l'embouchure des fleuves sibériens et établi des échanges avec les indigènes et les Russes.

Craignant l'invasion du pays par les étrangers, un voïevode de Tobolsk avait interdit en 1620 à ses cosaques, comme aux indigènes, de commercer avec l'extérieur. La route maritime du Nord tomba dans l'oubli et il fallut les heureuses expéditions de la dernière moitié du siècle (Johannsen 1860, Wiggins 1874, Nordenskjold 1875-1876) pour détruire la légende qui s'était formée que la mer de Kara était fermée par les glaces tout le long de l'année; ces expéditions vinrent rouvrir un chemin oublié depuis plus de deux siècles et montrer que, pendant deux mois de l'année, la mer de Kara est libre de glaces et accessible à la navigation.

Le commerce sibérien et anglais comprit immédiatement l'avantage que le pays retirerait de l'utilisation de cette nouvelle voie. En 1877, le steamer de commerce *Louise* calant 9 pieds et affrété à Hull, arriva à l'embouchure de l'Obi et remonta même le fleuve jusqu'à Tobolsk. Cette heureuse traversée marqua la reprise des relations commerciales de la Sibérie avec l'étranger par la voie maritime du Nord.

En effet, de 1877 à 1886, 34 navires essayèrent de pénétrer d'Europe en Sibérie par cette voie.

Mais l'ignorance des conditions spéciales de la navigation polaire, les difficultés qui surgissent dans une mer inconnue, le long de côtes encore inexplorées, firent que 14 navires seulement purent arriver heureusement à l'embouchure des fleuves sibériens. De 1887 à 1896, les capitaines, plus expérimentés, parvinrent à conduire, presque à coup sûr, leurs navires en Sibérie; sur 38 navires partis d'Eu-

rope, 35 en effet traversèrent la mer de Kara, débarquèrent leurs
cargaisons dans la baie de l'Obi ou de l'Yénisséï, et prenant en échange
des céréales ou d'autres marchandises sibériennes, revinrent avec
succès en Europe (1). Nous citerons par exemple le *Stiernen* qui
parvint même jusqu'à Yénisséïsk en 1894.

Les années 1896, 1897 et 1898 se montrèrent particulièrement favorables ; tous les vapeurs envoyés d'Angleterre par la Compagnie
« Leyborn Poppam » parvinrent dans la baie de l'Obi et dans celle de
l'Yénisséï et revinrent en Europe avec un fret de retour formé par les
produits bruts sibériens (2).

En 1897, par exemple, 9 navires calant de 12 à 16 pieds atteignirent la Sibérie, 5 par la baie de l'Yénisséï, 4 par celle de l'Obi, à
Nakhodka où ils pénétrèrent vers fin août. Ils y trouvèrent 4 vapeurs
fluviaux et 6 péniches auxquels ils remirent leurs chargements
(218.000 pouds) se composant de thé en briques (110.000 pouds), puis
de fer, de fer-blanc, de fonte, de résine, de conserves, de poissons,
etc. Ils prirent, à leur tour, 170.000 pouds de froment et d'avoine. Le
transbordement dura jusqu'au 11 septembre. Les vapeurs anglais
quittèrent alors Nakhodka et parvinrent dix jours après à Vardo sur
la côte norvégienne, tandis que les péniches sibériennes rappor-
taient leurs chargements à Tobolsk, à Tomsk et à Tioumène.

En 1898, 4 vapeurs vinrent également à Nakhodka apportant
(315.000 pouds de marchandises, thés, fer, fer-blanc, machines, résine
blanche, étain, riz, etc., etc...); ils emportèrent 213.000 pouds de
céréales et 15.000 pouds environ de bois, chanvres, tourteaux, crins,
laines, cornes, cuirs, etc., etc...

Ces relations commerciales facilitées par des faveurs douanières
semblaient donc se consolider et s'établir de manière régulière, au
grand bénéfice de la Sibérie; en 1899 malheureusement, l'expédition
Poppam (3), composée de 5 navires, subit un sérieux échec. Dès le
10 août, les navires essayèrent, mais en vain, de franchir le passage
de Yougor; aucun ne put pénétrer dans la mer de Kara; un navire
donna sur une glace de fond et coula avec son chargement; les autres
eurent de sérieuses avaries. Cet insuccès, joint à un changement dé-

(1) Presque toutes les expéditions de cette campagne furent dirigées par le capitaine Wiggins. Voir l'étude historique de M. Chokalsky : *Morskoï Pout V Sibir* (La
voie maritime vers la Sibérie). St-Pétersbourg, 1893.

(2) Le succès de ces traversées fut dû pour beaucoup aux expéditions hydrographi-
ques de Dobrotvorsky et à celles du colonel Vilnitsky (1893-1896); elles déterminèrent
en effet les profondeurs des baies de l'Obi et de l'Yénisséï, firent le relevé des côtes
et rectifièrent les cartes inexactes dont on se servait jusqu'ici. Vers la même époque,
on découvrit Goltchikha dans la baie de l'Yénisséï et, en 1897, le capitaine d'état-
major Serguiéief découvrit, à 40 ou 50 kilomètres de l'embouchure de l'Obi, la baie de
Nakhodka, abri sûr pour les vapeurs de rivières.

(3) La Compagnie « Leyborn Poppam », puis « Poppam et Villet » fut presque seule à
fournir les navires de toutes ces expéditions.

favorable dans la politique douanière, décida la maison Poppam à ne plus faire d'affrètements pour la Sibérie et à y liquider ses affaires. En 1900, il n'y eut donc par la voie maritime du nord, ni importation ni exportation.

Dans quelles conditions s'effectue la navigation de l'Océan Arctique aux embouchures des fleuves sibériens?

La difficulté réside dans le passage des détroits de la Nouvelle-Zemble (détroit de Yougor, Portes de Kara, détroit de Matotchkin), où viennent quelquefois s'amasser les banquises poussées par les courants et par les vents qui soufflent du nord ou du nord-est; le passage ordinairement choisi est souvent celui du détroit du Yougor; ce passage est en général libre de glaces flottantes vers le milieu du mois d'août, mais il arrive (et il semble que ceci se reproduise à intervalles éloignés mais périodiques) qu'il en reste encombré jusqu'en septembre. L'année malheureuse de 1899 en est un exemple; au dire d'indigènes, la mer de Kara encore fermée en août 1899 était accessible en septembre. Les navires partent de Vardo sur la côte septentrionale de la Norvège, où ils s'approvisionnent de houille pour le voyage d'aller et de retour. Ils pourraient de même partir d'Ekatérinski, sur la côte Mourman, le nouveau port de la Russie septentrionale. Ayant atteint la Nouvelle-Zemble un peu au nord du détroit du Yougor, ils longent celle-ci jusqu'au détroit qu'ils franchissent, puis suivent la côte d'assez près dans une sorte de large chenal entre les banquises et la terre; ils arrivent à l'île Blanche (Biely-Ostrov) d'où il s'engagent soit dans la Baie de l'Obi jusqu'à Nakhodka, soit dans celle de l'Yénisséï jusqu'aux îles Brioukhovsky (Goltchikha). Ils accomplissent ainsi un cabotage de plusieurs milliers de kilomètres le long de côtes mal connues, désertes, inhospitalières, souvent couvertes de brume, sans phare, ni point de refuge en cas de tempêtes ou d'avaries.

La baie de Nakhodka, très vaste, est entourée d'assez hautes collines; elle forme un refuge excellent pour les vapeurs fluviaux et les péniches, mais les pentes douces de ses rives la rendent assez peu profonde; son farwater, encore mal connu, a partout assez d'eau pour les bateaux calant 2 mètres environ, mais il n'accuse souvent pas plus de 12 pieds; les navires de mer doivent donc faire un déchargement partiel avant d'entrer dans la baie. C'est au large, à 8 kilomètres, que se fait ce transbordement.

Pour les vapeurs fluviaux qui descendent l'Obi depuis Samorovo, ils n'ont nulle part de difficultés spéciales à surmonter. Seuls, les vents violents qui soufflent sur un fleuve de plusieurs kilomètres de large et provoquent quelquefois de véritables tempêtes gênent ces petits vapeurs surtout dans leur parcours terminal, de l'embouchure du fleuve jusqu'à Nakhodka, et lors du transbordement au large.

La mer de Kara est libre de glaces deux mois environ. Mais, comme les vapeurs de rivière doivent quitter la baie le 24 septembre au plus tard, pour pouvoir atteindre Tioumène ou Tomsk avant la prise du fleuve, le transbordement ne doit durer qu'un mois environ si les navires de mer ne sont pas arrivés avant le 24 août. Ce transbordement est souvent interrompu par les vents qui obligent les petits vapeurs de rivière à fuir précipitamment et à chercher un refuge dans la baie; il est effectué à bras d'homme par les équipages anglais et sibériens. Nous sommes en effet en pays désert et les bateaux ne peuvent compter que sur leurs propres ressources.

D'Angleterre à Nakhodka, il faut environ deux semaines; on ne peut donc faire qu'un seul voyage aller et retour par an.

L'absence de toute communication télégraphique au nord de Tobolsk gêne considérablement des relations déjà difficiles, entre l'Europe et la Sibérie septentrionale; en effet, c'est de Tobolsk seulement qu'armateurs sibériens et anglais peuvent se donner par télégramme rendez-vous à Nakhodka pour une période de temps déterminée, passé laquelle les uns ne doivent plus attendre les autres.

Un retard quelconque ou un arrêt dans la marche, soit de la flottille sibérienne, soit de l'expédition maritime, causa quelquefois un insuccès total; les premiers arrivants attendaient à Nakhodka pendant le délai convenu; puis, craignant qu'un accident n'ait mis leurs partners dans l'impossibilité de parvenir, ils repartaient, tandis que quelques jours après, les retardataires apparaissaient surpris de ne trouver personne et remportaient leurs marchandises qu'ils ne pouvaient décharger, faute d'abri convenable; les deux expéditions avaient eu lieu d'Angleterre et de Sibérie en pure perte.

Quels sont donc les avantages que la voie maritime du Nord offre aux produits sibériens et au commerce d'importation?

La voie maritime du Nord est la plus économique de toutes les voies d'exportation.

Prenons pour exemple du froment amené à Barnaoul et comparons les frais de transport jusqu'à Londres par les diverses voies d'exportation :

I. — *Voie Kama-Baltique.*

(*Barnaoul-Tioumène-Perm-Rybinsk-Pétersbourg-Londres*)

Barnaoul-Tioumène (voie d'eau).......	10 à 12 kop. par poud.
Tioumène-Perm (voie ferrée)........	28 à 30 kop. —
Perm-Rybinsk (Kama-Volga)........	
Rybinsk-Pétersbourg (canaux Marie).	8 à 10 —
Pétersbourg-Londres (voie de mer)..	5 à 8 —
Au total...............	51 à 60 kop. par poud.

Soit 8 fr. 14 à 8 fr. 28 par 100 kilos.

II. — *Tioumène-Perm-Arkhangel.*

Barnaoul-Tioumène (voie d'eau).................	10 à 12 kop.
Tioumène-Kotlas (voie ferrée)..................	26 k.
Kotlas-Arkhangel (Dvina-Sept.).................	5 k.
Arkhangel-Londres.............................	12 k. 1/2
Au total....................	53 à 55 k. 1/2

III. — *Obi-Tchélabelsk-Arkhangel.*

Barnaoul-station Obi (par eau).................	5 kopeks
Station Obi-Arkhangel (voie ferrée et Dvina).....	40 —
Arkhangel-Londres...........................	12 k. 1/2
Au total.............	57 k. 1/2 p. poud.

IV. — *Voie maritime du Nord.*..... 36 kopeks env.

De Barnaoul à Londres, le froment n'a que 36 kopeks, y compris l'assurance (1) à payer. La voie maritime du nord comporte une différence de 17 à 19 kopeks 1/2 par poud, soit l'énorme économie de 2 fr. 75 à 3 fr. 75 par 100 kilos.

L'établissement de relations régulières entre la Sibérie et l'étranger, par la voie maritime du Nord, aurait donc l'avantage de favoriser singulièrement l'exportation des produits sibériens et, par suite, d'en développer considérablement la production.

En effet, par la voie récemment ouverte de Tioumène-Kotlas-Arkhangel, la plus avantageuse actuellement pour l'exportation des céréales de l'Altaï et des régions de l'Irtych, la Sibérie ne peut envoyer à l'étranger l'excédent de ses récoltes que lorsque les prix cotés sur les marchés de consommation sont élevés.

Prenons en effet comme prix moyen, coût, frêt, assurance, à Londres la cote de 85 kopeks le poud, soit environ 13 fr. 80 les 100 kilos, cours habituellement pratiqué pendant la dernière décade. Si nous retirons 54 kopeks de transport, la somme restant à la culture à Barnaoul sera de 31 kopeks ; mais encore faut-il déduire de ce prix divers frais tels que ceux du transport, du grenier au quai de Barnaoul, l'intérêt d'argent pendant six à huit mois, l'usure des sacs, les commissions, bénéfice des intermédiaires, etc., etc...

Or, malgré l'économie de la production du blé en Sibérie, le cultivateur qui ne reçoit que de 3 à 4 francs par 100 kilos, se voit obligé de restreindre l'importance de ses ensemencements et de les limiter à sa consommation personnelle.

(1) Le Lloyd anglais de même que les compagnies russes couvrent les risques courus par ces expéditions ; le taux des primes payé pour le voyage Londres-Nakhodka fut en dernier lieu pour les marchandises de 4 °/₀.

Il a fallu les cours élevés pratiqués à l'étranger en 1898 pour que le blé sibérien, dont la production s'était accrue en raison du nouveau débouché de l'Oural ouvert par la construction du chemin de fer Perm-Tioumène, rompît la digue et vînt en abondance déborder en Europe.

Les cours des marchés européens, bien qu'actuellement assez élevés (environ 1 r. 05 le poud à Londres), ne sont plus aussi avantageux qu'en 1898, car, tous frais déduits, ils ne laissent guère que 35 à 40 kopeks au paysan, soit au maximum 6 fr.50 par 100 kilos; ces prix ne lui permettent donc pas d'augmenter beaucoup sa production.

Grâce à la voie maritime du Nord, les céréales sibériennes pourraient se produire à l'extérieur, même en année de bas prix. En effet, si les cours de blé descendaient à Londres à la parité de 81 kopeks le poud (soit 13 fr. 19 les 100 kilos), le prix de 45 kopeks qui resterait à Barnaoul rémunérerait encore cultivateurs et intermédiaires. En périodes de cours moyens ou élevés à l'étranger, le producteur sibérien toucherait encore près de 3 francs par 100 kilos de plus que s'il expédiait par une autre voie.

L'afflux considérable d'émigrants russes dont le seul métier est de produire du blé provoque un développement rapide de la production des céréales en Sibérie. Il serait donc à souhaiter que cet accroissement constant de la production ne vînt pas avilir des prix déjà bas, mais grâce à des voies d'exportation économiques et rapides, vînt contribuer à accroître la richesse du pays. La voie du Nord forme une de ces voies : la courte période de temps pendant laquelle elle est ouverte et son insuffisante exploration restreignent évidemment son utilisation. Employée concurremment avec d'autres voies coûteuses, mais ouvertes toutes l'année, elle peut rendre de grands services à la production sibérienne.

Pour ce qui concerne la voie de l'Yénisséi, les produits exportés, mais en très petites quantités, ne furent que des céréales fournies par le district de Minoussinsk.

Cette région, encore peu peuplée, voit sa production absorbée par le bassin moyen du fleuve et par le gouvernement d'Irkoutsk; de quelque temps tout au moins, elle ne peut songer à fournir un aliment important à l'exportation. Il n'en est pas de même des régions forestières qui bordent le cours moyen de l'Yénisséi et de ses affluents (la Kane, l'Angara, etc...).

Les hautes futaies vierges qui couvrent la plupart de ces régions renferment de magnifiques bois de construction, principalement des pins, des cèdres et des mélèzes atteignant souvent jusqu'à 50 pieds de hauteur. Ces bois ne peuvent subir un transport par fer, mais vu leur prix pour ainsi dire nul sur place et leurs grandes facilités d'exploitation au bord de vastes rivières, ils peuvent s'exporter par voie d'eau, et concourir sur les marchés extérieurs avec les bois exportés par la Dvina, par la Pétchora ou avec ceux de Finlande et de Riga (1).

IMPORTATION PAR LA VOIE MARITIME DU NORD. — Si nous prenons, d'autre part, l'importation, nous voyons que c'est le thé en briques qui a formé la majeure partie du trafic d'aller des vapeurs anglais.

A Tioumène le transport du thé venu par la voie mongolienne (Tien-Tzin, Kalgan, Kiakhta, Irkoutsk) coûtait 26 à 28 roubles par caisse de 5 pouds alors que le même thé transporté par vapeur de Han-Kéou à Shangaï et à Londres, puis de là à travers la mer de Kara jusqu'à Nakhodka et Tioumène, ne payait jusqu'à cette dernière ville que 10 roubles par caisse, soit donc en moins 17 roubles ou 55 fr. 35 par 100 kilos. De plus, la durée du transport qui par la voie des caravanes (voie mongolienne) était au minimum d'un an était du même coup réduite à six mois.

L'importation des autres marchandises fut au début peu considérable. La Sibérie est en effet un pays de faible consommation; en outre, elle est, comme la Métropole, jusqu'à Irkoutsk tout au moins, fermée ou à peu près au commerce étranger par une ceinture douanière qui se fait plus étroite d'année en année. A part le thé en briques, destiné à la consommation sibérienne, on importa donc seulement quelques marchandises que le Gouvernement, pour développer les relations commerciales par la voie du Nord, avait admises en franchise : machines agricoles et autres machines, huile d'olive, fer-blanc, étain, filets, bougies stéariques, denrées coloniales.

Ces importations, frets d'aller des vapeurs de mer et frets de retour des bateaux fluviaux sibériens étaient en voie de se développer beaucoup. Ainsi en 1897, par exemple sur un chiffre total de 290.000 pouds importés par l'Obi et par l'Yénisséï, les marchandises autres que le thé figuraient pour 136.000 pouds, soit pour près de la moitié.

Ces importations entraînaient une économie considérable dans la consommation sibérienne, et, par suite, l'accroissement même de cette consommation.

Mais à partir de 1898, il n'en fut plus ainsi, et ceci nous amène à parler de la politique douanière suivie vis-à-vis de cette voie commerciale encore en enfance.

(1) Nous signalerons aussi comme probablement possible, grâce à la voie maritime du Nord, l'exploitation de riches gisements miniers (graphite et autres minéraux) du district de Touroukhansk qui jusqu'à présent n'ont pu être mis en valeur, faute de communications faciles.

POLITIQUE DOUANIÈRE DE LA VOIE MARITIME DU NORD

Jusqu'en 1898 on tint compte de la difficulté des communications par la mer de Kara et des conséquences heureuses que le développement de cette voie commerciale aurait pour la Sibérie. On admit donc en franchise, bien qu'avec des restrictions gênantes et pour des périodes de temps trop courtes. les marchandises étrangères entrant par les bouches de l'Yénisséï et par celles de l'Obi (1). Exception cependant était faite pour certaines marchandises telles que : le thé, qui devait acquitter des droits identiques à ceux payés à la douane d'Irkoutsk (2 r. 50 or, soit 61 francs les 100 kilos), le sucre, le tabac, les cigares, les étoffes et tissus, la soude, le verre, et objets en verre, les liqueurs et les médicaments brevetés.

Ces faveurs douanières, jointes à une application très large des règlements restrictifs, coïncidèrent avec des expéditions heureuses et commencèrent à donner des résultats appréciables. Le thé, destiné à la consommation sibérienne, attiré par les énormes bénéfices réalisés sur les transports, commença à affronter la mer de Kara ; il en fut de même pour d'autres marchandises ; les bougies stéariques étrangères par exemple trouvaient à Yénisséïsk ou à Krasnoïarsk un débouché magnifique au prix de 8 r. 50 le poud, c'est-à-dire à 3 roubles, 3 r. 50 meilleur marché que les bougies venant de Russie.

En 1898, les plaintes de certains industriels et commerçants qui se disaient lésés par ce trafic firent modifier ce régime de faveur. Le thé en briques, qui payait la taxe d'Irkoutsk, soit 3 r., 75 crédit, dut payer 6 r. 75 s'il entrait par l'embouchure de l'Obi, 6 roubles par l'embouchure de l'Yénisséï. Le bénéfice qui résultait d'un transport économique était donc pour une bonne part absorbé par ces surtaxes, et il ne restait guère à l'expéditeur que l'avantage de la célérité, avantage compensé d'ailleurs par les risques d'insuccès. Au surplus, ce régime ne devait exister que pendant les périodes de navigation 1898 et 1899 (2).

Aujourd'hui, les marchandises étrangères entrant par la voie maritime du Nord sont placées sous le même régime douanier que la Russie d'Europe. Le thé en briques par exemple, importé par la voie du Nord, est soumis à la taxe des douanes de la Russie d'Europe qui est de 7 r. 50 or, c'est-à-dire trois fois supérieure à celle qu'acquitte le thé des caravanes importé par Irkoutsk.

(1) De 1888 à 1896 l'importation des marchandises par l'Obi fut cependant soumise à un régime plus rigoureux que celui appliqué à l'importation par la voie de l'Yénisséï.

(2) Malgré cette différence de traitement, la voie du Nord pouvait encore concurrencer celle des caravanes.

Ainsi, en 1898,, il fut importé encore 178.766 p. de thé et 19.885 p. d'autres marchandises. En 1899, le thé entrait pour 223.084 p, dans le tonnage de l'expédition Poppam qui échoua.

La concurrence n'est donc plus possible. La franchise n'est plus accordée qu'à quelques marchandises, telles que le charbon, le sel, les machines diverses nécessaires à l'usage d'usines ou d'ateliers, les machines agricoles (1), les sacs, les filets et fils employés à leur confection, le fer-blanc, l'étain, l'huile d'olive, le cyanure de potassium et le chlorure de chaux.

Mais l'admission en franchise de ces marchandises a été soumise à des restrictions et à des formalités telles qu'elles annulent en fait tout l'effet de ces faveurs. Environnée de la même barrière de tarifs que la Métropole, la Sibérie est donc replacée sous l'entière dépendance économique de la Russie. Ce régime, quoique dur pour un pays qui débute dans la vie économique, s'explique, si l'on voit dans son application la réalisation d'une politique d'ensemble, la poursuite d'un but supérieur devant lequel s'effacent toutes autres considérations, je veux parler de la création de la Russie industrielle (2).

Est-ce à dire que, pour la deuxième fois, près de trois siècles après l'édit du voïévode de Tobolsk, la Sibérie se voit fermer la route qui, deux mois par an, lui permettait de déverser ses matières premières en Europe?

Un régime douanier n'est pas chose immuable et celui sous lequel est placée la Russie s'adoucira sans doute, lorsque la production nationale sera en mesure de lutter avec la concurrence étrangère. Et puis, bien que ralentie par la protection douanière, la consommation sibérienne ne peut moins faire que de s'accroître, puisque population et productions augmentent rapidement. Dans un temps relativement court, le chemin de fer assuré d'un trafic sera peut-être moins jaloux de le conserver tout entier.

Et quand bien même l'importation par le nord ne pourrait exister, s'ensuit-il que l'exportation ne puisse s'établir régulièrement par les voies de l'Obi et de l'Yénisséï?

Les navires qui vont aujourd'hui à Arkhangel prendre les cargaisons de froment et d'avoine de Sibérie arrivent dans ce port sur lest. Ceux qui viennent mouiller à Nokhodka ou à Goltchikha peuvent en faire de même; ils peuvent du reste compenser la perte qu'ils éprouvent du fait d'un voyage à vide par une exploitation rationnelle et économique de cette voie de transport.

Nous avons signalé les conditions dans lesquelles se faisait la na-

(1) Les machines agricoles de construction compliquée sont admises en franchise par toutes les frontières de la Sibérie.
(2) La taxe sur les thés a un caractère fiscal. Quant aux inégalités de traitement entre les douanes de différentes frontières de l'Empire, Irkoutsk et Odessa par exemple, on peut les expliquer par des raisons politiques et aussi par le désir du Transsibérien, institution d'État, de se réserver la totalité d'un trafic dont une bonne partie, empruntant la voie de mer, paraissait vouloir lui échapper.

vigation entre Londres et Tobolsk ou Yénisséisk, conditions tout à fait primitives et qui, même dans des mers plus commodes que l'Océan Arctique et la mer de Kara, augmenteraient dans des proportions considérables le coût du transport. De toutes les mesures à prendre pour donner aux échanges maritimes entre l'Europe et la Sibérie toute la régularité et toute la sûreté nécessaires à des entreprises commerciales, plusieurs sont facilement réalisables et n'exigent pas l'intervention de l'État : la construction à Nakhodka de packhouses, si rudimentaires soient-ils, semble par exemple s'imposer. Ces magasins pourraient être rapidement et économiquement construits en bois ; ils permettraient aux vapeurs fluviaux de déposer toute leur cargaison au cas où les navires de mer n'arrivant pas à temps à la Baie, les premiers devraient revenir en Sibérie, ou vice versa (1). Ils supprimeraient donc le risque d'être obligé de ramener, soit en Sibérie, soit en Europe, les marchandises qu'il est impossible de décharger sur la rive et d'y laisser sans garde et sans abri pendant 10 mois.

Nous avons vu précédemment que les steamers étaient obligés de s'approvisionner de charbon pour deux mois à Vardo ou à Yékatérinsky, ce qui réduit d'autant leur capacité de chargement. La création d'un dépôt de charbon et de bois pour les navires et les vapeurs fluviaux semble donc également indispensable (2).

Le transbordement au large, par les seuls moyens des navires et des vapeurs, est long et très coûteux ; l'entreprise qui désirerait nouer des relations commerciales avec la Sibérie devrait donc rechercher les moyens de rendre ce transbordement plus court et plus économique ; l'emploi d'élévateurs flottants serait par exemple tout indiqué pour le transbordement des céréales que les steamers chargent en vrac. Quelques appareils de levage à vapeur sur les bateaux sibériens qui en sont totalement dépourvus aideraient puissamment à la manipulation des autres marchandises.

La construction de remorqueurs fluviaux et de péniches pouvant se risquer plus facilement en mer, permettrait d'envoyer d'Europe à Nakhodka, non de vieux navires déclassés. ne calant que 12 à 15 pieds pour pouvoir pénétrer plus avant dans la Baie, mais de sérieux et puissants steamers.

Le Gouvernement russe, du reste, ne se désintéresse pas de la

(1) En 1899, par exemple, l'expédition Poppam renonça à essayer de pénétrer dans le détroit de Yougor après le 30 août, car en supposant qu'elle eût réussi et qu'elle eût pu arriver à Nakhodka, elle n'y aurait plus trouvé les bateaux sibériens, déjà repartis avec leurs chargements.

(2) Il serait possible actuellement de faire à Nakhodka un dépôt de charbon provenant soit d'Ekibas-Tous, soit de Soudjenka ; ce charbon reviendrait, transporté à la Baie, de 25 à 45 francs la tonne. A Goltchikha sur l'Yénisséï le prix du charbon de Soudjenka pourrait s'élever jusqu'à 50 francs. Quant au bois, il est en abondance tout le long de l'Yénisséï moyen et de l'Obi, en amont de Biriozof.

question. Le Ministère de la Marine envoya en 1899-1900 dans la mer de Kara une expédition dirigée pour la seconde fois par le colonel Vilnitzky (1). En 1901, une partie de l'expédition hydrographique de l'Océan glacial, dirigée par le baron Toll, doit continuer l'exploration de la mer de Kara et des embouchures de l'Obi et de l'Yénisséï. Peut-être créera-t-on au détroit de Yougor ou en un autre point, un poste d'observation destiné à signaler aux navires venant d'Europe l'état de la mer de Kara; la présence d'un tel poste serait des plus utiles.

En résumé, l'étude impartiale et attentive de la question permet aujourd'hui d'affirmer que, si l'influence que peut avoir la voie maritime du Nord sur la production sibérienne se trouve, il est vrai, un peu réduite par suite de la courte période de temps pendant laquelle cette voie est praticable, les entreprises qui s'occuperaient de l'utiliser pour exporter les matières premières sibériennes rémunéreraient très brillamment leurs capitaux à la condition qu'instruites par l'expérience acquise par les devanciers, elles s'organisent sérieusement et assurent ainsi la régularité de leurs transports.

Voies ferrées.

TRANSSIBÉRIEN. — Ce fut vers 1860 que dans les sphères officielles russes on commença à se préoccuper de la nécessité d'unir par une voie ferrée la Russie à sa possession d'Asie.

En 1875, un projet de chemin de fer fut adopté allant jusqu'à Oufa et Tchélabinsk. Ce projet remanié fréquemment ne put, pour des causes diverses, être réalisé et ce ne fut qu'en 1890 que fut définitivement adopté le projet dont la réalisation est la voie ferrée actuelle qui traverse de l'ouest à l'est presque toute la Sibérie, allant de Tchélabinsk, à Striétensk, c'est-à-dire de l'Oural au bassin de l'Amour, fleuve relié lui-même à Vladivostok par le tronçon oussourien (Khabarovsk-Vladivostok). Entre temps avait été construit en 1877 l'embranchement Samara-Orenbourg qui unissait la Russie d'Europe aux steppes fertiles du Sud-Oural; en 1886, la ligne ouralienne Perm-Yékatérinbourg était prolongée jusqu'à Tioumène; on avait ainsi réalisé

_____

(1) D'une communication faite le 29 novembre 1900 à la Société Impériale de Géographie à Saint-Pétersbourg par M. R. Warneck, membre de cette expédition, c'est la partie S.-O. de la mer de Kara aux détroits de Yougor, Matotchkin et aux portes de Kara dont le passage serait le plus longtemps obstrué par les glaces et présenterait le plus de difficultés. La partie nord, c'est-à-dire vers l'extrémité septentrionale de la Nouvelle-Zemble, celle que les pionniers de la navigation polaire se sont le moins attachés à étudier, serait au contraire d'un passage beaucoup plus facile; la distance qui sépare le Cap Vardö de la pointe nord de la Nouvelle-Zemble est à peu près la même que celle qui sépare ce Cap du détroit du Yougor. Le voyage total de Vardö aux bouches de l'Obi et de l'Yénisséï n'est pas plus long, que l'on passe par le nord ou par le sud de la Nouvelle-Zemble.

l'union des bassins de l'Obi et de l'Irtych à ceux de la Kama et de la Volga.

En 1898, la voie ferrée Samara-Oufa avait été ouverte au trafic et il en était de même en 1890 du tronçon qui continuait cette ligne à travers l'Oural via Zlato-Oust, jusqu'à Tchélabinsk.

Le Transsibérien était ainsi amorcé.

Le tracé choisi passe par Tchélabinsk, Kourgane, Pétropavlovsk; sillonnant ainsi une zone fertile de la Sibérie occidentale ; il traverse ensuite l'Irtych à Omsk, puis à travers la steppe de Baraba rejoint l'Obi au petit village de Krivochtchokovo, laisse de côté au nord Tomsk vers laquelle il lance un embranchement d'environ 90 kilomètres, parcourt la région agricole de Mariinsk, d'Atchinsk, franchit l'Yénis-séï à Kranoïarsk, puis inclinant légèrement vers le sud, va atteindre Irkoutsk et Listvinitchnoïé sur la rive ouest du Baïkal. De Myssovaïa sur la rive est, la voie repart à travers la Transbaïkalie pour se terminer à Striétensk sur la Chilka (rivière dont la réunion avec l'Argoun forme l'Amour). On avait primitivement l'intention de prolonger le chemin de fer tout le long de l'Amour jusqu'à Khabarovsk, mais la traversée des Khingans présentait des difficultés techniques si sérieuses que l'on abandonna ce projet et que l'on décida de continuer la ligne sibérienne par un chemin de fer transmandchourien qui, partant de Kaidalovo en Transbaïkalie, va rejoindre Vladivostok et Port-Arthur. On maintint cependant le projet de chemin de fer oussourien et l'on résolut d'unir le Transsibérien au chemin de fer ouralien par un embranchement allant d'Yékatérinbourg à Tchélabinsk.

Les travaux de construction s'effectuèrent sous la direction d'un comité spécial, le « Comité du chemin de fer sibérien », comité qui était chargé en outre de prendre les mesures nécessaires pour la colonisation et le développement économique de la Sibérie. On s'attaqua simultanément à divers tronçons; c'est ainsi qu'en 1896 étaient achevés les tronçons Yékatérinbourg-Tchélabinsk, Tchélabinsk-Krivochtchokovo. En 1897, le Chemin de fer de l'Oussouri était terminé; en 1898-1899, c'était le tour de l'embranchement de Tomsk et celui du Sibérien Central (Krivochtchokovo au lac Baïkal). Enfin en 1900 le Transbaïkalien de même que les tronçons sibériens du Transmandchourien étaient achevés.

Dix ans après l'adoption du projet définitif, la ligne, à l'exception du court tronçon contournant le lac Baïkal, était donc terminée, ceci malgré les obstacles et les difficultés apportées aux travaux par l'énormité des distances et par la longueur et la rigueur des hivers sibériens.

Le Transsibérien était en réalité une œuvre motivée surtout par des raisons politiques et stratégiques; l'on rechercha principalement dans sa construction la rapidité et l'économie. C'est pourquoi

La gare d'Irkoutsk et l'Angara.

les données qui servirent à son établissement furent plutôt modestes. La ligne fut à simple voie (à écartement normal russe) avec
des points de croisement très éloignés les uns des autres. On ne
prévit qu'un mouvement de 3 trains dans chaque sens par jour et la
voie fut établie aussi légèrement que possible : rails de 18 livres
le pied courant (24 k. 160 le mètre courant), près de la moitié des

poids usités en Europe ; la largeur du remblai n'est plus que de 5 mètres
alors qu'en Russie elle dépasse 5^m,50 ; on admet des pentes et des
courbes plus prononcées, un ballast moins épais ; les ponts de peu
d'importance sont construits en bois et les stations sont presque
partout de modestes constructions en bois qui ne brillent ni par la
confort ni par les dimensions.

Dans le but d'éviter des dépenses qu'on jugea superflues, la voie
semble, de parti pris, passer à distance respectable de toutes les
agglomérations ; sans parler de Tomsk que des motifs d'ordre technique ont fait laisser à 90 kilomètres de la voie principale, la plupart des stations du chemin de fer se trouvent à plusieurs kilomètres des villes qu'elles doivent desservir. Tchélabinsk, Kourgane,
Omsk, Kaïnsk, sont situées à 3, 5, 12 kilomètres de leurs stations

respectives; Irkoutsk est séparé de sa gare, petite et insuffisante, par l'Angara qu'on ne peut traverser que sur un long pont de bateaux, fermé au trafic pendant plusieurs heures par jour.

Si j'en excepte l'établissement de magnifiques ponts métalliques qui ont été jetés par-dessus de larges fleuves ou rivières, comme l'Irtych, l'Obi, l'Yénisséï et quelques-uns de leurs affluents, la construction du Transsibérien n'a nulle part présenté de difficultés techniques spéciales. Les contrées qu'il traverse sont rarement montagneuses et la moitié occidentale de son parcours offre une succession d'immense plaines unies où la voie semble suivre indéfiniment la ligne droite. Même dans la traversée de l'Oural, on a évité le percement de tunnels ; nulle part on n'a eu à recourir à de coûteuse expropriations. On pourrait donc être surpris du prix relativement élevé que la ligne a coûté. si l'on ne tenait compte de ce fait que la Russie l'a exécutée avec ses propres moyens, avec ses ingénieurs et en employant l'acier de ses hauts fourneaux de l'Oural. L'établissement de la ligne, non compris le matériel roulant, a coûté en effet une somme d'environ 732 millions et demi de francs, c'est-à-dire au kilomètre environ 128.500 francs.

En raison du relief très accidenté que présente la région qui borde la partie sud du lac Baïkal, on remit à plus tard l'exécution des travaux sur le parcours d'Irkoutsk à Myssovaïa sur la rive orientale du lac. La construction de ce tronçon vient d'être commencée.

En attendant son achèvement, il fallait assurer le transport des marchandises et des passagers d'une rive à l'autre du Baïkal. L'Administration du chemin de fer fit construire à cet effet deux vapeurs brise-glaces qui ont commencé en 1900 leur service au moment même où le tronçon transbaïkalien Myssovaïa-Strétensk était ouvert à l'exploitation. Le premier de ces ferry-boats, le « Baïkal », a été construit en Angleterre et monté à Listvinitchnoïé ; il mesure 88m,50 dans sa plus grande longueur et a 17m,40 de large. Son entre-pont, très vaste, est muni dans le sens de sa longueur de 3 lignes de rails parallèles qui lui permettent de prendre à bord 25 à 28 wagons de marchandises avec leurs chargements. Les installations nécessaires au transport des passagers sont situées sur le pont supérieur. Les qualités nautiques de ce vapeur laisseraient, dit-on, beaucoup à désirer et il est question d'alléger considérablement ses parties hautes, de supprimer notamment tout le pont supérieur pour donner à ce steamer une stabilité dont l'absence le force à rester au port lors des violentes tempêtes si fréquentes sur le Baïkal. Le deuxième ferry-boat « l'Angara » est de dimensions moindres; il n'est pas aménagé pour le transbordement des wagons. Ces deux brise-glaces firent à la fin de l'hiver 1900 des essais qui faisaient espérer qu'ils pourraient en hiver, malgré l'épaisseur énorme de la glace qui couvre le lac, assurer le service d'une rive à l'autre en 7 ou 8 heures (1). Pendant la belle saison, le « Baïkal » et « l'Angara » font la traversée entre Listvinitchnoïé et Myssovaïa en trois à quatre heures (2).

La construction et le montage de ces deux vapeurs ont coûté environ 13 millions de francs. A ce prix, peut-être eût-il mieux valu construire à temps le tronçon Irkoutsk-Myssovaïa.

Le succès commercial du Transsibérien a dépassé tout ce qu'on pouvait en attendre. Tel que le chemin de fer a été conçu et construit, il s'est montré déjà insuffisant et sa puissance de transport beaucoup trop faible ; et pourtant la voie transbaïkalienne vient seulement d'être ouverte à l'exploitation et la voie mandchourienne n'est pas encore achevée ; le Transsibérien ne bénéficiait donc pas encore du trafic de transit international qui devait être, à ce qu'on pensait au début, la véritable raison d'être commerciale de ce chemin de fer.

Dès 1897-1898 on s'est aperçu de cette insuffisance ; la voie n'était même pas encore ouverte au trafic jusqu'à Irkoutsk. La partie occidentale et notamment entre Tchélabinsk et Omsk, fut à ce moment incapable d'assurer le transport des céréales qui lui étaient confiées ; pendant des mois entiers, les stations de ce tronçon furent encombrées de blés qui pourrissaient en plein air en attendant leur tour d'expédition. Plusieurs milliers de wagons s'accumulaient à Tchélabinsk sans pouvoir aller plus loin. La ligne russe de Samara à Tchélabinsk est en effet construite dans les mêmes conditions que le Transsibérien ; ligne de montagne sur la moitié de son parcours, elle est, comme la ligne ouralienne, à simple voie, avec des courbes et des rampes très prononcées, incapable donc de fournir le mouvement intense qui lui était demandé.

On dut donc prendre sans tarder des mesures pour accroître la capacité de transport du Transsibérien occidental : augmenter le nombre des croisements pour pouvoir augmenter celui des trains, remplacer par des ponts métalliques ou de pierre, les ponts de bois dont l'incendie interrompait souvent tout mouvement sur la ligne, changer les rails et les remplacer par de plus lourds, agrandir les stations, construire de nouveaux wagons et de nouvelles locomotives etc., etc... Ces travaux d'amélioration ou de réfection sont aujourd'hui terminés jusqu'à Omsk, et, entre cette ville et Tchélabinsk,

(1) Ces espérances ne se sont pas réalisées pendant l'hiver 1900-1901 ; on nous apprend en effet que ni l'un ni l'autre des deux brise-glaces n'a pu remplir son office ; ils ont dû tous les deux hiverner au port.

(2) Transbordements compris, le passage d'une rive à l'autre demande en réalité 9, 10 heures et plus.

dans cette région qui fournit au chemin de fer le trafic le plus important, le mouvement journalier des trains est déjà de 7 dans chaque sens.

Les événements de Chine pendant l'été 1900, avec les importants transports de soldats et de matériel militaire qu'ils ont occasionnés, ont prouvé que les autres tronçons du réseau étaient de même incapables d'assurer un trafic considérable; que le Transsibérien, pour pouvoir répondre aux nécessités politiques pour lesquelles il avait été construit, devait être retouché. On suspendit en effet à cette époque pendant plusieurs mois et au grand détriment des intérêts commerciaux du pays tous transports de marchandises venant de l'ouest. Malgré cette mesure radicale, les transports de troupes subirent de constants retards et ne purent avoir lieu qu'à raison de 1.500 hommes au plus par jour. Le tronçon transbaïkalien à peine construit ne laisse passer que deux paires de trains par jour; le tronçon central Obi-Irkoutsk en laisse passer trois; ils vont subir les mêmes travaux de réfection que le tronçon occidental.

Dans son état actuel le Transsibérien n'assure donc qu'imparfaitement l'union entre la Métropole et la partie de la Sibérie qu'il traverse; il ne peut enfin convenablement desservir le bassin de l'Amour et encore moins prétendre à un mouvement de transit entre le Pacifique et l'Europe. Sans parler de l'hiver qui isole complètement l'Oussouri et l'Amour de la Transbaïkalie, le point terminus du chemin de fer, Striétensk, semble avoir été mal choisi. La Chilka n'y est pas navigable en effet tout l'été; en août 1900, elle était presque à sec et l'on vit alors dans le bourg cosaque de Striétensk un incroyable amoncellement de soldats, de passagers, d'émigrants, de matériel de guerre et de marchandises qui attendirent pendant plusieurs semaines la montée des eaux et par suite l'arrivée des vapeurs de l'Amour chargés de les transporter plus loin vers l'Est. Les événements de Blagoviéchtchensk semblent du reste avoir montré le danger d'une situation aussi précaire et on annonce déjà que la ligne sera continuée plus loin à l'est jusqu'à Pokrovskoié, point où la Chilka, s'unissant à l'Argoun, forme l'Amour.

D'ici 1902, c'est-à-dire d'ici l'achèvement du Transmandchourien grâce auquel le Transsibérien pourra devenir vraiment une grande voie internationale, il est à souhaiter que le temps soit mis à profit pour réaliser sur ce chemin de fer quelques améliorations urgentes : celle de la vitesse notamment; de Tchélabinsk à Irkoutsk, les trains de voyageurs ont une vitesse commerciale de 20 kilomètres à l'heure, le grand rapide de luxe hebdomadaire, de 21 kil. 1/2 à l'heure; au delà d'Irkoutsk à l'est, c'est encore l'incertain. Cette vitesse, insuffisante même pour des trains de marchandises, donne souvent au chemin de fer l'apparence d'un grand tramway; elle ne lui permet pas de se comparer aux transcontinentaux américains.

Le chemin de fer, dans son parcours entre l'Obi et Irkoutsk, brûle de la houille provenant des mines de Soudjenka et de Tchérem-khovo; sur le parcours occidental, de l'Oural à l'Obi, de même qu'en Transbaïkalie, c'est le bois qui sert de combustible. En 1900, on a cependant commencé à employer sur le parcours Tchélabinsk-Omsk, de la houille provenant des mines d'Ekibas-Tous, dans les steppes kirghises.

Trafic. — Le temps relativement court depuis lequel le Transsibérien est ouvert à l'exploitation ne permet pas encore de déterminer exactement le tonnage qu'il aura régulièrement à transporter. Les chiffres dont nous disposons se rapportent à 1898 et à 1899; ils concernent seulement le mouvement des marchandises sur le parcours Tchélabinsk-Irkoutsk (l'exploitation régulière du tronçon transbaïkalien n'a commencé en effet qu'en juillet 1900). L'examen de ces chiffres montre qu'avec un certain mouvement de voyageurs. soldats, prisonniers ou fonctionnaires, le thé de Chine forme jusqu'à présent le seul élément de *transit* dont ait eu à bénéficier le chemin de fer. Ceci encore est-il dû à ce que les thés importés via Irkoutsk sont passibles de droits de douane bien moins élevés (3 r. 75 au lieu de 11 r. 25 crédit par poud) que ceux importés par les autres frontières de l'Empire. L'activité du chemin de fer consiste surtout à faire communiquer entre eux les différents bassins fluviaux sibériens, à transporter en Russie les produits bruts et à amener de Russie des produits fabriqués. Ce trafic entre contrées sibériennes et entre la Sibérie et la métropole dépasse de beaucoup ce que les plus optimistes espéraient; lui qu'on faisait à peine entrer en ligne de compte dans l'appréciation du rôle commercial qui serait dévolu à la grande voie asiatique, suffit presque dès maintenant à assurer la solidité financière de l'entreprise. En 1898, le déficit causé par l'exploitation du chemin de fer de Sibérie fut le suivant :

Tronçon occidental Tchélabinsk-Obi........ 3.881.864 roubles.
Tronçon central (Obi-Irkoutsk)............. 3.804.192   —
Soit au total............................. 7.770.056 roubles.

· Environ 20 millions de francs.

Ce chiffre est certainement infime si on le compare aux avantages économiques et politiques que retire la Sibérie et la Russie de cette œuvre magistrale. Il diminuera du reste et disparaîtra très rapidement au fur et à mesure de la mise en valeur de la Sibérie par les colons russes. Le tableau suivant emprunté aux résumés géographiques historiques publiés par le Comité russe à l'Exposition uni-

verselle indique le mouvement des voyageurs et des marchandises
sur le Transsibérien depuis 1896 :

1896	417.000 passagers	11.434.000 pouds march.		
1897	600.000	—	27.485.000	— —
1898	1.042.000	—	43.371.000	— —
1899	1.075.000	—	40.371.000	— —

y compris les transports d'État et les transports à destination des
chemins de fer en construction.

Si nous analysons ce trafic pour ce qui concerne les marchandises,
nous voyons que les deux tiers du tonnage sont dirigés de l'est à
l'ouest et que plus de la moitié en est formée par les expéditions des
céréales de la Sibérie occidentale. En 1898 en effet 20.264.000 pouds
de céréales en grains ou en farine furent expédiés par les stations du
Transsibérien. Sur ce chiffre,

3.948.915 pouds étaient destinés à la Sibérie ;
16.315.266 pouds étaient exportés de Sibérie.

Ce sont donc les céréales qui forment et de beaucoup, l'élément le
plus important du tonnage transporté par le Transsibérien; pour la
moitié environ, elles empruntent la voie ferrée sur des distances supérieures à 2.000 kilomètres.

Le thé vient en second lieu pour une quantité à l'expédition de
2.224.478 pouds en 1898 sur lesquels 1/6 seulement en transit pour
l'Oural ou la Russie. La création de tarifs dits de navigation, c'est-à-
dire valables pendant le temps où celle-ci est possible, attira en 1899
au chemin de fer un transit de thé plus important (1.115.437 pouds);
ce chiffre tend à augmenter grâce à des réglementations nouvelles
dans les services douaniers.

Viennent ensuite les viandes (bœuf, porc, etc., etc.) dont la production et l'exportation grandissent chaque année.

En 1898 : 1.077.007 pouds;
En 1899 : 1.396.628 pouds;

les beurres fondus et frais qui, après les céréales, tendent à devenir la
première production sibérienne.

En 1898, le chemin de fer en expédia	740.671 pouds;		
En 1899,	—	—	1.156.980 pouds;
En 1900,	—	—	{ 1.100.00 p. en beurre frais;
			— p. en beurre fondu

Les deux tiers de ces beurres s'expédient à l'état frais et salés par
grande vitesse; en 1900, deux trains par semaine munis de wagons-
glacières transportaient les beurres sibériens vers les ports de la
Baltique. La valeur de la marchandise permet au chemin de fer de

tirer un bon parti de ces transports qui tiendront une place de plus en plus marquée dans son trafic. En 1901, le nombre des trains glacières pour le transport du beurre a été porté à cinq.

Notons ensuite comme autres marchandises expédiées par les stations du Transsibérien : les suifs, les cuirs bruts secs, salés et gelés, les peaux, les bois de construction et à brûler, les noix de cèdres, le sel, les laines, les œufs, le gibier et la volaille, le charbon, etc., etc.

Quant aux réceptions, leur importance est moindre. Si nous en exceptons les céréales et les produits bruts reçus des autres stations sibériennes, il ne reste qu'un tonnage assez insignifiant qui représente une bonne partie de l'importation en Sibérie de marchandises russes et européennes.

	1898		1899	
Sucre en sable et raffiné......	875.073 p.		894.786 pouds	
Fer et acier bruts.............	—	555.385	—	689.582 —
Tissus et étoffes.............	—	710.002	—	682.272 —
Instruments, machines agricoles métalliques.................	—	142.669	—	287.372 —
Denrées coloniales, confiserie, etc.		282.161	—	307.867 —
Machines et accessoires.......	—	248.039	—	211.410 —
Objets en fer, acier, fer-blanc et fonte...............	—	193.014	—	225.081 —

Tarifs. — La ligne sibérienne, actuellement jusqu'à Irkoutsk, est rattachée au réseau des chemins de fer russes, et les tarifs et règles générales qui sont en vigueur sur ceux-ci le sont également sur celle-là. On peut donc expédier directement de toutes stations de Sibérie à toutes stations de Russie, et vice versa. La nomenclature des marchandises comprend 129 groupes rangés en 12 classes taxées de 1/100 de kop. à 1/10 de kop. par poud et par verste. Des tarifs différentiels au nombre de 38 sont appliqués aux marchandises qui forment le principal élément du tonnage de la ligne : céréales en grains ou farine, charbon, bois, fer et acier, thé, sucre, poissons, etc., etc.. Ces marchandises jouissent de ces tarifs dégressifs, même lorsqu'elles sortent du réseau russe pour entrer sur la ligne sibérienne ou vice versa. Dans la crainte un peu vaine que l'afflux sur les marchés intérieurs de Russie des 30 millions de pouds que la Sibérie peut expédier annuellement en dehors de ses frontières ne vint peser sur les cours des céréales de la Métropole, on a fait exception à cette règle pour le groupe des céréales qui, à moins d'être expédiées à Arkhangel, ne peuvent jouir du tarif différentiel que dans les limites du réseau sibérien. Il se produit donc à Tchélabinsk une rupture de tarifs qui a pour effet de fermer le marché russe aux céréales sibériennes.

Le tarif applicable aux blés est le suivant par wagons complets de 750 pouds :

De 1 à 180	verstes, la verste coûté.....	30 kopeks par verste
De 181 à 320	— — —	12 — —
De 321 à 800	— — —	11 — —
De 801 à 1.120	— — —	9 — —

A partir de 1.120 verstes, la verste ne coûte plus que 6 kopeks et demi.

Pour le thé il a été créé, comme nous l'avons dit précédemment, un tarif dit de « Navigation » ; c'est-à-dire applicable pendant les mois d'été et destiné à enlever à la navigation ce fret si avantageux. Suivant ce tarif spécial, le thé paye par poud d'Irkoutsk à Nijni-Novgorod 195 kop. 97.

Pour le sucre raffiné expédié par wagons complets le tarif est le suivant :

De 1 à 156	verstes, la verste coûte....	1/12 k. p. par verste
De 157 à 708	— — —	1/24 — —
De 709 à 1.023	— — —	1/30 — —
De 1.024 à 1.523	— — —	1/50 — —
Au-dessus de 1.521 verstes —	— —	1/60 — —

De Kiev par exemple à la station Obi le sucre raffiné paye environ 1 rouble le poud, soit 16 fr. 30 les 100 kilos.

Pour les peaux et cuirs :

De 1 à 450	verstes..................	1/18 kop. p. p. verste
De 451 à 1.800	—	1/60 — —

Etc., etc., etc...

Pour les bois de chauffage et de construction expédiés par wagons complets :

De 1 à 45	verstes.....................	1/36 kop. p. p. verste
De 46 à 280	—	1/50 — —
De 166 à 165	—	1/100 — —
De 281 à 680	—	1/200 — —

etc., etc., etc...

Ces tarifs différentiels ont eu pour effet de rendre difficile la constitution dans certaines villes de stocks de marchandises destinées à la vente en gros. Faire venir à Tomsk par exemple des stocks de gros pour les réexpédier ensuite par fer dans les localités de moindre importance serait faire supporter à ces marchandises des transports bien plus onéreux qu'elles n'en paieraient si elles étaient expédiées directement au point de destination.

Ces tarifs ont fait perdre à Tomsk l'importance de grand entrepôt commercial qu'elle avait autrefois, car ils tendent à répartir dans chaque ville le dépôt des marchandises nécessaires à ses propres besoins et à ceux de la région dont elle est le centre.

Pour les passagers (1), le prix des places est ainsi compté.

Une place de deuxième classe = une place et demi de troisième classe ; une place de première classe = une place de deuxième classe + une place de troisième classe. Pour la troisième classe,

Jusqu'à 160	verstes	1,4.375 kop. par verste.	
De 160 à 300	—	0,9 » »	
De 301 à 500	— (8 rayons de 25 verstes)....		
De 501 à 710	— (7 — de 30 —)....	Chaque rayon coûtant	
De 711 à 990	— (8 — de 35 —)....	20 kopeks.	
De 991 à 1.510	— (13 — de 40 —)....		
Au-dessus,	(— de 50 —)....		

Le prix des places de Varsovie par exemple, c'est-à-dire de l'extrême ouest de la Russie, pour Irkoutsk, pour une distance de 6.347 verstes, est ainsi de 75 r. 50 en première classe et de 45 r. 20 en seconde classe pour les trains ordinaires, alors que le trajet Varsovie-Moscou (1.249 verstes) coûte respectivement 24 roubles et 14 r. 40, c'est-à-dire environ le tiers pour une distance 5 fois plus faible.

La dégression est donc considérable et les prix obtenus sont pour les grandes distances très avantageux pour les voyageurs ; ils le seront évidemment encore beaucoup plus lors de l'achèvement du Transmandchourien qui introduira des relations directes avec l'Extrême Orient sur une ligne de plus de 9.000 kilomètres de long.

Il ne faudrait pas cependant s'étonner outre mesure de ce bon marché ; il est évidemment compensé par la lenteur excessive du voyage ; en outre, les billets d'aller et retour, de même qu'en Russie, n'existent pas ; les billets ne sont valables qu'un nombre de jours très limité ; la franchise de bagages n'est que d'un poud (16 kil. 38) et tout léger supplément de bagages occasionne au voyageur des frais considérables. De plus, les trains ordinaires n'ayant pas de restaurants, un voyageur européen ne saurait s'en contenter pour des parcours aussi longs (14 à 15 jours de Moscou à Striétensk), car les buffets sibériens n'ont à offrir aux passagers que des ressources des plus modestes. Le seul train confortable, mais où le nombre des places est strictement limité, est le train rapide hebdomadaire Moscou-Irkoutsk qui, en 1901, est devenu bihebdomadaire. Sa vitesse, nous l'avons vu, est tout à fait insuffisante, mais comme il offre aux voyageurs couchettes et restaurant, il rend supportables d'aussi longs trajets. Ce surcroît de confort et de vitesse (1 kilomètre et demi par heure de plus que les trains ordinaires) se paye en supplément. Le trajet Varsovie-Irkoutsk (première classe) coûte dans ce train 94 r. 30.

---

(1) Les émigrants paient pour eux, leurs familles, leurs bagages, mobiliers et le bétail qu'ils emmènent avec eux des tarifs spéciaux très réduits.

De juillet 1898 à juillet 1899, le train de luxe transporta 4.517 passagers.

Du 1er juillet 1899 au 1er juillet 1900..... 5.493 passagers. Soit environ 80 % des places libres.

Ces transports coûtèrent au chemin de fer 350.000 roubles et ne lui laissèrent aucun bénéfice, mais un déficit de 80.000 roubles.

Voies d'Exportation.

Grâce au Transsibérien, la Sibérie peut envoyer ses produits par la voie de fer à toutes les frontières russes : ports de la Baltique, frontière terrestre russe-allemande et russe-autrichienne, mer Noire et mer d'Azov. Il est évident cependant que des transports par fer, à travers d'aussi énormes étendues, conviennent surtout, vu leur coût, à des marchandises d'une valeur relativement élevée ou pour lesquelles la rapidité du transport est une condition essentielle : les beurres, les œufs et quelques autres marchandises à l'exportation, les produits manufacturés à l'importation.

Pour les produits bruts et notamment pour les céréales qui forment la plus grosse part de la production sibérienne, l'exportation par fer est trop onéreuse; la brisure des tarifs qui s'accomplit à Tchélabinsk la rend encore plus difficile.

D'Omsk, par exemple, les céréales expédiées par wagons complets ont à payer par poud pour :

Pétersbourg........................	48 k.39 (7r 88, p. 100 k.)
Reval.............................	50 k.94 (8r30, p. 100 k.)
Riga..............................	51 k.32 (8r35, p. 100 k.)
Libau.............................	52 k.80 (8r50, p. 100 k.)
Novorossiisk......................	50 k.25 (8r18, p. 100 k.)
Etc., etc......	

De la station d'Obi

A Pétersbourg.....................	56 k.
A Reval...........................	58 k. 1/2
A Riga............................	58 k. 1/2

L'exportation directe par fer n'est donc possible que pour les rayons agricoles ouraliens (Orenbourg, Tchélabinsk, etc., etc.....). Ces rayons ont, grâce à la voie ferrée, la faculté de choisir les ports d'expédition où ils trouveront pour leurs produits les frets maritimes les plus avantageux.

De Tchélabinsk, par exemple, le transport des céréales est par poud pour :

Pétersbourg........................	34 k.	(5ʳ55 p. 100 kilos.)
Riga.............................:	36 k.50	(5ʳ95 p. 100 —)
Rostov............................	34 k.	(5ʳ55 p. 100 —)
Novorossiisk	36 k.	(5ʳ87 p. 100 —)

Les rayons situés à l'intérieur du pays ne peuvent utiliser la voie de fer que là seulement où elle est nécessaire pour passer d'un bassin fluvial à un autre ; les itinéraires de sortie sont donc mixtes et empruntent les voies d'eau sur la majorité de leur parcours.

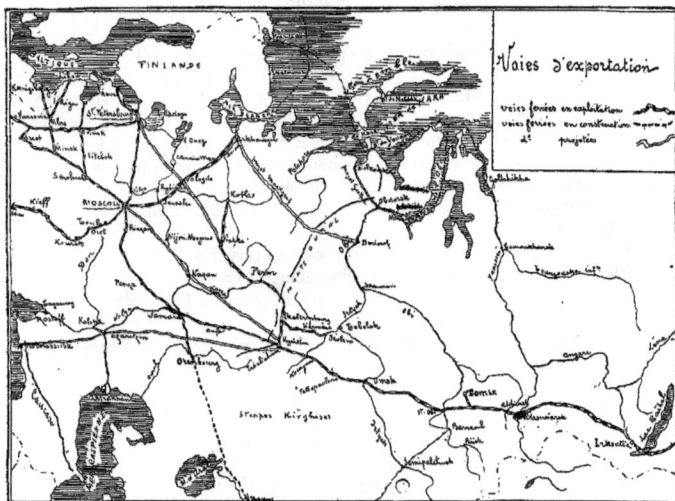

Tous ces itinéraires ont un caractère commun : inutilisables pendant la moitié de l'année en raison de la prise des fleuves et des rivières par les glaces, ils sont en outre très longs. Les céréales récoltées en automne ne parviennent pas en général avant juin suivant dans les ports d'embarquement ; il s'ensuit donc une immobilisation des capitaux très préjudiciable aux producteurs.

Voici les différentes voies le plus fréquemment usitées.

Exportation par la mer Noire et la mer d'Azov.

D'une station du Transsibérien, Kourgane par exemple, les marchandises emprunteront la voie ferrée jusqu'à Samara ; elles y seront transbordées sur bateaux et remorquées sur la Volga jusqu'à Tzarit-

zin; de ce point elles peuvent être dirigées par fer jusqu'à Novorossiisk (c'est le point de destination habituel) ou bien jusqu'à Kalatch,
d'où elles pourront sur bateau descendre le Don jusqu'à Rostov.

Les marchandises recueillies le long de l'Irtych ou du Haut-Obi
peuvent suivre la voie fluviale jusqu'à Tioumène, aller de là par fer
jusqu'à Perm, y être transbordées sur bateaux pour descendre la
Kama, puis la Volga jusqu'à Tzaritzin d'où elles se dirigeront soit sur
Novorossiisk, soit sur Rostov.

L'exportation par la mer Noire et la mer d'Azov a pour débouché
le bassin de la Méditerranée ; elle ne convient qu'au rayon de l'Extrême Ouest Sibérien (Orenbourg).

Exportation par les Ports de la Baltique. Voie Kama-Baltique.

C'est celle qui a été le plus usitée jusqu'à ces dernières années.
Elle n'utilise pas le Transsibérien, mais emprunte les fleuves sibériens jusqu'à Tioumène, puis la voie de fer ouralienne de Tioumène
à Perm, ensuite la Kama et le Haut-Volga jusqu'à Rybinsk, enfin
les canaux du système « Marie » de Rybinsk à Pétersbourg. Cette
voie est longue ; elle demande trois à quatre mois de voyage ; en
outre, elle n'est pas sûre, car le halage sur les canaux « Marie »
est pour des causes diverses souvent interrompu.

Le transport des céréales de Barnaoul à Pétersbourg par cette
voie revient à environ 48 à 50 kopcks (environ 8 francs p. 100 k.) dé-
composés ainsi :

Barnaoul-Tioumène (voie fluviale).............. 10 à 12 kopcks.
Tioumène-Perm (par fer)...................... } 28 à 30 —
Perm-Rybinsk (par eau)...................... }
Rybinsk-Pétersbourg (canaux « Marie ») y compris
  les transbordements........................ 8 à 10 —

De Rybinsk, on pourrait aussi expédier par fer sur Pétersbourg
ou les autres ports de la Baltique.

L'exportation par les ports de la Baltique par la voie que nous
venons d'indiquer (Kama-Baltique), bien qu'onéreuse, est encore plus
avantageuse que si elle avait lieu uniquement par fer ; dans ce
dernier cas, elle coûterait 11 à 15 kopeks de plus.

Exportation par la voie maritime du Nord.

Nous avons déjà montré les avantages considérables qu'elle offrait.
Cette voie n'étant pas encore exploitée régulièrement, il fallait
trouver pour les produits sibériens une voie de sortie plus économique que celles dont nous venons de parler.

Voie d'exportation par Arkhangel.

On vit la solution du problème dans la construction en Russie d'une voie ferrée prolongeant le chemin de fer ouralien de Perm par Viatka jusqu'à Kotlas, point où la Dvina septentrionale devient navigable. Ce nouveau chemin de fer, dénommé chemin de fer de Perm à Kotlas, a été construit par l'État, sous la direction du « Comité technique du chemin de fer sibérien » ; il a été ouvert à l'exploitation en 1899. Si l'on fait exception de la voie maritime du Nord, c'est pour les céréales et en général pour les produits bruts de Sibérie et de l'Oural, le chemin le plus court et le plus économique vers l'étranger.

A cet avantage il joint celui d'apporter un peu de vie aux régions du nord-est russe si pauvres et si déshéritées.

Les blés sibériens arrivant soit par eau jusqu'à Tioumène, soit par fer jusqu'à Yékatérinbourg, suivent à l'est jusqu'à Kotlas. Là, ils sont chargés sur des barges qui descendent la Dvina septentrionale jusqu'à Arkhangel, port où s'opère le transbordement direct sur vapeurs.

La Dvina entre Kotlas et Arkhangel est ouverte à la navigation entre le 10 avril et le 8 mai ; elle se ferme vers fin octobre ; elle présente malheureusement plusieurs barres de sable qui, pendant le milieu de l'été, gênent considérablement la navigation ; les barges, pendant juillet et août par exemple, ne peuvent charger qu'à 2 ou 2 1/2 pieds. L'une de ces barres se trouve peu en aval de Kotlas. Si l'exportation des céréales par cette voie prend une grande extension, il est probable qu'on entreprendra des travaux pour améliorer la navigation sur la Dvina. Les barges descendent le fleuve de Kotlas à Arkhangel en moins de dix jours.

Le port d'Arkhangel, à environ 50 kilomètres de l'embouchure du fleuve, ne donne accès qu'à des navires calant ou tirant moins de 17 pieds ; ceux qui veulent charger plus doivent prendre sur allèges le complément de leur chargement.

On a construit à Kotlas des magasins qu'on transformera peut-être en silos si le besoin s'en fait sentir ; ils peuvent contenir environ trois millions de pouds de grain.

De toutes les stations du Transsibérien, on peut expédier directement sur Arkhangel ; depuis septembre 1899, on peut même expédier directement sur Rotterdam, Amsterdam, Londres, Hull, Leith, Newcastle, Anvers, Brème, Hambourg, ceci grâce à l'intermédiaire des agences du chemin de fer à Kotlas et à Arkhangel et aux conventions intervenues entre l'administration des chemins de fer sibérien, Perm-Tioumène, Perm-Kotlas, de compagnies de navigation fluviale (compagnie russe du Mourman, compagnie de la Dvina septentrionale) et de compagnies de navigation maritime (A. Bolten et Cᵒ à Hambourg, Wm. Müller et Cᵒ à Rotterdam, etc.).

Les prix des transports des stations suivantes jusqu'à Arkhangel sont par poud :

```
De Tchélabinsk.......................... 28 k. 60 ⎫
De Kourgane............................ 30 k. 36 ⎪ (Env. 6 fr. 50
D'Omsk................................. 34 k. 74 ⎬ p. 100 k.)
D'Obi.................................. 39 k. 84 ⎭
```

Ces prix sont relativement bas; pour la station d'Obi à Arkhangel, c'est-à-dire sur une distance d'environ 3.100 kilomètres, ils représentent environ 1/78 par poud verste. Il faut ajouter 1 kopek pour l'Agence du chemin de fer, plus 1/4 de kopek par poud et par mois pour le magasinage éventuel à Kotlas ou à Arkhangel.

Le fret d'Arkhangel à l'un quelconque des ports étrangers que nous avons cités est de 12 kop. 53 par poud pour le froment et de 14 kop. 53 pour l'avoine.

La cherté relative de ces frets (respectivement 20 fr. 50 et 23 fr. 75 par tonne) s'explique facilement, car l'importation à Arkhangel est presque nulle et les vapeurs qui viennent dans ce port sont la plupart du temps sur lest.

La voie d'Arkhangel constitue un progrès marqué dans l'outillage économique de la Sibérie; il est regrettable seulement que le régime des eaux de la Dvina ne permette pas d'utiliser effectivement cette voie pendant toute la belle saison.

INFLUENCE DES CHEMINS DE FER SUR L'ÉCONOMIE SIBÉRIENNE

Quel est l'avenir commercial du Transsibérien et quelle influence ce chemin de fer (1) a-t-il ou aura-t-il sur l'avenir économique du pays?

Les chiffres que nous avons cités concernant le trafic du Transsibérien nous permettent déjà de nous rendre compte de la répercussion considérable que la création de cette nouvelle voie aura sur l'économie sibérienne. Les données que nous possédons nous montrent aussi que le chemin de fer a une importance bien plutôt locale qu'internationale.

Pour ce qui concerne le transit, il est certain évidemment qu'avec l'achèvement du Transmandchourien et du tronçon Irkoutsk-Myssovaïa, le Transsibérien pourra compter sur un mouvement considérable de passagers, de marchandises de prix et de transports postaux. La Sibérie ne pourra évidemment moins faire que profiter de ce mouvement international qui contribuera à la faire connaître, elle et ses richesses, au monde européen.

Je crois cependant que ce serait étrangement s'abuser que de prétendre que, pour les transports de marchandises, la voie sibé-

(1) Nous voulons parler en ce moment non seulement du Transsibérien proprement dit, mais de la ligne ouralienne, de la ligne Perm-Kotlas, de la ligne Moscou-Samara-Tchélabinsk, etc., qui en sont les amorces ou les prolongements.

rienne sera de sitôt en mesure de faire une concurrence dangereuse aux compagnies de navigation européennes en Extrême-Orient. Elle ne pourra en effet offrir aux expéditeurs de marchandises aucun avantage de rapidité ou de bon marché.

Pour venir du centre de la Russie jusqu'à Irkoutsk, les marchandises mettent au moins 40 jours en petite vitesse, 20 jours en grande vitesse (1).

Supposons terminée la ligne mandchourienne, achevé le tronçon du Baïkal. Des transports de marchandises par fer de Berlin à Dalny (port commercial russe du Liao-tung) exigeront :

En G. V. Berlin-Moscou......................... 10 à 12 jours
    —   Moscou-Dalny......................... 30 jours
En P. V. Berlin-Moscou......................... 20 à 30 jours
    —   Moscou-Dalny......................... 60 jours

soit donc respectivement 40 et 80 à 90 jours; de Paris, ces transports exigeraient environ 50 jours en G. V., 100 jours en P. V.

Il ne peut donc y avoir sur les compagnies de navigation d'avantage de rapidité que pour les paquets, bagages, colis-postaux qui voyageront avec les trains de passagers et pourront ainsi aller de Paris à Dalny en 19 à 20 jours.

Paris-Moscou.......... 3 jours   ⎫ (3.300 kil. à environ
Moscou-Irkoutsk....... 10 jours   ⎬   20 kil. à l'heure.)
Irkoutsk-Dalny........ 6 à 7 jours ⎭

Pour ce qui concerne le prix des transports, le chemin de fer est dans l'impossibilité de lutter avec la navigation.

Prenons comme point de comparaison un transport de marchandises entre Londres et Dalny (ou Vladivostok) ou bien entre Hambourg et le même port.

Les frets actuels d'Europe à Vladivostok ne dépassent pas 60 francs la tonne, et il est probable que, pour Dalny, ils seront inférieurs. Si nous déduisons de ces 60 francs les 12 à 15 francs par tonne que coûtent le fret et le transbordement de Londres ou de Hambourg à Pétersbourg ou Riga (pour forts parcels), la somme qui restera nous donnera approximativement le prix limite que le chemin de fer ne devra pas dépasser pour pouvoir concourir avec la voie de mer; 45 à 48 francs devront rémunérer un parcours terrestre de près de 9.000 kilomètres. Ce prix correspondrait à 0 fr.00516 par tonne kilométrique, ou 1/315 de kop. par poud-verste, base à laquelle il n'est pas vraisemblable que le chemin de fer puisse descendre.

Prenons un autre exemple : un transport partant de Kœnigsberg

(1) Les délais accordés au chemin de fer sont supérieurs.

à la même destination (9.400 kilomètres environ). Si nous appliquons au transport des marchandises le tarif extrêmement réduit de 1/100 de kopek par poud (inférieur aux tarifs usités sur le Transsibérien), nous obtenons un prix de 96 kopeks le poud, soit 155 fr. 80 la tonne, c'est-à-dire deux fois 1/2 la valeur du fret maritime ; et il ne s'agit encore que des transports à Dalny ou à Vladivostok qui ne pourraient intéresser en somme que la Mandchourie et le Liao-Tung. Ces différences sont bien plus sensibles, dès qu'il s'agit de transports destinés soit au Japon, soit aux ports chinois du Centre et du Sud, Shangaï, Han-Kéou, Canton, etc...

En supposant une rapide accélération de la vitesse des trains sur la voie sibéro-mandchourienne et en admettant des convois directs de marchandises depuis la frontière allemande ou autrichienne à la vitesse commerciale de 25 kilomètres à l'heure (G. V.), la durée du trajet jusqu'à Dalny ou Vladivostok serait de 20 jours, réalisant une avance de 10 à 15 jours sur les paquebots. Quelles seront les marchandises pour lesquelles la rapidité du transport sera un avantage assez sensible pour compenser la différence de fret ? Ce ne pourra être la plupart des produits d'échange sino-européens : le thé, les cuirs et peaux, les cires, suif végétal, chanvre, les fèves, les soies, soie de porcs, etc., etc., à l'exportation de Chine, pas plus que le pétrole, le sucre, les farines, le charbon, les cotonnades, les lainages, les métaux, etc., etc., à l'importation en Chine.

Pour ce qui concerne le commerce entre la Russie d'Europe et la Chine, il ne peut non plus, à part le thé, fournir un sérieux aliment de transit ; la Russie a en effet peu d'intérêts commerciaux ou industriels en Chine, son propre développement réclamant la presque totalité des ressources privées dont elle peut disposer. Les relations commerciales que la Russie entretient avec la Chine (à Han-Kéou principalement) ont à peu près pour seul objet le thé dont la Russie et la Sibérie consomment d'énormes quantités. C'est contre lui que s'échangeaient autrefois à la frontière sibéro-mongole (Kiakhta-Maïmatchin, Kouldja, Kobdo, Tchougoutchak) des fourrures et certains produits manufacturés russes ou sibériens (cuirs tannés, étoffes, cotonnades, etc.). La mise en valeur de la Chine par les Occidentaux, la création d'usines par les Anglais, de lignes de navigation intérieure, ont porté un coup funeste aux échanges russo-chinois et surtout aux exportations russes dans l'Empire du Milieu ; les thés des Indes et de Ceylan viennent maintenant concurrencer, même en Russie, les thés chinois.

Ces expéditions de thés chinois à destination de la Russie sont cependant toujours très considérables et il est de toute évidence qu'elles emprunteront la voie ferrée Dalny-Moscou, mais ceci, non pas grâce à des avantages de rapidité ou d'économie, mais grâce à des différences de traitement dans le régime douanier. La différence actuelle entre la taxe qui frappe les thés entrant par Irkoutsk et celle des thés arrivant par Odessa est de 195 fr. 55 par 100 kilos pour les thés noirs. Cette différence énorme en faveur des premiers qui ont à supporter des frais considérables de transport sur charrettes, à dos de chameaux, etc., sera certainement réduite, mais nous serions fort surpris que le gouvernement russe, en nivelant les tarifs douaniers, renonçât par là même à assurer à son chemin de fer un élément important de transit (1).

Ce n'est donc pas tant du transit international qui empruntera la grande voie sibérienne que la Sibérie retirera le plus grand bénéfice ; c'est surtout du développement de ses relations locales et de ses relations avec la Russie et par elle avec l'Europe. Augmentation de la production, augmentation de la consommation, par suite, augmentation de la richesse, voilà quels sont déjà et quels seront les résultats de la création des chemins de fer sibériens.

C'est le chemin de fer qui permet la colonisation rapide de la Sibérie, c'est grâce à lui que la Russie peut déverser en Asie l'excès d'une population toujours croissante, qui dans certains gouvernements déborde et ne trouve plus sa subsistance ; grâce à lui, des milliers de moujiks ont pu entrevoir, eux qui mouraient de faim sur un demi-hectare de terre, une nouvelle vie assurée par la fertilité vierge des steppes sibériennes. En juillet 1900, la voie sibérienne Tchélabinsk-Irkoutsk avait déjà transporté un million de colons.

Le peuplement des vastes plaines sibériennes n'accroîtrait cependant pas la richesse et le bien-être du pays si les échanges entre ce qu'il produit et ce qu'il consomme n'étaient pas possibles, si le paysan devait se contenter pour vivre de ce que produit son sol, le nomade de son troupeau et si le mineur devait payer à prix d'or le blé qui doit le nourrir.

(1) Est-ce à dire que le Transmandchourien n'aura à transporter que les thés destinés à la Russie, puisque des avantages douaniers ne peuvent intéresser évidemment des marchandises destinées à d'autres pays ? Certainement non. Le Transmandchourien traverse des contrées productives, habitées par des populations assez denses, et où se trouvent des agglomérations de vingt, quarante, soixante-dix et deux cent mille habitants. Il contribuera à développer la production et les échanges dans les territoires qu'il traverse et favorisera ainsi puissamment les progrès économiques et politiques chinois. Ceux-ci sont indéniables ; les réformes commerciales que les puissances européennes ne manqueront pas, nous l'espérons du moins, d'obtenir de la Chine au règlement des comptes de la guerre actuelle ne pourront que les rendre plus rapides. Il se peut cependant que l'action du Transmandchourien soit assez lente. En effet, sans qu'il soit permis d'élever des craintes au sujet de la façon dont pourront être exploitées des voies traversant un pays qui n'est pas encore officiellement sous la domination russe, on ne peut nier que les progrès chinois ne soient intimement subordonnés aux transformations politiques de l'Empire du Milieu. Or, ceux-ci provoqués par la seule force d'expansion européenne, par les seuls efforts d'éléments étrangers, ne se feront pas sans secousses, ni sans troubles ; l'année 1900 en est un exemple.

Faute de moyens de communication, les céréales, pour ainsi dire sans valeur marchande, s'entassaient dans les greniers dans les rayons de culture; assuré d'avoir du pain à l'avance, le paysan limitait ses ensemencements à ses propres besoins et mettait un frein à une activité que rien ne venait stimuler; sa culture à l'antique ne se préoccupait guère des rendements, et, pendant ce temps, les rayons voisins souffraient de la disette et ne parvenaient qu'avec des prix exorbitants à s'approvisionner. Des foires annuelles réunissaient seules le commerce des différentes régions; on y apportait les quelques marchandises susceptibles d'être échangées contre les produits indispensables. Il n'était guère question d'exportation; seules ou à peu près des fourrures arrivaient alors à pénétrer en Europe. Cet aspect des échanges sibériens a été à peine modifié par la navigation à vapeur qui ne pouvait servir qu'aux relations d'un même bassin fluvial. C'est le chemin de fer qui l'a transformé presque complètement. Ce n'est que depuis l'ouverture du Perm-Tioumène que les céréales sibériennes ont pu franchir l'Oural et il fallu le Transsibérien en 1897-1898 pour faire connaître à l'Europe cette production de la grande colonie asiatique. Le chemin de fer maintenant presque achevé a d'abord permis aux contrées consommatrices de s'approvisionner chez leurs voisines plus fertiles ou favorisées par une plus abondante récolte.

Les rayons producteurs assurés d'un débouché voient leurs produits prendre une valeur plus grande; ils augmentent donc leurs ensemencements; serrés d'autre part par les nouveaux colons qui prennent petit à petit possession des terres disponibles, les cultivateurs doivent peu à peu transformer leurs méthodes de culture, travailler la terre avec des procédés et des instruments plus modernes. Des rayons qui auparavant consommaient plus qu'ils ne produisaient, se peuplent et peu à peu arrivent eux-mêmes à se suffire. Les céréales disponibles des régions riches doivent chercher un débouché à l'extérieur; c'est le chemin de fer qui leur donne accès sur les marchés étrangers.

L'organe ici a créé la fonction : des transports rapides ont fait naître une fabrication qui permet aux régions dans lesquelles elle se répand de mieux utiliser leurs productions et d'en tirer un meilleur parti; le beurre frais n'était pas connu il y a cinq ans en Sibérie; en 1900, il en fut expédié plus de 18.000 tonnes. Certains produits que la Sibérie peut fournir avec abondance, les œufs, le gibier, etc., restaient auparavant sans réelle utilisation; ils font aujourd'hui l'objet d'un trafic important.

L'exploitation des mines d'or qui tombait en décadence va pouvoir se relever; les approvisionnements nécessaires à la main-d'œuvre qu'elle emploie se feront à des conditions de moins en moins onéreuses. Des procédés vieillis disparaîtront, grâce à l'arrivée d'ingénieurs russes ou étrangers plus instruits, grâce aux machines dont le chemin de fer peut effectuer le transport à des prix raisonnables. L'étude et l'exploitation des diverses richesses minérales deviendront possibles en maints endroits et, grâce au chemin de fer, l'industrie minière bénéficiera d'un afflux d'hommes et de capitaux nouveaux.

Pour les autres industries, si l'inexpérience et l'absence quelquefois de main-d'œuvre, la rareté des capitaux, ne permettent de prédire un établissement prochain dans le pays que pour certaines d'entre elles, il est à prévoir que celles qui consistent à transformer grossièrement les matières premières abondant sur place en produits de consommation, supportant mal des transports à grandes distances, ne pourront tarder à s'implanter en Sibérie; nous n'en voulons pour preuve que les nombreux moulins à farine (à cylindres et à vapeur) qui depuis deux ou trois ans se construisent un peu partout, les moulins à huile, les ateliers divers qui s'installent en maints endroits.

La facilité des échanges, la commodité des relations commerciales tendent en effet à faciliter la spécialisation dans la production, partant à donner à celle-ci une plus grande intensité.

D'un autre côté, le pays peut se procurer à moins de frais les produits qui lui sont nécessaires et que son sol ne peut lui fournir; les prix de ces produits dont la monopolisation devient impossible se nivellent et ne varient plus que dans certaines limites; les capitaux sont immobilisés moins longtemps et le service de leur intérêt ne se répercute plus aussi lourdement sur le prix des marchandises. Il en résulte une considérable économie qui se traduit soit par une augmentation de la richesse, soit par une augmentation de la consommation, c'est-à-dire du bien-être.

Le chemin de fer est donc pour la Sibérie un instrument admirable de développement économique; il a fait d'une région inconnue pour nous si ce n'est par son rigoureux climat un pays aujourd'hui facilement accessible et qui entre dans le mouvement mondial.

Projets de nouvelles voies ferrées.

Le succès politique et commercial de la « Grande Magistrale » sibérienne a éclairé le gouvernement et l'opinion sur l'utilité de doter le pays de nouvelles voies ferrées destinées à être des ramifications de la première. Nous dirons donc quelques mots du réseau ainsi projeté.

La Sibérie, de même que les industries minières et métallurgiques de l'Oural, n'a sur la Russie qu'une issue (1) : celle de la ligne Sa-

(1) La voie ouralienne avec son prolongement Perm-Viatka-Kotlas est isolée du réseau russe; elle ne donne jour que sur Arkhangel et par là sur l'étranger.

mara-Zlato-Oust-Tchélabinsk. C'est une ligne de montagne à simple voie, très insuffisante pour le trafic considérable qui l'emprunte. Dès 1897, on aperçut la nécessité de chercher d'autres voies de sortie pour les produits qui venaient s'accumuler ici comme dans une sorte d'entonnoir. Pour remédier au plus pressé, on construisit la voie Perm-Kotlas et on dirigea par cette voie l'exportation des céréales sibériennes. D'autres projets restaient à réaliser pour unir directement, par des communications ouvertes toute l'année, la Sibérie et l'Oural à la Baltique, à la mer Noire et au Centre moscovite. Examinons rapidement ces projets dont deux sont déjà décidés et en voie d'exécution et dont les autres, tout aussi urgents, ne tarderont certainement pas à être réalisés.

I.— LIGNE DE SIBÉRIE A LA BALTIQUE. — Tchélabinsk-Perm-Viatka-Pétersbourg (2.600 kilomètres environ).

L'union de la Sibérie et de l'Oural avec la Baltique nécessiterait la construction d'une ligne ferrée entre Pétersbourg, Vologda et Viatka.

Ce projet demanderait en outre soit une reconstruction de la ligne ouralienne entre Perm et Tchélabinsk, voie dont la capacité de transport est très faible, soit la construction d'une ligne directe Tchélabinsk-Perm qui aurait l'avantage d'être plus courte et de desservir nombre de mines et d'usines du versant occidental ouralien.

La construction de cette ligne Viatka-Pétersbourg est réclamée depuis longtemps par la Russie septentrionale qui, sur des distances énormes, est complètement privée de communications (1); elle présente un intérêt vital pour ces régions qui, placées dans un état d'infériorité marquante, se dépeuplent graduellement et dépérissent. Elle raccourcirait en outre de 300 à 400 kilomètres le trajet entre l'Oural et la Baltique.

Les sommes considérables qu'elle coûtera, peut-être aussi des oppositions intéressées, ont retardé jusqu'à présent la réalisation de ce projet si nécessaire. Il a été cependant approuvé en haut lieu et sera sans doute exécuté si les financiers français et étrangers auxquels le gouvernement russe compte faire appel en 1901 répondent favorablement aux ouvertures qui leur seront faites.

II. — PROJET DE LIGNE DIRECTE A MOSCOU. — Ce projet cadre mieux avec les intérêts de la grande cité commerciale et industrielle du centre russe; il vient d'être adopté. Il consiste à relier Kychtym (station sur l'embranchement Tchélabinsk-Yékatérinbourg) à Moscou

(1) A part la voie Perm-Kotlas qui conduit sur l'Oural d'un côté et de l'autre sur la Dvina du nord et la mer Blanche, ces immenses régions n'ont qu'une voie ferrée, celle de Moscou à Arkhangel qui les traverse du nord au sud.

via Kazan (la ligne passera un peu au sud de Nijni-Novgorod). Cette nouvelle voie, longue de 1.602 verstes environ, raccourcit de près de 300 kilomètres le trajet de Tchélabinsk à Moscou; la ligne actuelle par Samara et Riazan décrit en effet vers le sud une courbe très prononcée. La voie Kychtym-Moscou améliorera donc sensiblement les relations entre la Sibérie et la Métropole; elle aura également une importance considérable pour les régions qu'elle traverse en Russie et apportera un adoucissement notable à la situation défavorable où se débattent actuellement les industries ouraliennes; car elle les rapprochera des centres de consommation russes, leurs débouchés.

On évalue le coût des travaux neufs (1.479 verstes) à environ 110.000.000 de roubles. La ligne sera construite et exploitée par la Compagnie du chemin de fer « Moscou-Kazan » avec la garantie et sous le contrôle de l'État.

III. — Projet de ligne a la mer Noire. — Environ 2.300 kilomètres entre Tchélabinsk et Novorossiisk.

Il consiste à construire une ligne ferrée allant de Tchélabinsk jusqu'à Tzaritzin sur le bas Volga.

Tzaritzin étant déjà relié à Rostov sur le Don et à Novorossiisk, la construction de cette ligne donnerait en tous temps aux produits sibériens un accès facile et rapide vers ces deux ports, dont le dernier est ouvert toute l'année (1). Elle présenterait en outre des avantages considérables pour les exploitations minières du sud-Oural et notamment de la montagne Magnétique.

Elle est cependant remise à plus tard, par suite de la construction d'une autre ligne, celle d'Orenbourg à Tachkent.

IV. — Projet de ligne d'Orenbourg a Tachkent. — Le projet de ligne Orenbourg-Tachkent a été muni en 1900 de la consécration officielle; les travaux de construction sont déjà commencés. La ligne traversera l'Oural méridional en suivant la route postale et bordera ensuite la Syr-Daria pour arriver à Djulek, Turkestan et enfin Tachkent. C'est en somme la reprise d'un projet français, élaboré en 1873 par M. Charles Cotard et proposé au gouvernement russe par M. Ferdinand de Lesseps. Dans le projet français, le trajet Orenbourg-Tachkent était la première étape du « Grand Central Asia-

_____

(1) Raccourcissant d'au moins 500 kilomètres le parcours actuel de Tchélabinsk à la mer, elle ouvrirait pendant les 12 mois de l'année le marché méditerranéen aux céréales de l'ouest sibérien. Cette possibilité de pouvoir expédier et vendre dès la récolte serait un avantage considérable pour ces régions. Les pays méditerranéens, essentiellement consommateurs de céréales, payent en outre des prix plus élevés que l'Europe septentrionale; la ligne Tchélabinsk-Novorossiisk, une fois la brisure des tarifs supprimée, pourrait avantageusement concourir avec le Perm-Kotlas.

tique » qui, par Samarkande et Péischawer, devait conduire d'Europe à Calcutta.

Cette ligne dont l'importance politique n'échappera à personne, met la Russie en communication directe avec le Turkestan et les pays afghans. Pour l'Oural·méridional dont il aidera à découvrir et à exploiter les richesses minières, pour les steppes kirghises auxquelles il donnera la vie, pour l'Asie centrale qui par le Transcaspien n'a pour issue qu'une mer fermée, la Caspienne, ce chemin de fer a une importance économique considérable.

Sa construction sera longue et coûteuse, car la ligne aura environ 2.000 kilomètres, elle traversera souvent des régions désertiques où les approvisionnements en combustible et en eau seront difficiles. Le Transcaspien a été construit dans des conditions semblables; il y a donc lieu d'espérer pour la nouvelle voie la même réussite.

V. — PROJET DE CONTINUATION DU TRANSSIBÉRIEN A L'EST. — Nous avons eu déjà l'occasion de parler de l'isolement dans lequel se trouvait le bassin de l'Amour et de l'urgence qu'il y avait à prolonger le Transsibérien à l'est, sur environ 320 kilomètres jusqu'à Pokrovskoïé à la jonction de la Chilka et de l'Argoun. Ce projet est déjà confirmé et les travaux vont être rapidement entrepris.

Quant à la continuation du Transsibérien le long de l'Amour jusqu'à Khabarovsk suivant le projet primitif, elle n'aura sans doute pas lieu de longtemps, en raison des frais énormes qu'elle exigera.

VI. — AUTRES PROJETS. — *Projet Obdorsk-Bielkovskoïé.* — Un projet émanant de l'initiative privée est susceptible de donner à la question de l'exportation sibérienne par la voie de l'Obi une solution brillante.

C'est la reprise des anciens projets sibériens, celui de Golokhvastof entre autres, consistant à unir par une voie ferrée l'Obi vers son embouchure avec l'Océan Arctique à l'ouest du détroit de Yougor, pour éviter le passage de la mer de Kara. Le projet actuel est celui d'unir l'Obi à Obdorsk (à environ 300 kilomètres de l'embouchure proprement dite) avec la baie de Bielkovskoïé sur l'Océan, près du détroit de Yougor, par une voie ferrée de 350 à 370 kilomètres de long; il comporte l'approfondissement de la baie de Bielkovskoïé pour la rendre accessible aux navires de gros tonnage et la construction aux deux points terminus de la ligne d' « élévateurs » pour la conservation, le chargement et le déchargement mécaniques des céréales.

L'exécution de ce projet présente des difficultés assez considérables, à cause de la courte période de temps pendant laquelle les travaux seront possibles et surtout à cause de l'état du sol que la ligne aura à traverser. A part le passage des cols de l'Oural, le parcours a lieu en « toundras » dont le sol ne dégèle jamais à plus de 30 centimètres de profondeur et présente en été une suite ininterrompue de marécages. Ce projet a pour auteur l'ingénieur M. Gœthe qui, assisté d'ingénieurs norvégiens, a fait en 1900 une première étude du tracé; la même expédition doit continuer en 1901 ces études, et les terminer par l'exploration de la baie de Bielkovskoïé.

Si la construction de cette ligne est possible, les expéditeurs sibériens préféreront cette voie à celle d'Arkhangel, car elle pourra être et moins onéreuse et moins longue que celle-ci. De Barnaoul à Londres, les transports ne demanderaient pas plus de 35 à 50 jours; quant à leur coût, M. Gœthe l'évalue à environ 45-50 kopeks, se décomposant ainsi :

```
Barnaoul-Obdorsk (par l'Obi)................... 10 à 15 kop.
Obdorsk-Bielkovskoïé (par fer)................ 15 kop.
Bielkovskoïé-Londres (par mer)............... 15 —
```

A 15 kopeks ce transport par fer ressortirait à environ 1/24° de kopek par poud-verste, ce qui semble un prix avantageux si le trafic de la future ligne est suffisant pour assurer en quatre ou cinq mois l'amortissement, l'intérêt des capitaux engagés et les frais d'exploitation (1).

Ce chemin de fer pourrait être d'un intérêt capital pour la Sibérie; outre qu'il apporterait un peu de vie à ces régions septrionales désolées, il deviendrait, en l'absence de vapeurs traversant la mer de Kara, le chemin naturel des produits bruts dont abondent les bassins de l'Obi et de l'Irtych.

Reste à savoir si cette construction est possible sans trop de frais et si la partie de l'Océan Glacial où se trouve Bielkovskoïé est d'une navigation plus facile que la mer de Kara.

M. Warneck (de l'expédition Wilnitzky) dont nous avons rapporté l'opinion au sujet de la voie maritime du Nord, émet l'avis, qui concorde avec celui exprimé par Nordenskjold, que la navigation dans ce golfe est rendue difficile par des glaces flottantes qui l'encombreraient jusque fort avant dans l'été. M. Warneck signale aussi sur cette partie de la côte l'existence de brouillards persistants. Il préconise comme point d'arrivée sur l'Océan, non pas Bielkovskoïé, mais l'embouchure de la Petchora (2), à environ

(1) M. Gœthe évalue approximativement à 40.000 roubles la verste, soit au total de 15 à 16.000.000 de roubles le coût de cette voie qui serait établie, cela se conçoit, pour le transport exclusif des marchandises.
Le chemin de fer de Vologa à Arkhangel qui traverse aussi des « toundras », a été construit dans des conditions analogues. M. Gœthe compte que son chemin de fer aurait à transporter annuellement rien qu'en céréales 70.000.000 de pouds.
(2) La Petchora peut porter sur plus de 150 klm. des vapeurs du plus fort tirant d'eau; son embouchure malheureusement est obstruée par une passe dont la profondeur ne dépasse pas 11 pieds. Le Ministère des voies de communication doit entreprendre, en 1901, des études qui éclairciront la possibilité d'approfondir cette passe.

300 kilomètres à l'ouest. L'expédition Gœthe, en 1901, éclaircira ces points. Quoi qu'il en advienne, nous ne pouvons que rendre hommage et souhaiter succès à l'initiative qui a fait naître ce projet et équiper ces expéditions; elles fourniront tout au moins des données précises sur des régions encore peu connues.

Il existe encore d'autres projets de construction de voies ferrées unissant le Nord Sibérien à l'Océan Glacial ou à la mer Blanche à travers l'Oural. Nous citerons le dernier en date, celui préconisé par M. Markgraf de la Société géographique impériale de St-Pétersbourg. M. Markgraf qui a exploré longuement les bassins du bas Obi et du bas Yénisséï, propose d'unir Bériosof sur l'Obi à Arkhangel par une ligne d'environ 1.250 klm.; la traversée de l'Oural aurait lieu au passage de Chtchougor. Cette ligne traverserait non pas l'infertile et désèrte toundra, mais des contrées forestières: elle servirait donc non seulement à l'exportation des céréales de l'Obi, mais bénéficierait en outre d'un grand trafic de bois de construction (selon M. Markgraff, jusqu'à 3.000.000 d'arbres annuellement); ce trafic supplémentaire permettrait d'abaisser considérablement les prix de transport et permettrait à la ligne de travailler tout le long de l'année. Le choix pour terminus d'un port sûr et pour lequel les frets maritimes sont réduits rendent ce projet intéressant. Des capitalistes russes s'occupent, dit-on, à le réaliser.

Projet Tioumène-Iévlévo. — Nous avons parlé en son temps de l'urgence de la construction d'une ligne ferrée prolongeant la voie ouralienne jusqu'à Iévlévo sur le Tobol. Cette ligne, vu son peu de longueur (70 à 100 klm.) et les services qu'elle rendrait verra sans doute le jour d'ici peu d'années; peut-être la conduira-t-on jusqu'à Tobolsk.

Quant aux autres projets de voies ferrées en Sibérie, ils seront certainement d'une réalisation plus tardive. Nous citerons, pour mémoire seulement :

Le Transmongolien. qui partant d'Irkoutsk passerait à Troïtzkosavsk, Ourga, et à travers le désert de Gobi, irait rejoindre Kalgan et Pékin;

La voie Obi-Tachkent qui passerait à Barnaoul, Sémipalatinsk Sergiopol, Kopal, Vierny;

La voie du district de Kouznétzk qui ferait communiquer les mines et les houillères de Telbès, Kaltan, Koltchougino, avec le Transsibérien;

Une voie entre l'Angara et la Léna qui unirait ces deux voies d'eau entre Namyr et Oust-Koutsk, points entre lesquels passe par la route une bonne partie du trafic entre le bassin de la Léna et le reste de la Sibérie.

On se figure sans peine l'énormité des sommes de temps, de travail et d'argent qu'exigerait la construction de toutes ces voies; elle aurait une influence civilisatrice considérable et compléterait magnifiquement l'œuvre commencée avec le Transsibérien. Quelques-unes seulement répondent cependant à des besoins économiques immédiats; la plupart auront pour but et pour effet non de satisfaire ces besoins actuellement trop faibles, mais bien plutôt de les faire naître. Leur établissement ne peut donc faire l'objet d'entreprises privées; il est une tâche d'intérêt général, un devoir d'empire.

III. — AGRICULTURE.

I. — *Colonisation.* — *Populations agricoles.*

LES immenses territoires sibériens comportent plusieurs millions de kilomètres carrés de terres convenables à la culture ou à l'élevage; quelques parties de ces territoires sont même particulièrement fertiles et conviennent parfaitement à la culture des céréales, du froment par exemple; elles peuvent donc assurer d'une façon tout à fait abondante l'existence de leurs habitants.

Les aborigènes sibériens ne surent pas tirer profit de ces qualités du sol; une vie nomade de chasseurs, de pêcheurs ou de pasteurs satisfit leurs besoins. Il fallut la colonisation russe pour mettre en valeur les terres à blé du nord de l'Asie. Déjà au siècle dernier, les serfs russes étaient nombreux qui, de leur plein gré ou non, avaient mis l'Oural entre eux et leurs maîtres et étaient venus en Asie recommencer leur vie. Leur nombre n'atteignait pas alors 750.000, mais il grossissait, car les gouvernements russes voisins, de Viatka, de Perm, d'Oufa, déversaient chaque année un chiffre assez considérable de colons volontaires auxquels venaient se joindre les déportés qui furent à certaines époques très nombreux. Ces colons, des paysans, s'installèrent en général dans la partie moyenne de la contrée, sur les meilleures terres le long de la grande voie postale Tioumène-Irkoutsk, dans les plaines de l'Altaï, etc., c'est-à-dire partout où la terre est noire et fertile, partout où le climat quoique rude permet une bonne végétation. Les races indigènes petit à petit disparurent devant eux; chasseurs et pêcheurs franchirent les limites des zones agricoles et s'enfoncèrent définitivement dans le nord, demandant aux « ourmanes » (1) impénétrables ou aux « toundras » glacées de les abriter contre les Russes envahisseurs; les autres, les pasteurs, faisant l'abandon de leurs plus riches pâturages, continuèrent, mais plus

---

(1) On donne le nom d' « ourmanes » à d'immenses espaces septentrionaux, couverts de forêts impénétrables et inondés pendant toute la belle saison; l'homme n'y peut guère vivre et ne se risque à les traverser que lorsque l'hiver revêt ces marécages d'une couche épaisse de glace et les rend ainsi praticables.

au sud, leurs pérégrinations annuelles et ne modifièrent que très peu leur genre de vie.

Avec les années, le mouvement d'immigration prit plus d'importance. Ce n'était plus des serfs qui venaient demander aux vastes espaces un refuge et la liberté; c'étaient des paysans libres qu'une crise agricole arrachait à leurs terres. Si fertile que soit le beau tchernoziom des gouvernements du Centre et du Sud de la Russie, deux ou quatre hectares mal cultivés ne peuvent faire vivre une famille; et c'est tout ce qu'il reste des six hectares que le Tzar Libérateur (Alexandre II), lors de l'Émancipation, avait assignés à chaque « âme » (1), car, suivant le dicton, les enfants poussent aussi vite que le blé d'hiver.

De 1880 à 1890, 440.000 émigrants vinrent, mais au prix de quelles souffrances et de quelles fatigues, demander à la Sibérie des terres plus abondantes, une vie plus facile.

Grâce au chemin de fer, cette émigration a pris maintenant encore plus d'intensité et c'est ainsi qu'en juillet 1900, le Transsibérien avait à lui seul déjà transporté un million d'émigrants; c'est en effet actuellement une véritable armée de 200.000 personnes et plus qui franchit annuellement l'Oural (2). Le gouvernement a encouragé et organisé ce grand courant; car il voit en lui, outre un remède à la misère intérieure, le peuplement rapide et décisif de la Russie d'Asie, l'enrichissement de la colonie et celui de la métropole. Avant même qu'ils aient atteint la Volga, les émigrants sont conduits, assistés de médecins ou d'infirmières, nourris et dirigés sur les concessions qui leur sont réservées; dans les stations du chemin de fer, ils trouvent des postes spéciaux, des « points d'émigration » qui leur distribuent des soins et souvent des secours, leur fournissent l'abri et la subsistance.

Les contrées à livrer à la colonisation sont préalablement étudiées par des commissions et des administrations spéciales qui s'efforcent de distribuer les colons dans les régions les plus appropriées au genre de vie qu'ils ont menée autrefois. Des travaux d'asséchement ou d'irrigation, le percement de puits, etc., ont permis d'envoyer des familles de cultivateurs dans certains points de la steppe de Baraba souvent marécageuse ou des plaines kirghises qui manquent d'eau. Quelquefois cependant les nouveaux colons ne parvenaient pas

---

(1) On appelle « âme » tout homme ou enfant du sexe masculin; c'est le nombre des « âmes » qui forme encore la base de la répartition des terres en Russie.

(2) Ces dernières années, le nombre des Russes émigrant en Sibérie a été (hommes, femmes ou enfants) :

En 1896 de	203.000	environ
En 1897	87.000	—
En 1898	206.000	—
En 1899	222.000	—

à s'établir à leur gré et revenaient à leur village grossir le contingent des miséreux.

Il fallait éviter ces retours qui avaient la plupart du temps pour cause l'ignorance de la part des paysans des régions dans lesquelles ils allaient se fixer; le Comité du chemin de fer Transsibérien organisa l'envoi d'émissaires (Khodaki); la famille ne se déplace plus avant qu'un ou plusieurs de ses membres ne soient partis en avant reconnaître les terrains proposés et faire choix d'un emplacement définitif.

La plus grande partie de cette émigration russe s'est fixée entre l'Oural et le Baïkal, mais c'est surtout dans les gouvernements occidentaux de Tobolsk et de Tomsk qu'elle a eu le plus d'intensité.

Elle a formé aujourd'hui une population russe de près de 6 millions d'hommes, peu dense si on la compare aux immenses étendues dans lesquelles elle semble se perdre, assez importante cependant dans les deux gouvernements que nous venons de citer (1). Pour la grande majorité, ces colons sont restés fidèles à leur état antérieur et c'est à la terre qu'ils demandent leur subsistance. Un petit nombre seulement forme la main-d'œuvre minière dans l'Altaï et dans les parties centrales et orientales de la Sibérie. Contre ces 6 millions de Russes qui vont sans cesse en croissant, les races indigènes dont quelques-unes semblent disparaître petit à petit, tuées par la misère, l'alcool et les maladies, ne peuvent opposer que deux millions d'hommes. La prédominance de l'élément russe en Sibérie explique donc que cette vaste contrée soit devenue au premier chef un pays d'agriculture.

II. — Organisation de la propriété. — Répartition des terres.

L'organisation de la propriété foncière en Sibérie diffère complètement de ce qu'elle est dans les pays occidentaux et en Russie d'Europe.

Elle nous paraît être un des freins les plus sérieux qui entravent le développement économique de ce pays (2).

Un grand principe en est la base : le sol appartient à l'État, et non seulement les « toundras », les rivages glacés, les forêts impénétrables, mais la steppe et la montagne, la prairie et le champ, tout est à lui. Quelques cas isolés font seuls exception à cette règle : par

(1) Les gouvernements de Tobolsk et de Tomsk sont, à eux seuls, aussi peuplés que tout le reste de la Sibérie; leur population était en 1897 de 3.367.000 habitants environ. Elle s'est depuis considérablement accrue; l'élément indigène, composé principalement d'Ostiaks et de Samoyèdes habitant le bassin inférieur de l'Obi, entre à peine dans ce chiffre pour une proportion d'environ 4 p. 100.

(2) Les graves inconvénients de ce statut foncier ont fait agiter à plusieurs reprises la question de sa réforme et de l'introduction dans ce pays de la propriété individuelle.

exemple, certains lots de terrains autrefois vendus par la couronne à des particuliers, des domaines relevant des apanages impériaux (districts miniers de l'Altaï, de Nertchinsk), des domaines donnés en pleine propriété à des officiers cosaques en récompense de leurs bons services, certains domaines attribués aux communautés cosaques, etc.

L'aborigène et le paysan ne sont donc pas propriétaires des terres qu'ils parcourent, qu'ils occupent; ils ne jouissent pas du droit essentiel de l'aliénation; ils ne sont que les possesseurs, les usufruitiers à titre éternel de ces terres. Cette jouissance du sol découle de droits variés et assez mal établis : de la possession séculaire, pour les terres occupées par les indigènes (plus spécialement pour ceux de la steppe kirghise ou par les Bouriates de Transbaïkalie), du droit du premier occupant, ou plutôt du premier exploitant pour celles occupées par les colons, de la volonté « souveraine » pour celles distribuées aux nouveaux venus ou aux armées cosaques.

Quelles sont les formes qu'affecte cette possession?

Elles varient naturellement avec le degré d'exploitation des différents territoires, c'est-à-dire avec le rapport de la quantité des terres au nombre de leurs habitants.

Là où les colons ont le plus afflué, où les paysans se sont constitués en groupements serrés, là où les terres disponibles sont plus rares, c'est-à-dire dans la zone agricole de la Sibérie occidentale, la jouissance du sol, terres à blé ou prairies, se rapproche de ce qu'est la propriété paysanne en Russie : elle appartient à des collectivités, à l'ensemble des familles soit du village, soit du « volost » (1); des partages périodiques répartissent entre ces familles les terres de la communauté (2).

Quelquefois les terres attribuées au volost ou au village sont assez abondantes pour ne pas nécessiter de partage; ceci se présente plutôt dans les gouvernements du centre. Chacun alors laboure, fait paître son troupeau, coupe le bois partout où il lui convient, et tant qu'il labourera, fera paître son troupeau, coupera du bois dans les endroits qu'il aura choisis, en un mot tant qu'il exploitera, il sera considéré comme le propriétaire, le possesseur légal et verra les lots qu'il exploite respectés par ses voisins.

Il arrive aussi, et ceci est fréquent dans la zone agricole de la Sibérie orientale, que les terres sont libres, n'ont aucun possesseur attitré. La rareté des habitants a établi ici une forme de possession qui

(1) Le volost est une unité administrative formée de plusieurs villages et qui correspond un peu à notre canton.
(2) A l'inverse de ce qui existe en Russie d'Europe, ces partages n'ont pas lieu par voie de tirage au sort, mais par enchères, avec le souci d'éviter les morcellements des lots.

tient plutôt de la propriété que d'une simple jouissance. C'est la possession individuelle avec tous les droits de propriété. Le paysan s'établit
sur ces terres libres, s'y aménage peu à peu un véritable domaine personnel qu'il enclôt; ce sont des « Zaïmki », des fermes qu'habitent
leurs propriétaires (1).

Bien qu'il n'existe pas à proprement parler de travail d'ensemble
ressemblant à un cadastre, on peut cependant se faire une idée approxi-
mative de la façon dont les terres sont réparties.

Point ici de grands propriétaires analogues aux « pomiéchtchiki »
russes de haute et de petite noblesse. Le pays n'a pas connu le ser-
vage et la terre est distribuée assez régulièrement entre colons de
même sang et de mêmes droits. Dans la zone agricole de la Sibérie
occidentale, nous avons vu que la répartition était communale ou
cantonale; mais à l'intérieur de ces unités, la commune, le volost, la
distribution périodique entre les familles a lieu d'une façon assez
régulière; en moyenne chaque « âme » a reçu environ 18 hectares;
le taux actuel de distribution pour les nouveaux colons est fixé
à 15 hectares par « âme », ce qui, par famille, peut correspondre
à 75 hectares et plus, suivant le nombre des enfants mâles. Ce
chiffre considérable ne comprend sans doute pas que d'excellentes
terres, mais il suffit toujours largement à assurer la subsistance du
colon. Il arrive souvent du reste qu'un paysan plus actif que les
autres occupe peu à peu des surfaces plus considérables; ils ne
sont pas rares, ceux qui ensemencent chaque année plusieurs centaines d'hectares. En Sibérie orientale, la répartition des terres a
lieu beaucoup plus inégalement; l'étendue des terres d'une ferme n'est
limitée le plus souvent que par la capacité d'exploitation du propriétaire, c'est-à-dire par l'importance de son capital et par la main-
d'œuvre dont il peut disposer; aussi voit-on quelquefois des fermes
dont les dépendances occupent une superficie considérable (jusqu'à
1.000 hectares).

Les communautés cosaques sont particulièrement bien partagées.
« L'armée cosaque de Sibérie occidentale » occupe environ 5 millions d'hectares (2) pour une population totale de 134.000 personnes

(1) Ceci est très curieux, car les fermes sont pour ainsi dire inconnues en Russie où
les habitations paysannes sont groupées en villages compacts entre lesquels se trouvent
les terres communales.
Les terres sont en effet presque partout communales et sont partagées à de courtes
périodes par voie de tirages au sort entre les paysans; ceux-ci changent donc de terres
à des intervalles très rapprochés et reçoivent en outre des lots assez éloignés les uns des
autres; ils ne peuvent donc vivre au milieu de leurs terres comme les cultivateurs français.
(2) Le long du chemin de fer entre Petropavlovsk et Omsk, le long de l'Irtych entre
Omsk et Oust-Kamenogorsk dans l'Altaï, une bande de territoires large de 20 à 30 km.
appartient à l'Administration cosaque qui dispose en outre de nombreuses oasis dans la
steppe kirghise et de divers emplacements entre Semipalatinsk et Biisk. Les territoires
occupés par les Cosaques comptent parmi les meilleurs de la Sibérie occidentale.

(en 1898), ce qui, par personne mâle, donne une moyenne d'environ 75 hectares sur lesquels 52 à 53 hectares en terres arables ou pâturages et 5 hectares en forêts.

III. — Rayons agricoles.

Les territoires pouvant convenir à la colonisation ou à la culture sont très étendus ; ils comprennent presque toute la zone moyenne de la Sibérie, de l'Oural au Pacifique. Ils ne se prêtent pas tous également à l'exploitation agricole ; le climat, le sol les différencient.

C'est la zone moyenne de la Sibérie occidentale, la plus favorisée par le climat, avec ses vastes plaines parsemées de forêts qui entretiennent l'humidité nécessaire, avec son sol riche en débris végétaux qui est à cet égard la plus favorisée ; c'est elle qui se prête le mieux à la culture ; dans cette zone, l'industrie agricole forme la ressource principale des habitants. La Sibérie centrale, plus montagneuse et plus froide, n'a que par endroits de bonnes terres convenables à l'agriculture ; quant à la Sibérie orientale, elle présente il est vrai divers territoires fertiles et d'un assez bel avenir, mais la rareté des populations qui l'habitent ne permet pas encore leur mise en valeur.

Voici, en allant de l'ouest à l'est, l'énumération des principaux rayons agricoles déjà exploités et dans lesquels les produits de la terre, les céréales, sont les ressources essentielles des habitants.

C'est d'abord les steppes d'Ichim qui s'étendent de l'Oural jusqu'à Omsk, sur une largeur atteignant jusqu'à 300 kilomètres ; ces steppes sont approximativement limitées au nord par le 57° de latitude ; au sud par la voie ferrée qui les sépare des steppes kirghises dont le caractère est tout autre (1). Les centres principaux de ce rayon sont les petites villes de Kourgane, Ichim, Tchelabinsk, Ialoutorovsk, Tara, etc.

Viennent ensuite les steppes de Baraba avec Kaïnsk comme seul bourg important ; ces steppes sont encore fort peu exploitées.

Puis, le district de l'Altaï avec ses steppes et ses vallées dont la fertilité est telle qu'on les a appelées « grenier de la Sibérie ». On y rencontre aussi des groupes assez considérables de population : Barnaoul, Biisk, Oust-Kamenogorsk, Zmieinogorsk, Kolyvan, etc.

Le rayon agricole de Tomsk et de Mariinsk est moins étendu et moins riche ; il se développe cependant avec rapidité.

En Sibérie centrale, à part une mince zone de terres cultivées

(1) La sécheresse rend les steppes kirghises peu propres à la culture ; elles présentent cependant des oasis, celles de Koktchétav, de Baïan-Aoul, etc., qui, mieux arrosées, sont fertiles ; les vallées de l'Irtych et de quelques autres rivières, pour la même raison, et aussi par suite d'inondations annuelles, se prêtent également bien à l'industrie agricole.

bordant la voie ferrée jusqu'à Irkoutsk, et s'élargissant légèrement près d'Atchinsk, de Krasnoïarsk, de Kansk, de Nijnié-Oudinsk, de Balagansk, on ne rencontre qu'un district agricole réellement intéressant par son étendue et la richesse de ses productions : c'est le district de Minoussinsk sur le haut Yénisséï.

En Sibérie orientale, c'est l'industrie minière, la chasse ou la pêche, la cueillette des noix de cèdre, le roulage, qui absorbent le meilleur de l'activité des habitants. Les produits de la terre ne sont pour eux qu'un appoint : on cultive quelque peu dans les vallées de la Transbaïkalie méridionale, dans la vallée de l'Amour entre la Zéïa et la Bouréïa, le long de quelques rivières du gouvernement d'Iakoutsk, et dans l'Oussouri, les nouveaux colons commencent maintenant seulement à ouvrir des clairières et à y promener leur charrue entre les souches des arbres récemment abattus.

La nature du sol de ces différents rayons agricoles a été assez peu étudiée; elle semble varier beaucoup suivant la latitude et le relief.

Dans les steppes d'Ichim, dans celles de Baraba et dans celles de l'Altaï, les terrains dominant sont des argiles sableuses recouvertes de terres d'humus (tchernoziom) noires ou brunes, quelquefois de terres blanches. L'épaisseur de ces débris végétaux varie beaucoup; elle est quelquefois considérable; elle n'aurait pas cependant en général la puissance qu'elle atteint dans les gouvernements du centre de la Russie. Ces terres, surtout dans la partie centrale des plaines d'Ichim et dans l'Altaï, se distinguent par leur fertilité et, quand elles sont noires ou brunes, par leur solidité. Dans les steppes d'Ichim, le relief influe sur la nature du sol; il est plat ou très légèrement vallonné formant alors de petites élévations longues et étroites qu'on appelle des « crêtes »; la couche d'humus est particulièrement épaisse sur ces crêtes, tandis qu'elle diminue ou disparaît dans les intervalles qui séparent celles-ci; le sol est blanchâtre alors et contient une forte proportion de sel qui nuit aux rendements (1). Ces steppes d'Ichim sont parsemées de forêts ou de petits bois de bouleaux, entre lesquels les champs et les prairies sont disposés comme des îlots ou des cases d'échiquier; ce rayon est donc ainsi assuré contre la sécheresse.

Les vallées des contreforts de l'Altaï, de même que les parties steppiennes de ce district, sont recouvertes d'un très riche humus noir qui jouit parmi les paysans russes et sibériens d'une réputation légendaire. On dit ces terres particulièrement solides. Dans la steppe de Baraba, la terre est moins bonne et est souvent maréca-

(1) On appelle ces terres salées des « solontzi ».

Famille d'émigrants russes arrivant en Sibérie.

Cavaliers kirghises dans la steppe.

geuse; l'humidité est en effet considérable; elle a causé aux nouveaux colons de nombreux échecs. Sur les terres arables entourées
de petits lacs ou de marais, les moustiques, les petites mouches et
autres insectes se développent en été si nombreux, harcelant sans
relâche les habitants et leurs troupeaux, qu'ils leur rendent quelquefois la vie intolérable; on cite des cas très fréquents où les nouveaux colons ont dû fuir devant ce fléau. On pense que le déboise-

ment progressif de la steppe de Baraba amènera son asséchement
et son assainissement et améliorera la nature du sol.

Pour ce qui concerne la température, les rayons agricoles de la
Sibérie occidentale sont les plus favorisés des territoires sibériens.
Le climat y est en effet plus doux et il ne diffère que de peu de
celui de la Russie orientale. La moyenne de l'année y est, il est vrai,
plus faible (0°,3 à 0°,5), mais en été, le soleil brûlant active la végétation (1); de mai à octobre, la moyenne de la température est de 15°
environ, ce qui est largement suffisant pour la culture.

(1) Les amplitudes extrêmes sont considérables; la moyenne du mois le plus froid
est d'environ — 18° centigrades, celle du mois le plus chaud d'environ 19° 1/2.

Si les hivers sont plus secs, pendant la période de végétation les dépôts météoriques sont normaux (de mai à octobre, la quantité des pluies est d'environ 175 $^m/_m$).

La culture a souvent à souffrir des variations très brusques de la température et notamment de la fraîcheur des nuits d'été. A la latitude d'Ichim, de Tioukalinsk, la neige tombe quelquefois en juin et en août et il arrive que les blés n'ont pas le temps de mûrir. Pour une même journée, les écarts de température sont très considérables et, jusqu'en mai, à partir de septembre, alors que la température moyenne des journées est de 10° C. et plus, les plantes sont exposées à des gelées nocturnes très dangereuses. Ces gelées de printemps et d'automne (zamoroski) sont causées non seulement par le froid, mais encore par le rayonnement intense qui se produit sous un ciel très pur : elles sont une des gênes les plus sérieuses que rencontre l'agriculture sibérienne. Des pluies froides et prolongées retardent aussi quelquefois la maturité des blés. Par contre, la grêle est extrêmement rare.

Quant aux insectes, les plus nuisibles sont les criquets et les sauterelles qui ont fait, il y a quelques années, de grands ravages dans les districts sud du gouvernement de Tobolsk.

Dans les oasis de la steppe kirghise où l'on dirige maintenant un grand nombre de colons, la terre, grise et argileuse, est fertile; mais le pays souffre souvent de la sécheresse; les dépôts météoriques sont très faibles et le soleil en été est ardent. L'Etat dépense par an d'assez fortes sommes (jusqu'à 300.000 roubles) en travaux d'irrigation ; il creuse des puits, fore des puits artésiens ; la population saura-t-elle dans la suite entretenir en bon état ces travaux qui sont la condition même de son existence ?

En Sibérie centrale, les rayons cultivés sont disséminés au milieu d'épaisses forêts de sapins, de pins, de mélèzes, de cèdres ; ce sont les plaines d'Atchinsk, de Kranoïarsk, puis les terres de Kansk, Nijnié-Oudinsk, de Balagansk. Le sol est en général argileux et recouvert d'humus noir ; il est fertile, mais convient surtout à la culture des céréales pauvres, du seigle par exemple.

Le district de Missoussink se distingue des rayons précédents par une fertilité tout à fait remarquable ; le sol y est en général formé de tchernoziom qui recouvre des argiles et du « Loëss » dont la mauvaise conductibilité calorifique défend les plantes contre les brusques refroidissements nocturnes.

Le climat est, en Sibérie centrale, plus froid que dans les latitudes correspondantes de la Sibérie occidentale ; la température moyenne des cinq mois de végétation n'est plus en général que de 14° ; celle du mois le plus chaud ne dépasse pas 19°. Quant aux dépôts de pluies estivales, ils ne sont que de 150 millimètres. Le climat de la Sibérie centrale ne permet donc pas d'espérer que l'agriculture y pourra prendre un développement comparable à celui des gouvernements de Tobolsk et de Tomsk. nous faisons exception pour le district de Minoussinsk qui est mieux abrité du côté du nord, et qui du reste se trouve à une latitude plus méridionale ; ce district est encore assez peu peuplé ; mais quand il recevra à son tour sa part de colons russes, il est susceptible de prendre une place en évidence parmi les autres rayons agricoles sibériens.

De l'autre côté du Baïkal, le climat est encore plus froid et plus continental. En Transbaïkalie, la différence de température entre les moyennes des mois le plus chaud et le plus froid, est de 49° centigrades ; les 5 mois de végétation ont une température moyenne de 13° 1/2 ; la culture ne peut avoir ici d'importance sérieuse ; elle ne réussit du reste que dans la partie méridionale de ce territoire qui doit à sa latitude et à la pureté de son ciel une action solaire suffisante pour permettre aux céréales de pousser sur une terre dont le sous-sol reste gelé toute l'année. La Transbaïkalie n'a pas été encore ouverte officiellement à la colonisation : les produits de la terre n'y forment des ressources essentielles que pour les anciens colons, la plupart déportés ou descendants de déportés ; pour les Bouriates, bien que quelques-uns d'entre eux deviennent sédentaires et se mettent à la culture, la plupart continuent cependant à vivre d'une existence presque exclusivement nomade.

Pour les territoires de l'Amour, la Province Maritime et le Gouvernement d'Yakoutsk, ces contrées ne parviennent pas encore à s'approvisionner elles-mêmes en céréales ; elles les reçoivent de la Sibérie occidentale ou d'Amérique.

IV. — Procédés de culture.

L'abondance des terres disponibles et l'absence de débouchés extérieurs pour les produits du sol ont déterminé jusqu'à présent les méthodes de culture employées par les paysans. Ces procédés varient, il est vrai, avec le sol et les conditions climatériques de chaque région ; ils se ramènent cependant à un système de culture extensive qu'on ne trouve guère qu'en Sibérie.

C'est le système du moindre effort : pas d'engrais, pas de cultures récupératives, pas d'assolements. La terre vierge, une fois défrichée, est ensemencée en céréales plusieurs années de suite, puis laissée en jachères.

Après un an de repos, on l'ensemence de nouveau en céréales pendant plusieurs années, au bout desquelles elle se reposera un an, puis sera encore emblavée un ou deux ans. La terre, épuisée ou envahie par les mauvaises herbes, donnera alors de très mauvais rendements et le paysan la laissera de côté pour quinze, vingt ans ou plus; il défrichera un lopin nouveau auquel sera appliqué le même traitement.

La durée des jachères varie avec chaque terre et avec la sorte de céréales qu'on lui fait produire. Sur certaines terres, on met en jachère pendant un an après chaque récolte; sur d'autres, plus résistantes, la jachère n'a lieu qu'après des périodes de 2, 3 ou 4 ans, et la terre n'est laissée complètement en friche qu'après 25 ou 30 ans de travail. On affirme que quelques terres des meilleurs rayons altaïens, formées d'épais tchernoziom travaillent depuis cent ans sans avoir eu de repos.

La colonisation intense des gouvernements de la Sibérie occidentale, et notamment des steppes d'Ichim ne permet plus de laisser les terres aussi longtemps en friche: le système de culture se transforme pour devenir un système à deux ou trois assolements; peu à peu il devient nécessaire d'amender les terres qui s'épuisent et d'utiliser, pour les fumer, le fumier animal qui était, jusqu'à présent, superflu.

Quant aux travaux artificiels destinés à amender les terres, ils forment l'exception. On combat l'excès d'humidité par l'incendie des forêts environnantes, de même que c'est par l'incendie qu'on nettoie le sol des mauvaises herbes qui le recouvrent; l'irrigation des prairies n'est effectuée que dans certaines parties des steppes de Minoussinsk par les Tatars indigènes.

Il ne faut pas cependant reprocher au paysan sibérien le primitif de ses procédés. L'espace est à lui et il n'a guère à se préoccuper du rendement, car une fois obtenue la quantité dont il a besoin pour son entretien personnel et pour celui de sa famille, celle qui servira à tenir au complet les magasins communaux qui assureront sa subsistance en cas de disette (1), il ne recevra pour les grains qui lui resteront que des sommes dérisoires.

Remarquons au contraire que si le paysan sibérien est, comme son frère de Russie, souvent paresseux, il a cependant sur celui-ci l'avantage de qualités d'initiative, d'indépendance et une aptitude spéciale à comprendre les conditions locales et à s'y plier.

(1) Le paysan russe, privé d'instruction, ne connaît pas l'épargne et est toujours disposé à dépenser ses ressources courantes. Pour éviter les famines qui se produisent après les mauvaises récoltes, la loi oblige les communes à créer et à entretenir des magasins dans lesquels, pendant les bonnes années, chaque paysan mettra en dépôt une quantité de céréales proportionnée au nombre des membres de sa famille. En cas de disette, la population puise aux stocks communaux dans la mesure de ses besoins; l'année suivante, elle doit les reconstituer à nouveau.

V. — *Machines et instruments agricoles.*

Jusqu'à ces dernières années, c'est-à-dire jusqu'à la construction du chemin de fer et l'organisation officielle de la colonisation, les seuls outils employés au travail de la terre étaient la « sokha » et la herse.

La « sokha » est une sorte d'araire tout en bois avec une pointe en fer (une variété de ces « sokha » est cependant munie d'un avant-train sur roues). Assez récemment, les colons du gouvernement de Perm ont introduit en Sibérie une autre variété d'araire dont l'usage est général chez eux ; c'est la « permianka », plus légère que la « sokha » et armée d'un versoir de fer. La « permianka » qui est plus commode et travaille mieux que la « sokha », s'est répandue peu à peu du gouvernement de Tobolsk dans l'Altaï et jusqu'en Sibérie centrale. Aujourd'hui de petits ateliers, aidés des subsides de l'administration de l'émigration, fabriquent à Kourgane, à Tioumène, à Tomsk et à Barnaoul, ces « permiankas » qui, grâce à leurs prix réduits (5 à 6 roubles) obtiennent une grande faveur.

Les herses employées, en bois avec dents de fer, proviennent des mêmes ateliers locaux, ou bien sont fabriquées par les artisans du rayon de Tioumène.

Le battage s'effectue soit à l'aide de rouleaux munis de dents en bois, soit au moyen de charrettes que l'on promène sur les gerbes à battre, soit enfin par le pied des chevaux.

Le tararage se fait en général suivant le vieil usage russe, à la pelle ; le paysan prend à la pelle le grain à tararer et le projette vivement contre un mur ou une cloison située à quelques mètres devant lui. Les pailles légères se séparent alors du grain.

L'afflux des émigrants russes venus des différents gouvernements de l'Empire dans lesquels l'usage de la charrue et d'autres instruments agricoles moins primitifs est implanté depuis longtemps, contribue fortement à répandre en Sibérie l'usage des instruments agricoles européens. Pour venir en aide aux nouveaux colons, leur permettre d'acquérir les outils et les machines auxquels ils sont habitués et qui leur sont nécessaires pour mener à bien leur exploitation sur des terres en friche, d'une grande étendue, et sans l'emploi de main-d'œuvre étrangère, il a été créé, par l'Administration de l'Émigration (rattachée au Ministère des Affaires intérieures), dans les principaux centres de culture, des magasins de vente où les colons peuvent trouver tous les instruments : machines, outils, dont ils peuvent avoir besoin ; ils y trouvent en même temps des semences, des sacs, de la tôle de fer, des objets divers, etc., etc... Les ventes dans ces magasins s'effectuent en général au comptant, mais les succursales ou les agences de la Banque Impériale accordent, quand il est besoin, aux paysans d'assez longs crédits gagés sur les machines qu'ils acquièrent.

Le succès de ces magasins a été tel que, créés seulement en vue des besoins des nouveaux colons, ils sont autorisés maintenant à fournir machines et instruments à la population paysanne depuis longtemps fixée en Sibérie, aux Kirghises et aux Cosaques.

Leur nombre a augmenté considérablement et il a été porté actuellement à 24, dont les principaux sont en Sibérie occidentale, à Omsk, à Kourgane, Pétropavlovsk, Ichim, Tara, Piétoukhouvo, Akmolinsk, Atbassar, Pavlodar, Barnaoul, Atchinsk, Krasnoïarsk, Obi, etc., etc... L'administration centrale de ces magasins est à Omsk, et c'est elle qui commande en Russie ou à l'étranger les marchandises, les machines ou les instruments de toutes sortes demandés pour les différents dépôts.

Le succès de ces magasins (1) a encouragé l'initiative individuelle et, peu à peu, se créent à côté des magasins de l'État des dépôts particuliers, à qui les premiers ne doivent pas faire pour les prix une concurrence désavantageuse et qui, accordant du crédit sans demander autant de formalités que l'État, attirent à eux une bonne partie de la clientèle; nous citerons notamment la Maison Stoll et Cᵉ de Voroniéje, qui, outre la petite fabrique de charrues qu'elle vient d'installer à Tchéliabinsk, a ouvert des comptoirs de vente à Kourgane, à Omsk, à Pétropavlovsk et dans d'autres centres; la maison anglaise Henry Smith and Cº de Kieff qui vient d'installer une succursale à Omsk; en Sibérie orientale, la maison allemande Kunst und Alberst qui a des dépôts dans les principales agglomérations de même que la maison J. Emeri de Moscou.

De petits ateliers d'artisans (2) fabriquent les outils de bois les plus simples et font la réparation des machines plus compliquées.

Si l'on considère les superficies en exploitation, l'abondance et le bon marché des chevaux et du bétail, la rareté au contraire de la main-d'œuvre de louage dans un pays où tous peuvent être propriétaires, l'absence de relief des plaines de la Sibérie occidentale, on comprend que l'emploi des machines agricoles doive s'y développer très rapidement. En effet, il y a quelques années, les charrues mé-

---

(1) En 1899, le chiffre total des ventes de ces magasins est monté à 700.000/800.000 roubles, soit environ 2.000.000 de francs, chiffre déjà respectable si l'on pense que la création de la plupart de ces dépôts ne remonte pas à plus de deux ou trois ans. Il est du reste en augmentation très sensible et d'après les résultats des premiers mois de 1900 on peut s'attendre à ce qu'il ait monté pendant cette année à plus de 1.100.000 roubles.

(2) Nous citerons par exemple l'atelier de Kourgane qui,
En 1898, année de sa fondation, fabriquait 1.000 permiankas
En 1899.............................. 5.000 —
Les trois ateliers de Barnaoul qui en fabriquent annuellement 9.000, les deux ateliers de Tomsk, ceux de Tioumène, de Kamychlof, etc., etc...

talliques étaient complètement inconnues; aujourd'hui, 5 à 10 % de la population paysanne les emploie. Les Cosaques eux-mêmes, assez médiocres cultivateurs, commencent à labourer à la charrue, à moissonner et à faucher à l'aide de machines (1).

Il nous paraît donc intéressant de consacrer quelques mots aux principaux instruments agricoles susceptibles de trouver un débouché en Sibérie; nous nous appuyons pour justifier ces explications sur les indications qui nous ont été fournies par les divers magasins de l'administration ouverts depuis plusieurs années : elles ont trait à la Sibérie occidentale.

Charrues. — Le labourage de terrains encore vierges ou qui sont restés longtemps en jachère, exige des charrues solides et suffisamment lourdes. Le versoir en doit être long et sa partie supérieure doit légèrement retomber.

Le type qui convient le mieux est celui qu'on appelle « charrue des colons »; elle est métallique, à flèche droite horizontale, à un corps, avec avant-train pour attelage de trois-quatre ou de trois-six chevaux, du poids de 80 à 105 kilos, pouvant creuser un sillon de 18 à 20 cent. de profondeur sur 27 à 32 cent. de largeur.

« Les charrues colonistes » de l'usine H. Eckert de Berlin, notamment les numéros C. B. N. O. et C. B. N. I. de cette maison; les types « colonistes » construits par les usines J. J. Hen d'Odessa, Émile Liphardt de Moscou, Stoll et Cᵒ de Voronieje, se vendent bien. Il en est de même des charrues « Reform » à deux et trois corps avec trois roues de l'usine Eckert.

Les prix de vente à la culture sont de 30 à 35 roubles pour les types à 1 corps, de 40 à 45 roubles pour les deux corps, de 55, 62 roubles pour les trois corps.

Les charrues « Universelles » de Sack n'ont qu'un très petit débouché; quant aux charrues légères avec ou sans avant-train, elles ne conviennent pas du tout.

Herses. — Les herses sont de fabrication exclusivement sibérienne ou russe.

Semoirs. — Les semoirs, même les plus simples, sont encore peu demandés. Les maisons Eckert et Bermann vendent cependant des semoirs simples de 3ᵐ,80 de large pour un ou deux chevaux, du poids de 230 kilos environ, pouvant ensemencer 7 à 8 hectares dans une journée, au prix de 125 roubles.

Tarares. — Ils sont au contraire d'une bonne vente; ils provien-

(1) Les Cosaques s'adressent pour les instruments agricoles qui leur sont nécessaires, à leur administration centrale qui est à Omsk (Administration militaire de l'armée cosaque de Sibérie); celle-ci, dont les moyens financiers sont assez réduits, a besoin de crédits et pour cette raison a jusqu'ici passé ses commandes à l'Administration de l'Émigration ou à des maisons russes.

nent dans la majorité des cas des petits ateliers d'artisans de l'Oural ; leur construction est très défectueuse. De bons tarares bien fabriqués, pour un travail de 800 à 1.600 kil. à l'heure trouveraient placement à 35 et 50 roubles ; quant aux tarares assortisseurs « système Jacobson », ils ne sont pas demandés.

Trieurs. — Le bon marché des céréales en Sibérie et l'absence de débouchés a rendu jusqu'ici inutile l'amélioration de leur qualité ; le paysan n'apporte en général aucun soin à la préparation de ses semences et il emploie pour celles-ci ses propres blés sans leur faire subir aucun nettoyage ni triage spécial. La situation ne tardera sans doute pas à se modifier et les trieurs, d'ici quelques années, ne manqueront pas d'être demandés.

Batteuses. — Les batteuses mues par chevaux ont maintenant une vente facile. Outre les batteuses fixes qui se fabriquent dans les gouvernements ouraliens et dont la qualité laisse vivement à désirer, il se vend des batteuses mobiles des maisons H. Lanz de Mannheim, Reissengaud de Prague, Émile Liphardt de Moscou. Les manèges viennent de préférence de Russie.

Locomobiles. — En raison du nombre considérable de chevaux que possède le pays, les locomobiles sont encore peu recherchées par l'agriculture. Il n'en est pas de même pour les exploitations minières et notamment pour les lavages de sables aurifères pour lesquels les locomobiles sont d'une très réelle utilité.

Moissonneuses. — L'étendue considérable des ensemencements, la courte période de temps pendant laquelle doit se faire la moisson, le manque relatif de bras disponibles à cette époque, expliquent pourquoi les moissonneuses commencent à être employées ; les moissonneuses lieuses se répandent cependant moins rapidement ; elles sont en effet trop compliquées et leurs réparations en cas d'accident ne seraient pas encore faciles.

Les moissonneuses américaines Walter A. Wood (Hoosiek Falls. U.S.A), Mac Cormick sont le plus en faveur ; viennent ensuite les moissonneuses russes d'Alexandrovsk, etc., etc... La moissonneuse Walter A. Wood avec râteaux, du poids de 345 kilos avec une longueur de scie de 1^m,50 environ, se vend en Sibérie occidentale 205 roubles, en Sibérie centrale 215 roubles ;

Ces machines arrivent en Sibérie via Saint-Pétersbourg.

Faucheuses. — Les faucheuses sont déjà d'un excellent débit. Celle de Mac Cormik, Walter A. Wood, Adriance Buckeye, etc., pour une longueur de scie de 1^m,35, se vendent de 150 à 160 roubles. Les Kirghises eux-mêmes commencent à acheter ces appareils pour préparer leurs provisions de foin pour l'hiver. Pressés par les nouveaux colons à qui l'on remet leurs plus riches pâturages, ils sont maintenant plus à l'étroit et obligés de se préoccuper

Marchands kirghises sur un vapeur de l'Irtych.

Tente kirghise « YOURTE ».

de la subsistance d'hiver de leurs troupeaux; leur nature indolente se trouve du reste fort bien de l'emploi des faucheuses mécaniques qui dans la fenaison laissent aux chevaux la part la plus pénible.

Râteaux mécaniques. — Ils ont aussi du succès. Ceux de la maison Eckert par exemple à 30 dents, roues en bois, se vendent 64 et 68 roubles; à 26 dents, roues en acier, 60 à 65 roubles.

Pompes à incendie. — La fréquence des incendies, dans les villages et dans les villes construites exclusivement en bois, tend à répandre et à généraliser l'emploi des pompes à incendie. De bonnes pompes à bras à deux corps, fournissant un débit de 300 à 360 litres à la minute, trouvent en Sibérie un débouché assuré. La maison Émile Liphardt expédie chaque année un nombre important de pompes d'un débit d'environ 130 litres à la minute; elles se vendent 130 roubles avec leurs accessoires (lance de cuivre, 2m,88 de tuyau caoutchouc et métal, 8m,50 de manche).

Presses à fourrages. — L'abondance et le bon marché des fourrages rendent les presses de peu d'emploi; l'armée pourrait avoir cependant intérêt à en faire usage; de bonnes presses pourraient aussi remplacer avantageusement les instruments grossiers dont on se sert pour le pressage des ballots de laine expédiés de Mongolie ou des steppes kirghises méridionales.

Les haches, serpes, faux, limes, scies, clés anglaises, ont un important débit; les faux de certaines fabriques autrichiennes notamment se vendent beaucoup en été; les paysans les achètent à raison de 1 r 60. environ; en hiver, après la vente de la récolte, les voyageurs de ces fabriques rentrent dans leurs fonds.

L'usine d'État d'Artva dans l'Oural en vend aussi beaucoup; en 1899, elle écoula en Sibérie 18.000 faux de sa fabrication.

La Sibérie commence donc à offrir un débouché des plus intéressants pour les machines agricoles. Il nous semble cependant que ce débouché ne justifierait pas actuellement encore la création de dépôts exclusivement destinés à la vente de ces machines. Des comptoirs qui achèteraient dans les centres de culture les céréales ou d'autres produits du pays comme les beurres, les œufs, etc., ou bien qui s'occuperaient d'importer toutes sortes d'articles différents, pourraient seuls trouver avantage à avoir en magasin et à vendre des instruments et des machines.

Le moyen le moins compliqué qui se présente pour ceux de nos fabricants qui désireraient se produire sur le marché sibérien consiste donc à utiliser simplement l'intermédiaire de l'Administration de l'Émigration. (Écrire, de préférence en langue russe, à M. le Directeur des magasins de machines agricoles de l'Administration de l'Émigration à Omsk.)

Nos fabricants feront bien cependant de ne pas oublier que le renom de leurs produits n'a pas dépassé la frontière française et que leurs offres ne peuvent avoir chance d'être écoutées qu'autant que des machines laissées en consignation dans les dépôts de l'Administration auront prouvé leur parfaite fabrication et les avantages qu'elles peuvent présenter sur des types russes, anglais ou allemands. De simples envois de catalogues ne serviraient de rien.

Les moissonneuses à râteaux et les moissonneuses lieuses, destinées à la Sibérie, sont exemptes de droits de douane, quelles que soient les frontières par lesquelles elles pénètrent. Il en est de même des batteuses à vapeur de construction compliquée, avec tambours-fléaux longs de plus de 1ᵐ,25 et avec tambours à goupilles ayant plus de 1ᵐ,02 de longueur.

Toutes les machines agricoles destinées à la Sibérie sont exemptes de droits de douane lorsqu'elles pénètrent par la voie maritime du Nord (embouchures de l'Obi ou de l'Yénisséï).

Quant aux machines et appareils agricoles non pourvus de moteurs à vapeurs (araires, charrues, herses, semoirs, plantoirs, batteuses, tarares, trieurs, etc.) pénétrant par les autres frontières, elles acquittent au tarif conventionnel 50 kopeks or par poud, soit 12 fr. 23 par 100 kilos.

VI. — Prix de Revient et Rendements.

La grande variété d'aspect et de climat des différentes régions de culture ne permet pas d'indiquer d'une façon précise la suite de travaux agricoles qui dépendent naturellement des conditions spéciales où se trouve chaque terre.

En général, ces travaux sont assez simples; ils comportent un ou deux labours coûtant chacun environ 2 ou 3 roubles par hectare, un ou deux hersages du prix d'environ 1 rouble.

Les chaumes et les mauvaises herbes sont incendiées avant le premier labour.

La rentrée de la moisson se fait la plupart du temps pendant l'hiver, sur traîneaux ; on laisse sécher les gerbes sur les champs, excepté dans les contrées les plus septentrionales où on les sèche au feu comme dans les gouvernements du nord de la Russie. La moisson et le battage s'effectuent à des prix variables, cependant assez réduits. Voici par exemple quelques moyennes relevées en 1897 et en 1898 dans le district de l'Altaï :

Paies journalières (nourriture aux frais du patron).

		Hommes.	Femmes.	Homme avec son cheval.
Au printemps....	1897	15 à 50 kop.	10 à 45 kop.	30 k. à 1 r. 50
	1898	20 à 55 —	10 à 40 —	40 k. à 1 r.
Au moment de la	1897	30 à 90 —	20 à 70 —	50 k. à 1 r. 40
moisson........	1898	30 à 1 r.	25 à 70 —	60 k. à 1 r. 20
Pour le battage	1897	10 à 40 kop.	5 à 30 —	
d'hiver........	1898	10 à 55 —	5 à 38 —	

Dans ces conditions, le prix de revient d'un hectare sur froment varie de 18 à 30 roubles en y comprenant la semence, le transport des gerbes, le battage, etc. ; dans l'Altaï, ce prix est de 20 à 25 roubles sur froment, de 15 à 18 roubles sur avoine. La location de la terre, représentée par les impôts que paye la culture, entre dans ces chiffres pour 0 r. 50 à 2 roubles par hectare ; elle est d'environ 1 r. 50 pour les meilleures terres de l'Altaï. Dans le district de Minoussinsk, on évalue le prix de revient d'un hectare sur froment à 18 roubles au maximum.

Les céréales ensemencées sont en grande majorité des céréales de printemps : froment, seigle, avoine, orge ; le seigle d'hiver se sème de préférence dans les rayons agricoles de la Sibérie centrale, aux environs des forêts, sur les terres plus humides et mieux protégées contre le froid. On sème encore le lin, le chanvre, la pomme de terre et sur les territoires cosaques, le tabac.

Avec le système de culture extensive dont nous avons parlé qui laisse agir sans les aider ni les diriger les forces de la nature, avec un climat essentiellement variable, des terres d'aspect et de situation absolument différentes, le taux des récoltes varie dans de larges limites.

Ce taux paraît être cependant en moyenne, pour les divers grains et pour les divers rayons, de 60 pouds par déciatine, soit environ 10 quintaux métriques l'hectare. Les bons rayons de culture, c'est-à-dire les districts sud du gouvernement de Tobolsk (steppes d'Ichim), les districts de l'Altaï, de Minoussinsk donnent des rendements supérieurs : pour le froment 70-80 pouds (11 1/2-13 quintaux par hectare), pour le seigle 60-80 pouds (10-13 quintaux à hectare), pour l'avoine 70-120 pouds (11 1/2-20 quintaux). Ces chiffres ne représentent que des moyennes, car sur de bonnes terres et en années de bonne récolte, ils sont bien plus considérables. Le froment et le seigle donnent alors dans les rayons précités jusqu'à 300 pouds (49, 4 quintaux à l'hectare).

Des rendements aussi extraordinaires, qui auparavant avaient lieu à des intervalles assez rapprochés, ont fait à la Sibérie et notamment à l'Altaï où ils se produisaient le plus souvent, une réputation de fertilité qui touche un peu à la légende. L'épuisement progressif des terres les rend maintenant de moins en moins fréquents en même temps qu'il tend à rendre désastreux les effets de la sécheresse ou de tout autre cause dont le résultat est la disette ou une faible récolte. C'est en effet l'inconstance qui apparaît comme un des caractères distinctifs des récoltes sibériennes et cette irrégularité est surtout frappante dans les districts steppiens, plus exposés aux vents et aux intempéries (1).

La transformation des procédés de culture tendra certainement à régulariser le taux des récoltes et à écarter les disettes totales.

Si nous rapprochons les rendements moyens que nous venons de voir du prix de revient moyen d'un hectare de terre moissonné, nous nous rendons compte des prix extraordinairement bas auxquels peuvent s'obtenir les céréales dans les bons rayons de culture de l'ouest.

Dans l'Altaï par exemple, pour une bonne récolte ordinaire de 75 pouds de froment, l'hectare revenant en moyenne à 22 r. 50, nous pouvons estimer grossièrement à 30 kopeks le coût d'un poud de froment, soit 4 fr. 88 le quintal métrique. Si le rendement s'élève à 100 pouds, le coût d'un poud s'abaissera à 23-24 kop. (3 francs, 75-3 fr. 90 le quintal); si ce rendement passe au contraire à 50 pouds, ce qui est considéré comme une mauvaise récolte, le poud reviendra à environ 44 kopeks, soit 7 fr. 15 le quintal.

Dans les districts sud du gouvernement de Tobolsk avoisinant la voie ferrée, ces prix sont légèrement plus élevés en raison de la pénurie relative des terres disponibles, de la densité de la population agricole et, par suite, du loyer plus élevé payé pour un hectare. Ils sont au contraire inférieurs dans le district de Minoussinsk où, pour une récolte moyenne de 75 pouds de froment par hectare, le poud ne coûte pas plus de 24 kopeks environ (3 fr. 90 le quintal métrique).

Pour l'avoine, son coût varie suivant les récoltes entre 15 et 30 kopeks le poud, soit 2 fr. 95-4 fr. 88 les 100 kilos. Ces prix sont naturellement des évaluations approximatives; ils sont soumis en fait à d'incessantes et importantes variations; ils permettent cependant de donner une idée des conditions dans lesquelles s'effectue l'agriculture en Sibérie.

Il faut remarquer qu'ils doivent tendre vers une élévation constante. En effet, les terres non amendées s'épuisent progressivement, avec d'autant plus de rapidité que l'arrivée de nouveaux colons qui occupent les terres libres tend à raccourcir de plus en plus les périodes de repos nécessaires au sol pour lui restituer ses éléments perdus. L'ouverture de nouveaux débouchés, augmentant la valeur des produits du sol, augmente aussi le loyer annuel de celui-ci.

(1) En 1900, par exemple, une sécheresse qui a duré tout le printemps et la moitié de l'été après un hiver sans neige, a détruit la plus grande partie des récoltes des districts steppiens de la Sibérie occidentale; cette destruction a été complète dans les districts méridionaux moins abrités par les forêts.

Elle aura, par contre, pour résultat de hâter la transformation des procédés de culture et de rendre ainsi par la suite au sol sibérien les merveilleux rendements d'autrefois.

VII. — Chiffres de la production.

On évaluait en 1897 à 3.845.000 hectares environ la superficie ensemencée en céréales et à 200-250 millions de pouds (3.280.000-4.100.000 tonnes) la récolte moyenne annuelle.

Si l'on songe que la production annuelle de céréales était évaluée il y a quelques années à 160 millions de pouds, on voit qu'elle a considérablement augmenté.

Comme on le voit par les tableaux ci-contre, la Sibérie centrale et la Sibérie orientale ne participent que dans une faible proportion à cette production dont près des 3/4 sont fournis par la Sibérie occidentale et notamment par les gouvernements de Tobolsk et de Tomsk.

Voici en regard le détail de la production de ces deux gouvernements en 1897, année qui peut être considérée comme ayant donné une bonne récolte ordinaire.

Le froment de printemps est la céréale dominante (40-50 % de la récolte en Sibérie occidentale); viennent ensuite l'avoine (près de 40 % dans les mêmes rayons), le seigle d'hiver et de printemps, l'orge. le millet, le sarrasin; on cultive encore la pomme de terre, les graines oléagineuses (chanvre, lin, tournesol), les pois et certaines variétés grossières de tabac, appelées « makhorka » (1).

	Gouvernement de Tobolsk.	Gouvernement de Tomsk.	Le district de l'Altaï entre dans les chiffres afférents au Gouvernement de Tomsk pour :
Froment d'été....	22.146.000 pouds.	31.520.000 pouds.	38.856.000 pouds.
Froment d'hiver..	37.000 —	16.273.000 —	
Avoine..........	21.602.000 —	31.100.000 —	23.096.000 —
Seigle d'hiver....	9.304.000 —	11.240.000 —	6.182.000 —
Orge............	2.909.000 —	4.248.000 —	1.345.000 —
Sarrasin........	394.000 —	672.000 —	330.000 —
Millet...........		3.850.000 —	1.451.000 —
Chanvre........			531.000 —
Lin.............			152.000 —
Pommes de terre..		4.970.000 —	2.364.000 —
Pois............			198.000 —

(1) Pendant neuf à dix ans, on ensemença pour une petite sucrerie du district de Minoussinsk, de petites surfaces en betteraves à sucre. Cette culture réussissait fort

	SURFACES ENSEMENCÉES	POUDS RÉCOLTÉS
Gouvernement de Tobolsk..	1.000.000 à 1.100.000 dc.	60.000.000 pouds.
Gouvernement de Tomsk...	1.500.000 à 1.600.000 »	100.000.000 »
Territoire d'Akmolinsk..	80.000	5.500.000 »
Territoire de Semipalatinsk.....................................	60.000	3.500.000 »
Sibérie occidentale............................	2.640.000 à 2.840.000 dc.	160.000.000 »
Gouvernement d'Yéniséïsk......................................	400.000 déciatines.	25.000.000 »
Gouvernement d'Irkoutsk.......................................	316.000 »	18.000.000 »
Sibérie centrale................................	716.000 déciatines.	43.000.000 »
Territoire de Transbaïkalie.....................................	250.000 déciatines.	15.000.000 »
Territoire de l'Amour..	50.000 »	2.800.000 »
Province maritime...	60.000 »	2.000.000 »
Territoire d'Jakoutsk	19.000 »	1.100.000 »
Sibérie orientale..............................	379.000 déciatines.	20.900.000 pouds.
Totaux...............................	3.735.000 déciatines env.	232.900.000 pouds.

ENSEMENCÉ ET RÉCOLTÉ EN CÉRÉALES

Si nous comparons la production en céréales des différents rayons sibériens au chiffre de leurs populations, suivant les indications ci-dessous, nous remarquons de suite que la production des gouvernements de Tobolsk et de Tomsk dépasse la consommation de ces gouvernements, que celle des gouvernements de la Sibérie centrale semble y suffire à peu près tandis que celle de la Sibérie orientale est de beaucoup inférieure aux besoins de la population qui l'habite.

	PRODUCTION	POPULATION
Gouv. Tobolsk et Tomsk	160.000.000 pouds.	3.367.000 habitants.
Sibérie centrale........	43.000.000 —	1.066.000 —
Sibérie orientale........	20.900.000 —	1.244.000 —

Cette situation détermine :

1° Un rayon occidental qui dispose d'excédents ;

2° Un rayon central qui absorbe ce qu'il produit ;

3° Un rayon oriental qui consomme plus qu'il ne produit.

Ce dernier rayon avait jusqu'à présent ses approvisionnements complétés par l'importation américaine. C'est en effet d'Amérique que le bassin de l'Amour et la Transbaïkalie recevaient les farines nécessaires pour combler leur déficit ; à partir de cette année, c'est-à-dire depuis l'ouverture à l'exploitation du tronçon transbaïkalien, les farines américaines ont été remplacées par des farines de l'ouest sibérien.

Le rayon central ne donne lieu qu'à des transactions locales ; le district de Minoussinsk approvisionne toute la vallée de l'Yénisséï et une partie de ses excédents est dirigée sur le gouvernement d'Irkoutsk.

C'est donc le rayon occidental qui offre le plus d'intérêt, car les excédents assez considérables dont il dispose, lui permettent non seulement de contribuer à alimenter les contrées qui l'avoisinent à l'est, de fournir un appoint sérieux à la consommation des populations minières ouraliennes déjà approvisionnées par les gouvernements russes d'Oufa et de Perm, mais encore d'expédier sur l'étranger une certaine quantité de ces excédents (1).

bien et était une source d'importants bénéfices pour les agriculteurs de ce rayon. Elle a cessé depuis 1899 au moment de l'arrêt de l'usine qu'elle alimentait.

La betterave à sucre pourrait aussi venir dans certaines autres parties méridionales de la Sibérie. Il est à souhaiter pour la Sibérie que l'industrie de la sucrerie s'y implante, car la culture de la betterave à sucre serait des plus avantageuses pour les agriculteurs qui s'y livreraient, en même temps que la transformation sur place de cette racine fournirait au pays un produit de haute valeur et le libérerait de l'importation russe très onéreuse.

(1) Il semble que l'on puisse déterminer assez exactement la limite en deçà de laquelle les céréales trouvent leur débouché vers l'ouest, au delà de laquelle elles se dirigent exclusivement sur l'est. Cette limite paraît être le fleuve Obi. Toute la région agricole située à l'ouest de l'Obi semble être orientée de préférence vers l'ouest ; celle

Quelle est dans ces excédents la part de l'exportation, c'est-à-dire des envois en Russie et à l'étranger? Nous l'aurons approximativement en considérant les chiffres des céréales de Sibérie passant à Tchélabinsk, de celles venant par eau à Tioumène et à Toura pour être réexpédiées sur l'Oural, la Russie du centre ou sur les ports; nous y ajouterons les chiffres des expéditions des stations du chemin de fer ouralien entre Tioumène et Iékatérinbourg, et ceux des expéditions par la voie maritime du Nord.

En 1898, il fut expédié à destination de l'Oural et de la Russie :

Par les stations du Transsibérien............	16.315.000 pouds (1).
De Tioumène et de Toura................	11.417.000 —
Des stations du Perm-Tioumène..........	3.100.000 —
Par la voie maritime du Nord.............	213.000 —
Au total............	31.045.000 pouds.

A ces chiffres de l'exportation sibérienne, il faudrait, pour être exact, ajouter ceux des blés expédiés par la station d'Orenbourg (ligne d'Orenbourg-Samara) et ceux des blés amenés par charrettes ou traineaux à la station de Tchélabinsk.

De ces 31.000.000 de pouds, un peu plus des 2/3 est absorbé par l'Oural et la Russie; le reste est dirigé à l'étranger par les diverses voies dont nous avons parlé.

En 1897, par exemple, ces expéditions à l'étranger s'élevèrent à 11.930.000 pouds (2) (195.565 tonnes), se décomposant ainsi :

qui est située au contraire à l'est du fleuve ne peut songer pour ses excédents qu'aux marchés de la Sibérie centrale. Quant aux céréales récoltées le long du fleuve même, et drainées par celui-ci, elles vont, suivant les années, à l'est ou à l'ouest.

Voici par exemple quelques chiffres montrant, pour les années 1898-1899, le sens des envois de céréales reçues de l'Obi et réexpédiées par le chemin de fer; nous y joignons les chiffres d'expédition vers l'ouest et vers l'est des stations de Kaïnsk (Sibérie occidentale), de Mariinsk et Berikoulskaïa (ces deux stations à l'est du fleuve Obi).

	1898		1899	
	vers l'o.	vers l'e.	vers l'o.	vers l'e.
De Kaïnsk............................	30.800 p.	8.000 p.	154.000 p.	183.000 p.
De Krivochtchokovo et Obi.............	800.000 p.	1.434.000 p.	378.000 p.	1.801.000 p.
De Tomsk et sa banlieue..............	41.000 p.	803.000 p.	34.000 p.	1.130.000 p.
De Mariinsk et Bérikoulskaïa..........	2.000 p.	403.000 p.	23.000 p.	174.000 p.

(1) Sur ce chiffre :

En froment................................	12.524.000 pouds.
En avoine................................	2.119.000 —
En seigle................................	894.000 —
En farine................................	343.000 —
Graines oléagineuses.......................	272.000 —

(2) L'année 1897 fut marquée en Europe par une mauvaise récolte presque générale; les cours du froment s'élevèrent de 50 % et atteignirent même à certains moments le double des prix moyens (en France ils montèrent jusqu'à 28 et 30 francs les 100 kilos). Cette hausse extraordinaire favorisa singulièrement la sortie des froments sibériens qui à cette époque valurent 7 à 8 francs, sur les stations du Transsibérien occidental.

En Transbaïkalie : Fonctionnaire russe au milieu de Bouriates.

Ports de la Baltique	10.200.000 pouds.
Frontière russo-allemande	1.250.000 —
Ports de la mer Noire et de l'Azov	310.000 —
Voie maritime du Nord	170.000 —

En 1898, elles furent un peu moindres et s'élevèrent à 9.568.000 pouds, répartis de la même façon entre les diverses voies.

Le tableau suivant donne pour 1898 et 1899 le chiffre des céréales expédiées par les principales stations du Transsibérien en Sibérie occidentale entre Tchélabinsk et Tomsk :

	1898	1899
Tchoumliak	399.000 pouds.	499.000 pouds.
Choumikha	2.019.000 —	1.843.000 —
Michkiho	2.123.000 —	2.027.000 —
Iourgamych	888.000 —	661.000 —
Kourgane	4.007.000 —	3.381.000 —
Lebiaja	109.000 —	232.000 —
Makouchino	1.218.000 —	2.290.000 —
Piétoukhovo	440.000 —	329.000 —
Pétropavlovsk	1.232.000 —	1.251.000 —
Omsk (en transit de l'Irtych principalement)	496.000 —	332.000 —
Kainsk	316.000 —	287.000 —
Kotchenevo	489.000 —	570.000 —
Krivochtchekovo (principalement en transit de l'Obi)	847.000 —	421.000 —
Obi	1.387.000 —	1.459.000 —
Tchérémochniki	645.000 —	805.000 —

Nous ne possédons pas les chiffres concernant les exportations de 1899 (1), mais nous remarquons une diminution sensible dans ceux qui concernent les exportations par le Transsibérien (les seuls dont nous disposions); elles ont passé de 16.315.000 pouds à 13.056.000 pouds, tandis que les expéditions de la Sibérie occidentale sur l'est prenaient au contraire plus d'importance.

On ne peut s'attendre à voir les exportations de céréales augmenter pour la campagne 1900-1901: il est probable, au contraire, qu'en

---

(1) Voici quelques données relatives à l'exportation des céréales sibériennes par Novorossiisk; nous les devons à l'aimable obligeance de M. l'Agent consulaire français de cette ville :

1895	4.270 pouds d'avoine.
1896	138.084 pouds de froment.
1897	236.983 —
1898	418.084 —
1899	environ 3.000.000. p. froment, avoine et seigle;

ces chiffres ne concordent guère avec ceux que nous avons donnés précédemment; ils leur sont supérieurs; ceci tient à ce que la provenance des céréales arrivant à Novorossiisk par la voie du Volga (Samara-Tzaritzine) n'est pas exactement déterminée; des céréales ouraliennes, recueillies à Samara par la voie d'Orenbourg ou sur le parcours Samara-Thélabinsk sont ainsi souvent dénommées sibériennes.

raison de la disette causée par la sécheresse, la Sibérie occidentale importera des gouvernements russes, d'Oufa par exemple, favorisés cette année par une abondante récolte.

Il ne faut pas se dissimuler qu'avec les voies actuelles, la sortie des céréales et notamment du froment est rendue laborieuse si les prix payés à l'étranger sont bas et si la récolte sibérienne est seulement moyenne (1).

Les exportations relativement importantes de 1897 et de 1898 sembleraient donc dues à des causes exceptionnelles, à la disette européenne qui aurait fait sortir du pays non seulement les excédents d'une récolte, mais encore les stocks invendus de plusieurs campagnes; elles n'auraient été que temporaires et devraient disparaître maintenant qu'ont cessé les causes qui les ont déterminées; il n'en est pourtant rien. Le peuplement continu de la Sibérie par des agriculteurs aura d'ici peu de temps ce résultat que toutes les contrées sibériennes se suffiront à elles-mêmes. Les excédents fournis par le rayon occidental deviendront entièrement disponibles; ils seront alors d'autant plus importants que la population de ce rayon se sera considérablement accrue par l'immigration. C'est maintenant du reste que va se faire sentir l'influence de cette colonisation devenue surtout intense à partir de 1896, c'est-à-dire depuis quatre ans. Les émigrants qui sont venus depuis cette époque vont à présent seulement commencer à produire. Il leur a fallu jusqu'ici se construire une habitation, organiser leur exploitation, défricher, etc., et plusieurs années leur sont bien nécessaires avant de pouvoir disposer, comme les vieux habitants, d'importants excédents.

La création des voies ferrées a du reste modifié singulièrement la façon d'être du paysan sibérien; les beaux prix auxquels il a pu vendre ses stocks, auparavant immobiles et sans valeur, ont excité son activité. La navigation fluviale sortira sous peu de la crise dont elle souffre actuellement, transformée et mieux armée pour la lutte des tarifs; la création ou l'utilisation de nouvelles voies de communication, l'amélioration des voies existantes réduisant le coût des transports viendront encore encourager les producteurs.

On peut donc affirmer sans craindre d'être taxé d'optimisme que l'exportation des produits agricoles sibériens, loin d'avoir été un accident passager, prendra une importance mondiale considérable.

_____

(1) Cette difficulté est bien moins sensible pour des produits de plus grande valeur, les graines oléagineuses par exemple, dont la Sibérie aurait grand bénéfice à développer la culture.

VIII. — Qualité des produits. — Prix. — Commerce.

Les froments sibériens sont, comme nous l'avons dit, pour la majorité des froments d'été ; on en distingue trois grandes variétés :

1° *Les blés durs,* qui sont les plus recherchés ; ils sont en effet fort beaux, pesant de dix pouds à 10 pouds 16 livres la tchetwert, soit 125 à 130 kil. la charge de 160 litres. On les appelle, suivant les semences dont ils proviennent : « Koubanka », « Bielotourka », « Bielokoska », Krasnokoloska », etc... ; ils sont récoltés principalement dans les régions chaudes de la Sibérie, notamment sur le haut Irtych (district de Semipalatinsk) et le haut Obi (district de Biisk). Les provenances des steppes d'Orenbourg sont aussi fort réputées. Ces blés durs ont une très grande analogie avec les blés durs du bas Volga connus en France sous le nom de « durs de Taganrog ». Les moulins sibériens semblent absorber la totalité de la production de ces blés.

Il est aujourd'hui du reste difficile de les rencontrer purs ; en effet, le paysan ne soigne pas ses semences et la qualité des blés arrive rapidement à dégénérer. On obtient alors :

2° *Les blés demi-durs* (pererods). Ces blés sont récoltés dans les mêmes districts que les précédents. Ils constituent un mélange de grains durs et de grains dégénérés devenus tendres. Bien que moins lourds que les précédents, ces pererods pèsent encore 125 à 128 kilos la charge ; ils sont fort prisés des minotiers sibériens qui les payent 10 et 20 kopeks le poud (1 fr.60-3 fr.25 les 100 kilos) de plus que les blés tendres. Les pererods sibériens pas plus que les pererods de la Russie du sud-est ne peuvent que difficilement s'exporter. Ils subissent en effet une dépréciation sur les marchés étrangers et notamment en France où l'on emploie les froments durs et les froments tendres à des usages spéciaux et différents.

3° *Les blés tendres.* — On les dénomme en général « blés russes » (rousskaïa); ce sont les plus abondants dans les gouvernements de Tobolsk et de Tomsk. Leur poids spécifique ordinaire est de 124-127 kilos la charge, mais ils sont quelquefois plus légers ; ils se rapprochent du type des « ghirkas » du sud russe, mais leur couleur est un peu plus sombre, tirant plutôt sur le rouge que sur le jaune et la qualité du grain semble moins fine. Leur propreté est celle des froments russes ordinaires. Ces blés tendres sont estimés et concourent fort bien sur les marchés méditerranéens ou les marchés de Londres, avec les provenances de l'Azov et de la mer Noire.

Avoines. — Ce sont le plus souvent des avoines blanches du type des avoines blanches des gouvernements du centre russe. Elles trouvent leur débouché principal sur Pétersbourg. Il s'en est exporté cependant par Libau, Revel, Riga.

Jusqu'à la construction du chemin de fer en Sibérie occidentale, et même encore aujourd'hui pour certains rayons éloignés, les prix des céréales étaient absolument indépendants des cours cotés sur les marchés extérieurs. En raison du caractère patriarcal de la culture sibérienne, celles-ci n'avaient de valeur marchande qu'autant qu'il se présentait des demandes dans un rayon assez rapproché. En outre, un commerce rationnel, organisé, faisait défaut. Les prix étaient donc sujets à d'énormes variations ; on voyait dans une région le froment à 30 kopeks le poud et dans la région voisine le prix en était de 1 rouble, tombant il est vrai à 50 kopeks dès qu'un arrivage satisfaisait les besoins immédiats.

Grâce à la création du Transsibérien, les variations de prix ont des écarts moins importants ; les céréales ne peuvent tomber en dessous d'un certain prix, car elles ont alors les débouchés étrangers, ni dépasser une certaine limite, car les gouvernements russes ouraliens peuvent alors envoyer vers l'est les quantités qui font défaut et rétablir ainsi une certaine harmonie dans les cours. La création dans certains centres d'importantes minoteries a eu en outre pour effet de créer des mouvements commerciaux constants, des courants qui régularisent les transactions (1).

On peut aujourd'hui estimer aux chiffres suivants les cours moyens des céréales en Sibérie occidentale :

Sur stations du Transsibérien :

> Froment tendre 0ʳ,50-0ʳ,45 le poud (0ᶠ50-7ᶠ35 les % kilos)
> Avoine   0ʳ,25-0ʳ,40   —   (4ᶠ10-6ᶠ50 les % —

Dans l'Altaï, sur les quais de l'Obi :

> Froment tendre 0ʳ,30-0ʳ,45 le poud (4ᶠ90-7ᶠ35 les % kilos ⎫ sur place
> Avoine   0ʳ,25-0ʳ,35   —   (4ᶠ10-5ᶠ70 les % — ⎬ 5 à 10 kop.
> Graines de lin 0ʳ,35-0ʳ,40 —   (5ᶠ70-6ᶠ50 les % — ⎪ en
> Graines de chanvre 0ʳ,50-0ʳ55 — (6ᶠ50-9 fr. les % — ⎭ moins.

La faible production des autres régions enlève tout intérêt à la notation des variations énormes qu'y subit la valeur des différents produits de la terre.

En Russie d'Europe, les céréales sibériennes sont cotées princi-

(1) Une Bourse de marchandises pour les transactions au comptant vient d'être instituée à Tomsk grâce aux persévérants efforts de T. Poudovikof, le distingué Directeur de la Banque Impériale Russe de cette ville.
Quelques journaux quotidiens de Tomsk et d'autres villes, parmi lesquels nous citerons la *Gazette commerciale sibérienne* de Tioumène, commencent à donner maintenant des renseignements réguliers sur les cours et les affaires traitées sur céréales et sur autres marchandises dans les différents rayons sibériens, sur les marchés russes et sur les marchés étrangers.

palement à Samara, à Pétersbourg, à Libau, à Arkhanghel, à Rostov et à Novorossiik.

Elles sont achetées en Sibérie, soit par des meuniers locaux, soit par des armateurs fluviaux, soit par des marchands ou des industriels occupés à diverses branches d'affaires à la fois. Quelques maisons russes de Pétersbourg, de Rostov, ont aussi quelquefois des agents acheteurs qui, au moment de la récolte, parcourent le pays pour y faire leurs achats ; ces agents reçoivent des maisons exportatrices des avances de fonds qui vont quelquefois jusqu'à représenter les 9/10ᵉ de la valeur des marchandises.

Les quantités de céréales que la Sibérie est actuellement à même d'exporter sont encore trop peu considérables pour que nous ayons à craindre de sitôt pour notre agriculture la concurrence d'un nouveau pays producteur. Nous ne devons pas cependant oublier l'exemple du Canada, de la République Argentine et d'autres pays, dont les excédents étaient autrefois insignifiants et qui, aujourd'hui, apportent sur les grands marchés consommateurs européens des quantités considérables qui ne tendent certainement pas à élever le cours des céréales dans le monde.

L'Altaï n'est guère plus loin de l'Europe que le Manitoba, et l'agriculture de la Sibérie occidentale est tout aussi favorisée de la nature que celle des régions des « Grands Lacs ». Si, pour des raisons autres que des raisons économiques, la colonisation russe n'est pas susceptible d'un développement aussi rapide que la colonisation latine ou anglo-saxonne, elle n'en arrivera pas moins, dans un laps de temps assez court, à exploiter rationnellement la fertilité du pays. Notre agriculture aura alors à compter avec un concurrent de plus et le bon marché des céréales de Sibérie, qui a effrayé les propriétaires russes eux-mêmes, pourrait bien nuire aussi à nos produits.

Ce danger cependant n'est pas imminent et nul doute qu'au moment où il pourra se produire, notre agriculture n'aura fait de son côté des progrès qui la mettront en mesure de supporter sans dommage cette nouvelle concurrence (1).

(1) La Sibérie n'est pas la seule contrée dont la mise en valeur suscite ou doive susciter à l'agriculture française une dangereuse concurrence. La conquête progressive de la terre par l'humanité a pour conséquence logique la baisse progressive et constante du prix des produits agricoles. Il serait bon que le cultivateur français s'en rendît compte. Il tient à lui seul de s'armer contre cet avenir menaçant. Ce n'est guère en effet par des mesures d'État, et notamment par la plus en faveur jusqu'à ce jour, par l'isolement douanier, par la suppression brutale de la concurrence extérieure, par la protection en un mot, qu'il pourra y parvenir ; cette protection ne peut être que temporaire et ceux qui se fient à son efficacité ressemblent un peu à l'autruche, qui, sur le point d'être atteinte par les chasseurs, croit leur échapper en cachant sa tête sous le sable. La protection agricole a fait ses preuves en France et de récentes propositions de lois (bons d'exportation et autres) ont montré qu'elle n'a nullement supprimé, mais qu'elle a simplement reculé, la rendant ainsi plus intense, la crise qu'elle se flattait d'écarter.

Le développement de l'agriculture sibérienne doit nous intéresser à un autre point de vue; au point de vue purement commercial, nous pouvons suivre ses progrès et prendre notre part des échanges internationaux qui ont commencé à s'effectuer de Sibérie en Europe. Nous avons signalé tout à l'heure l'absence en Sibérie de commerce organisé dont la présence pût niveler les cours des denrées agricoles.

Ceux-ci varient en effet non seulement de région à région, mais dans une même localité, suivant l'époque à laquelle se traitent les affaires. Les achats se font en général en automne et en hiver; dès le printemps, ils ne sont guère plus possibles, car les cours ont alors augmenté dans des proportions considérables, le plus souvent de 10 kopeks au moins par poud, représentant plus d'un quart du prix de la marchandise.

C'est pourquoi nous croirions volontiers au succès de maisons de commission munies d'importants capitaux leur permettant d'acheter aux bonnes époques, bien organisées, ayant leurs acheteurs en plusieurs points de la Sibérie occidentale (à Kourgane, Omsk, Semipalatinsk, Barnaoul, Tomsk, etc., par exemple) et qui, spécialisées, s'occuperaient de la vente des céréales aux meuniers sibériens, aux meuniers ouraliens, et à l'étranger.

Pour ce dernier débouché, elles nous sembleraient devoir accroître singulièrement leurs bénéfices en entreprenant l'utilisation rationnelle de la voie maritime du Nord.

Nous voyons dans l'association, dans la création générale de syndicats agricoles un des moyens par lesquels notre agriculture pourra lutter avec des pays, moins favorisés il est vrai sous nombre de rapports, mais où la terre et le travail humain ont peu de valeur. Par l'association, le cultivateur pourra trouver du crédit, employer les machines et les engrais; la petite propriété, tout en gardant ses avantages, verra ses inconvénients supprimés.

Qu'il nous soit permis de profiter de l'occasion pour signaler chez nous une lacune : l'absence d'un outillage rationnel et économique pour la manutention et la conservation des grains; à peu d'exceptions près, on n'emploie chez nous nulle part « les élévateurs », les silos à grains si fréquents dans les pays agricoles et qu'on trouve même en Russie. Ces silos, placés dans les centres de production, d'expédition ou de consommation, réalisent une manutention et un magasinage des plus économiques; ils ont l'avantage de permettre le nettoyage, l'aération et le classement des grains dans des conditions de bon marché extraordinaires; ils facilitent en outre singulièrement les prêts agricoles; la création de ces silos-magasins généraux nous paraît être la seule façon pratique et économique de résoudre le problème du crédit agricole; nous attribuons à leur adoption générale en Amérique une bonne part des succès des céréales nord-américaines en Europe.

IV. — ÉLEVAGE.

L'AGRICULTEUR sibérien est en même temps un éleveur. Il a en effet à sa disposition de vastes pâturages naturels qui fournissent une abondante nourriture aux chevaux dont il a besoin pour le travail de ses champs, au bétail à cornes dont le lait et la chair le nourriront et dont la dépouille viendra accroître son revenu. Quant aux populations nomades ou demi-nomades, une bonne partie d'entre elles trouvent presque uniquement dans l'élevage aliments et ressources. Les Kirghises qui forment le groupe aborigène le plus important (environ 1.000.000 d'âmes), sont exclusivement des pasteurs et il en est un peu de même des Bouriates en Transbaïkalie. Dans les confins septentrionaux de la Sibérie, ce sont également les troupeaux (de rennes) qui font vivre l'homme.

L'élevage est donc une des principales ressources du pays.

Contrées d'élevage.

La Sibérie est très riche en pâturages naturels. Toutes les régions agricoles, et nous avons vu qu'elles comprenaient d'importants territoires, conviennent, à des degrés divers, à l'élève des troupeaux. Les steppes méridionales du gouvernement de Tobolsk, celles de l'Altaï, de Minoussinsk, etc... sont des prairies avant d'être des champs. En outre, d'immenses régions que le climat ou bien la nature du sol rendent inaptes à la culture, se prêtent parfaitement à l'élevage. Les steppes kirghises, insuffisamment arrosées, produisent peu de blé, mais l'herbe courte qui les couvre sert à nourrir d'innombrables troupeaux. Les steppes de Baraba, souvent marécageuses et moins fertiles que leurs voisines du nord-ouest, peuvent alimenter un cheptel important.

Il en est de même en Sibérie centrale, en Transbaïkalie, sur l'Amour, etc... La mousse qui forme toute la végétation des toundras est aussi utilisée pour la pâture des rennes. Les régions forestières elles-mêmes peuvent, à un degré moindre, il est vrai, convenir à l'élève et nul doute qu'avec le défrichement progressif des forêts, ces régions n'offrent à l'élevage de vastes étendues.

Si l'on en juge par la superficie des territoires aptes à nourrir un bétail nombreux, l'élevage jouerait le premier rôle dans la production sibérienne et il semble bien qu'il pourrait en être ainsi si le colon russe n'était pas avant tout un cultivateur pour qui les troupeaux sont d'abord l'instrument de travail et ne forment qu'une source accessoire de revenus.

De même que pour les produits agricoles, c'est la Sibérie occidentale dont les productions pastorales sont le plus considérables. Elle forme en effet, dans ses parties centrales et méridionales, une suite presque ininterrompue de vastes plaines herbeuses très propices à l'élevage; c'est elle aussi qui, nous l'avons vu, absorbe la plus grande partie des populations sibériennes. Si, aux chiffres de la population des seuls gouvernements de Tobolsk et de Tomsk, nous ajoutons ceux des territoires kirghises (Akmolinsk, Semipalatinsk (1), nous obtenons en effet un total de 4.731.000 âmes environ, c'est-à-dire près des 5/7e de la population sibérienne.

Les autres rayons d'élevage, moins peuplés, ont beaucoup moins d'importance. Nous signalerons cependant les steppes de Minoussinsk et d'Atchinsk habités par des Tatars pasteurs, la Transbaïkalie où les troupeaux sont également nombreux.

Formes de l'élevage. — Cheptel.

L'élevage sédentaire, pratiqué par les agriculteurs, ne présente aucun caractère spécial qui le distingue de l'élevage russe. Il est essentiellement primitif : le paysan entretient un nombre de chevaux suffisant pour son exploitation agricole, car les labours se font la plupart du temps à l'aide de chevaux; ceux-ci lui serviront aussi pour le transport des voyageurs et le roulage des marchandises; il a aussi des bœufs et des vaches qui lui fourniront le lait, le beurre et la viande nécessaires pour lui et sa famille. En été, dans les pâturages enclos qui entourent le village, les bêtes de toute la commune sont réunies par troupeaux de plusieurs centaines de têtes, la plupart du temps sans gardiens. En hiver, ces troupeaux rentrent dans les étables où le foin et la paille composent leur nourriture exclusive.

Grâce à l'abondance des pâturages, le nombre des chevaux et de

(1) Nous ne faisons pas mention ici des territoires de Tourgaï, d'Ouralsk, de Semiriétchié, qui, bien qu'habités en grande partie par des pasteurs Kirghises sont plus généralement rattachés à l'Asie centrale; il en est de même des gouvernements ouraliens, d'Orenbourg, de Perm, d'Oufa, qui font administrativement partie de la Russie d'Europe.

Femme bouriate en grande toilette d'hiver.

bêtes à cornes que possède le paysan sibérien est plus considérable qu'en Russie et que dans nombre de pays. Dans les gouvernements de Tomsk et de Tobolsk où domine l'élément agricole russe, on évalue à 70 le nombre moyen des chevaux possédés par 100 habitants ; à 80, celui des bêtes à corne ; à 150, celui des autres animaux domestiques (moutons et porcs) alors qu'en France, par exemple, le nombre moyen de chevaux possédés par 100 habitants n'atteint pas 8 et qu'en Russie il ne dépasse pas 22.

L'élevage pratiqué par les Kirghises, les Tartars du haut Yénisséï, les Bouriates, est tout autre. Il est surtout caractéristique chez les Kirghises.

Ces Kirghises, peuplades de race turque, ont été, de temps immémoriaux, des pasteurs demi-nomades. Ils passent le rude hiver dans des huttes d'argile élevées dans les plus gras pâturages. Le bétail, chevaux, bœufs, moutons, chameaux et chèvres cherche alors sous la neige l'herbe rare qui, durant plusieurs mois, sera sa seule subsistance. Lors des tempêtes de vent et de neige, qui pendant des jours entiers désolent la steppe, hommes et animaux partagent le même refuge. Mais bientôt la neige commence à fondre, les troupeaux (tabouns) s'agitent, les chevaux frémissants et nerveux hennissent à l'appel du printemps. Dans la tribu, les vieillards s'assemblent et décident les préparatifs du départ ; la vie d'été, la libre vie nomade va commencer. On plie et on charge les peaux et les feutres grossiers qui serviront à l'installation des tentes (yourtes) ; les troupeaux s'éloignent du gîte d'hiver suivis de leurs gardiens à cheval ; la tribu suit, et c'est ainsi que chaque année recommence un exode dont la direction depuis des siècles est restée immuable. Dans les plaines infinies, les tribus kirghises décrivent chacune un immense cercle qui les ramènera à la fin de l'automne vers leurs huttes abandonnées. Les points qui déterminent cette marche sont les puits, les lacs d'eau douce et les rivières vers lesquelles l'herbe est la plus abondante.

Les troupeaux sont la seule richesse du Kirghise ; il en vit exclusivement, se nourrissant de lait de jument aigri et fermenté (koumyss), de viande de cheval et de mouton, utilisant leur dépouille pour se vêtir. Le chiffre moyen des animaux possédés par les Kirghises est donc fort élevé, et dépasse de beaucoup celui que nous avons vu chez les agriculteurs ; par cent habitants, il est de 125 chevaux, 80 bêtes à cornes, 440 moutons, 26 chameaux (1). Ce nombre est également très élevé chez les Tatars des steppes de Minoussinsk et chez les Bouria-

(1) A la différence des paysans qui élèvent un peu plus de bêtes à cornes que de chevaux, beaucoup de porcs et peu de moutons, les nomades et principalement les Kirghises, entretiennent beaucoup plus de chevaux, possèdent un grand nombre de moutons et de chèvres, mais n'élèvent pas de porcs dont leur religion, celle de Mahomet, leur interdit la consommation.

SIBÉRIE ÉCONOMIQUE.   7

tes. Les conditions primitives de cet élevage nomade expliquent les fléaux qui en entravent le développement régulier. En hiver, par exemple, nombre d'animaux périssent dans les tempêtes de neige, et ceux qu'abrite la hutte familiale meurent de faim si la « bourane » se prolonge trop. En automne ou au printemps, lorsque, à une pluie ou à un adoucissement de température qui fait fondre la neige, succède la gelée, les animaux ne peuvent atteindre l'herbe sous le sol recouvert d'une croûte de glace et sur des étendues énormes, chevaux, bœufs et moutons périssent. Certaines années ont laissé dans la mémoire des nomades le souvenir désolant de tels désastres. Souvent aussi, au printemps, le soleil trop chaud brûle la steppe ; dès juin l'herbe est jaunie, l'aoul (la tribu) en marche ne sait plus où faire arrêter ses troupeaux ; il ne reconnaît plus les abondants pâturages dont il disposait les années précédentes et il doit se résoudre à égorger nombre de ses bêtes. Les épizooties, la peste font aussi de grands ravages dont ont à souffrir également les troupeaux des Russes sédentaires.

Le climat des steppes kirghises, très sec et très continental, rend compréhensible le genre de vie que mènent ces nomades, le seul qui semble possible ici, et les conditions rudimentaires dans lesquelles ils pratiquent l'élevage.

La prise de possession par les colons des meilleures oasis de la steppe semble cependant opérer une transformation dans le mode de vie des Kirghises et l'on remarque déjà chez eux une tendance à devenir plus sédentaires et à préparer tout au moins du foin pour la saison d'hiver.

Il en est de même pour les Bouriates et les Tatars du haut Yénisséï. On peut donc penser que peu à peu l'élevage nomade, tout en restant la principale ressource de ces populations, se fera mieux et fournira des productions plus abondantes.

Chez les agriculteurs de la Sibérie occidentale on remarque aussi une tendance à faire de l'élevage d'une manière un peu moins extensive. Dans le rayon de Kourgane et de Pétropavlosk par exemple, où les pâturages sont particulièrement riches et étendus, l'industrie des engraisseurs a pris naissance. Le bétail kirghise qui, à la fin de l'été, arrive dans ce rayon après avoir traversé toute la steppe, est engraissé jusqu'au moment des abatages qui ont lieu au début de l'hiver.

Dans ce rayon, quelques propriétaires aisés, aidés par l'Administration locale, commencent à se soucier de l'amélioration de leur bétail, à introduire des animaux reproducteurs de pure race, ceci notamment pour les porcs et les bêtes à cornes.

Les nouveaux colons, favorisés par des tarifs de chemin de fer très réduits, amènent la plupart du temps avec eux de Russie, leurs bêtes, surtout les vaches et les moutons et par leur croisement avec les espèces sibériennes obtiennent des produits très améliorés.

Grâce à des sociétés d'encouragement qui organisent des courses au trot dans les principales villes sibériennes (Tioumène, Tomsk, Semipalatinsk), il existe même quelques haras qui fournissent de très bons chevaux de luxe, des trotteurs obtenus le plus souvent avec des chevaux russes, du type Orlof.

Le tableau suivant qui se rapporte à l'année 1897, donne approximativement le dénombrement du cheptel (1) :

	CHEVAUX.	BÊTES A CORNES.	MOUTONS et CHEVRES.	CHAMEAUX	PORCS.	TOTAL.
Gouvernement de Tobolsk.	736.000	986.000	1.098.000		227.000	5.047.000
Gouvernement de Tomsk..	1.776.000	1.791.000	2.525.000		428.000	6.520.000
Territoire d'Akmolinsk....	877.000	583.000	1.996.000	103.000	16.000	3.574.000
Territoire de Semipalatinsk.	822.000	452.000	2.393.000	74.000	1.000	3.742.000
Sibérie occidentale....	4.211.000	3.812.000	8.012.000	177.000	672.000	18.883.000
Gouvernement d'Yénisséïsk.	460.000	419.000	677.000		114.000	1.697.000
Gouvernement d'Irkoutsk..	265.000	336.000	413.000		89.000	1.103.000
Sibérie centrale.......	725.000	755.000	1.090.000		203.000	2.800.000
Territoire d'Iakoutsk......	113.000	266.000				397.000
Territoire de Transbaïkalie.	650.000	1.300.000	1.500.000			3.450.000
Territoire de l'Amour.....	49.000	45.000	6.000		14.000	144.000
Territoire Maritime.......	37.000	56.000	2.000		32.000	351.000
Sibérie orientale......	849.000	1.667.000	1.508.000		46.000	4.342.000

C'est, comme on le voit par ces chiffres, pour l'élevage comme pour l'agriculture, la Sibérie occidentale qui produit le plus, puisque son cheptel forme plus des 2/3 du cheptel total du pays. Elle réussit donc non seulement à se suffire à elle-même, à contribuer à l'alimentation des régions voisines, mais encore à déverser en Europe un surplus notable de ses productions pastorales.

Quant à la Sibérie centrale et à la Sibérie orientale, le bétail qu'elles possèdent suffit aux besoins d'une population encore rare; elles ne font donc qu'assez peu souvent appel aux produits de la Sibérie occidentale.

Si nous en exceptons l'élevage des rennes et des chiens pratiqué dans les immenses plaines glacées du nord, celui des chameaux dans les steppes kirghises et en Transbaïkalie; celui des cerfs dans

(1) Ces statistiques très difficiles à établir dans un territoire aussi vaste et aussi peu peuplé sont naturellement fort sujettes à caution.

les vallées altaïennes, dont les produits relativement peu nombreux sont adaptés à des conditions de vie toutes spéciales et n'offrent presque aucun intérêt pour les marchés européens, nous voyons que l'industrie pastorale en Sibérie occidentale a pour objet les chevaux, les bœufs et les vaches, les moutons, les chèvres et les porcs.

Les *chevaux sibériens*, dont le type varie légèrement suivant les régions dont ils sont originaires, présentent les caractères généraux suivants : de petite taille et assez minces, ils ne peuvent porter ou traîner que des charges relativement faibles, ne dépassant guère 400 kilos ; par contre, ils sont très endurants, travaillent de longues heures sans repos ; leur allure et particulièrement celle des chevaux kirghises ou cosaques, est rapide et atteint quelquefois 18 et 20 kilomètres à l'heure. Ils supportent aisément les froids terribles de l'hiver et les chaleurs accablantes de l'été ; ils se contentent de la plus modeste nourriture ; l'herbe qui croît le long du chemin. Ils font d'excellents chevaux de cavalerie légère et la remonte russe commence à faire chez les Kirghises d'importants achats. Les chevaux des régions agricoles se rapprochent du type des chevaux des paysans russes ; moins bons coureurs que les chevaux kirghises, ils sont par contre meilleurs pour le trait et peuvent tirer des charges allant jusqu'à 500 kilogs.

Les croisements entre les races sibériennes (kirghises et russes, tatares et russes, etc.) se font déjà depuis assez longtemps, mais sans méthode et sans que le souci d'améliorer les races apparaisse bien nettement.

Des chevaux sibériens, convenablement choisis, seraient à notre avis, vu leur bas prix, susceptibles d'être avantageusement employés en Europe pour le trait léger et pour la selle.

Bœufs et vaches. — Un système d'élevage purement quantitatif a fait des bêtes à cornes de Sibérie des animaux assez médiocres. Si l'on met à part la partie sud du gouvernement de Tobolsk où l'on pratique l'engrais, la race bovine présente peu de qualités spéciales, si ce n'est celle de s'adapter parfaitement aux conditions dans lesquelles elle vit. Chez les Kirghises, par exemple, la stabulation est presque inconnue et, hiver comme été, les bestiaux doivent chercher eux-mêmes leur nourriture. Chez les cultivateurs, l'hiver fait rentrer les bestiaux dans les étables, mais celles-ci sont des plus négligées ; nous faisons exception pour les rayons où l'industrie du beurre commence à se répandre, car les propriétaires y sont alors plus soucieux de la santé de leurs bêtes.

Les conditions misérables où sont entretenues les vaches expliquent la faible quantité de lait qu'elles peuvent fournir. On compte qu'une vache donne en moyenne de 6 à 8 kilos de lait par jour. Ces mêmes bêtes, mieux soignées et mieux nourries, pourraient facilement fournir une quantité de lait plus importante.

Moutons. — Les moutons, tant au point de vue de la viande que de la laine, sont de très médiocre qualité. C'est le suif qui en fait surtout la valeur marchande. Le mouton kirghise dont la queue très forte (kourdiouk) est pleine de graisse donne à l'automne environ 16 à 18 kilos de graisse. Quant à la viande, elle est fort dure; elle nourrit les éleveurs, mais ne peut faire l'objet d'aucuns échanges commerciaux. La laine, très grossière et très rude, trouve son emploi chez les Kirghises pour la confection de vêtements ou de feutres épais et est encore utilisée par des fabriques de Tioumène et de l'Oural pour la fabrication de drap grossier destiné à la troupe ou aux paysans. Elle n'est pas susceptible, en raison de sa mauvaise qualité, de pénétrer sur les marchés européens. La peau en suint sert à la confection de « touloupes » (1).

Porcs. — Ils sont exclusivement élevés par les populations russes. L'élevage en est également très défectueux et ne comporte en général aucun soin. Cependant, quelques fabricants de beurre du rayon de Kourgane s'occupent depuis quelque temps de l'amélioration de la race porcine dans leur rayon; ils entretiennent des porcheries assez importantes et utilisent les résidus de leur fabrication (lait sortant des écrémeuses, etc.) à nourrir les produits qu'ils obtiennent de mâles du Yorkshire.

La viande et la graisse du porc sont employées par les populations qui se livrent à cet élevage; elles s'expédient en outre en Russie. Les soies et notamment celles de la crête du dos, blanches et très dures, ont un excellent débouché en Russie et en Europe.

Prix. — Les prix auxquels on peut acquérir ces divers animaux varient naturellement et dans de fortes proportions suivant les époques et les rayons, suivant que l'année a été sèche ou pluvieuse; ils dépendent naturellement aussi de la récolte et des épizooties.

La Sibérie occidentale a naturellement les prix les plus bas, et l'on peut dire qu'en moyenne, dans les gouvernements et les territoires qui la forment, le prix d'un bon cheval pour la culture ou le trait léger varie de 15 à 40 roubles (40 à 100 francs), celui d'un bœuf ordinaire de 7 à 15 roubles; celui d'un bœuf engraissé pouvant donner jusqu'à 320 kilos de viande et de suif, 23 à 60 roubles; celui d'une vache engraissée pour la boucherie, de 25 à 35 roubles; d'une vache laitière ordinaire, 10 à 15 roubles (27 à 40 francs). Pour les moutons, les prix moyens évoluent entre 1 fr. 25 et 3 fr. 50.

_____

(1) Grossières pelisses de mouton que portent en hiver les paysans russes ou sibériens.

L'exportation par chemin de fer du bétail vivant n'a guère commencé qu'en 1899, année pendant laquelle il s'est exporté en Russie (principalement de Kourgane et de Pétropavlovsk sur Pétersbourg) 15.838 têtes de bœufs ou de vaches. L'augmentation rapide du cheptel en Sibérie occidentale fait prévoir que ce chiffre n'est qu'un début et qu'il augmentera très promptement avec une diminution des tarifs des transports (1). Les exportations par fer de chevaux sur pieds n'ont aussi véritablement commencé qu'en 1899. Ces chiffres ne représentent qu'une infime partie de l'exportation véritable, car des quantités considérables de troupeaux kirghises conduits par leurs gardiens traversent les steppes à petites étapes et passent en Russie après avoir franchi les contreforts méridionaux de l'Oural.

Pour les moutons vivants, l'exportation par fer n'a pas encore lieu, tous les échanges entre les steppes kirghises et la Russie du Sud-Est s'opérant d'après le mode que nous venons d'indiquer.

Quant aux porcs vivants, les minimes expéditions qu'en fait la Sibérie occidentale sont exclusivement destinées aux gouvernements d'Yénisséïsk et d'Irkoutsk.

Viandes. — Suif. — Beurre.

VIANDES. — Les exportations de viandes sont beaucoup plus considérables que celles de bêtes sur pieds.

Les abatages autres que ceux destinés à la consommation locale ont lieu surtout en octobre et novembre, c'est-à-dire au commencement des froids. Ils s'effectuent dans des tueries privées, sauf à Kourgane et à Tomsk où existent des abattoirs municipaux (2). La viande peut alors se conserver et s'expédier au loin, car elle est gelée (3).

Les expéditions de viandes ont lieu jusqu'à présent sur la Sibérie centrale et surtout sur la Russie (Moscou et Pétersbourg); elles partent principalement des stations de Kourgane, Pétropavlovsk, Omsk et Obi. Les chiffres suivants montrent la rapide progression du commerce des viandes en Sibérie : à Pétropavlovsk, le nombre des animaux amenés et tués à la station vétérinaire a passé de 14.000 têtes de gros bétail en 1893 à 53.000 environ en 1899. Le chiffre des viandes de bœufs ou de vaches reconnues par ce même poste était de 46.397 pouds en 1893; il est monté à 454.000 en 1899.

Quant au chiffre des expéditions de viandes par le Transsibérien,

(1) Le transport d'une tête de gros bétail de Pétropavlovsk à Pétersbourg revient à environ 42 roubles.

(2) L'abatage d'un bœuf y coûte respectivement 0,80-1 rouble et 1 rouble 30-1 r. 50.

(3) Le gel a été jusqu'à présent l'unique agent de conservation employé en Sibérie; en 1899, on fit cependant quelques essais de salage.

il était de 982.419 pouds (sur lesquels 779.717 pour la Russie), en 1898 ; il a passé en 1899 à 1.770.821 pouds (1) ; à ce que l'on présume. il sera plus considérable encore pour 1900.

Les belles viandes que peuvent donner seulement les produits des engraisseurs n'entrent dans ces chiffres que pour une portion encore faible ; elles seules sont susceptibles de dépasser les marchés russes et de se présenter sur les marchés étrangers, plus exigeants au point de vue de la qualité. Les autres viandes sont en général assez médiocres ; elles proviennent de bêtes maigres et petites qui, en outre, sont tuées trop jeunes. Grâce au Transsibérien, la transformation des méthodes d'élevage commence à s'accomplir et l'on peut espérer que le bétail sibérien pourra fournir d'ici quelques années d'importantes quantités de viandes de bonne qualité à qui leur bon marché assurera un placement avantageux en Europe. Dès aujourd'hui du reste, une partie sensible des expéditions de Kourgane et de Pétropavlovsk provient de bétail choisi et gras qui, pour n'avoir pas les qualités des races anglaises ou françaises, ne le cède en rien aux espèces « tcherkesses » fort estimées en Russie. Notre sentiment est que des expéditions sur des pays de libre échange, tels que l'Angleterre par exemple, de viandes choisies, transportées en été par la voie maritime du Nord à l'aide de vapeurs munis de glacières (2) et spécialement aménagés, seraient dès à présent avantageuses.

La viande ordinaire de bœuf ou de vache coûte dans les centres de la Sibérie occidentale de 1 à 2,50 rouble le poud, soit 0 fr. 16 centimes à 0 fr. 40 centimes le kilog. ; le prix moyen est d'environ 0 fr. 20 à 0 fr. 28 le kilo. Ces viandes sont en général saines et leur salubrité est assurée par un contrôle sanitaire sérieusement organisé.

Suif. — Les graisses fournies par les animaux abattus alimentent, en Sibérie occidentale, et principalement dans la partie sud du gouvernement de Tobolsk, une assez importante industrie dont les produits pour leur presque totalité s'exportent en Russie d'Europe.

Ces graisses sont ordinairement fondues en pains par les éleveurs, par les paysans eux-mêmes qui les apportent ensuite à la vente sur les foires d'hiver du gouvernement de Tobolsk, à Ichim par exemple. Ce suif, acheté par les fondeurs de Sibérie (et aussi d'Ourakovo près Oufa), est refondu et épuré, coulé en tonneau

(1) Les expéditions par fer de viandes et de graisse de porc ont cru presque dans les mêmes proportions et ont passé de 94.588 pouds en 1898 à 126.107 pouds en 1899.
(2) L'abondance de la glace qu'il est facile de conserver tout l'été, simplifie singulièrement dans ce cas la question de la production du froid.

et expédié. Le prix sur les stations du Transsibérien (Kourgane, Petropavlovsk), en est alors de 3 à 4 r. 20 le poud, c'est-à-dire 49 francs à 73 francs les 100 kilos. Il est donc très élevé par rapport à la valeur de la matière première. Le débouché de ces suifs est limité à la Russie : c'est surtout la stéarinerie de Kazan et la grande fonderie d'Ourakovo qui absorbent la production de suif de la Sibérie occidentale. Ces deux usines appartiennent aux mêmes propriétaires (Mrs Krestovnikovy), qui sont ainsi maîtres du marché.

Moscou est aussi le point d'arrivée d'une certaine quantité de suif transouralien.

L'importance des expéditions de suif en 1898 était la suivante :

Chemin de fer Perm-Tioumène, environ............	155.000 pouds.
Chemin de fer Transsibérien.....................	358.000 —
Soit au total environ............	513.000 pouds.

En 1899, on constate un accroissement considérable ; les expéditions par le seul Transsibérien ont passé de 358.000 à 444.000 pouds.

Kourgane et Pétropavlovsk sont les deux centres d'expéditions les plus importants ; ces deux villes fournissent ensemble plus des 3/4 des expéditions totales.

Avec l'augmentation rapide des abatages, on peut penser que le suif aura une part de plus en plus importante dans les exportations sibériennes.

BEURRE. — L'utilisation du lait par sa transformation en beurre a dans ce pays un caractère presque purement industriel ; l'étude en est cependant mieux à sa place dans une revue des produits et des sous-produits de l'élevage.

Jusqu'à ces dernières années, le lait, sauf aux alentours des villes et pour une quantité très minime, ne faisait l'objet d'aucun échange commercial ; il n'avait donc pas la plupart du temps de valeur marchande. Celui que la famille du fermier n'utilisait pas était transformé à la maison en un beurre fait de crème aigrie, mal préparé, que l'on fondait et vendait à certaines périodes de l'année à des industriels qui, après l'avoir refondu, l'expédiaient à Moscou et à Saint-Pétersbourg.

Ce beurre fondu est bien connu en Russie sous le nom de « beurre sibérien, » « sibirskoïé maslo ». Sa fabrication ne laissait aux producteurs qu'un bénéfice très restreint ; il lui était acheté à un prix assez modique (5 à 8 roubles le poud), soit 0 fr. 82-1 fr. 30 le kilo. Son débouché presque unique était en effet la Russie et ce n'est

Coolie chinois de Transbaïkalie (Frontière sibéro-mongole).

Dans le « Miekovoï dvor » de Pétropaviovsk : Kirghises et Tatars.

que ces dernières années qu'il s'étendit au Caucase et à certains pays pauvres comme la Turquie et la Perse.

En 1899, il fut expédié par le Transsibérien 13.448 tonnes de beurre fondu.

Le chemin de fer Transsibérien, grâce auquel des expéditions rapides sont maintenant possibles à toutes époques, a donné naissance à la fabrication d'un produit de plus grande valeur susceptible d'être exporté sur des pays de grande consommation, celle du beurre frais et salé dont la production est en voie de devenir sous peu un élément des plus importants de la richesse des contrées sibériennes où elle se développe. C'est à cette qualité de beurre que s'appliquent les explications qui vont suivre.

L'industrie du beurre date en Sibérie de cinq à six ans ; elle doit le jour à l'initiative des étrangers. Ce sont des Danois qui, frappés du champ merveilleux qu'offraient à l'industrie laitière l'abondance des pâturages naturels de la Sibérie Occidentale, la richesse de son bétail, y apportèrent les premiers, les rails du chemin de fer à peine posés, leur matériel et leurs connaissances spéciales. Ils créèrent des beurreries et s'efforcèrent de répandre dans le pays les connaissances nécessaires à cette industrie. Leurs efforts furent couronnés de succès ; ils fabriquaient le beurre et achetaient pour l'exporter au loin celui produit par les beurreries avoisinantes. Moyennant de très fortes avances d'argent consenties aux producteurs, ils obtenaient ce beurre à très bas prix, ou même très souvent le prenaient à la commission en se réservant naturellement de fructueux courtages.

Les magnifiques bénéfices qu'ils réalisaient eurent vite fait de donner l'éveil en Russie et surtout à l'étranger. D'autres Danois, des Allemands, des Anglais et des Russes vinrent à leur tour fonder des comptoirs d'achats et installèrent des beurreries.

Le Gouvernement russe de son côté comprit à merveille les avantages que pouvait offrir au pays le développement de cette nouvelle industrie ; il résolut de l'aider et dans ce but envoya en Sibérie occidentale des instructeurs (instructeurs de l'industrie laitière) pour répandre par des conférences, des démonstrations, des brochures, des visites à domicile, etc., la connaissance de la fabrication du beurre. Ils sont assistés d'aides compétents, qui en séjournant tour à tour dans les différentes beurreries, améliorent les procédés de fabrication. Ils contribuent à la formation de syndicats « artels » de paysans qui trouvent dans l'association le moyen d'exploiter une beurrerie. Ces syndicats sont administrés par les « anciens » du village et la direction de la beurrerie est laissée aux soins de contre maîtres spéciaux. Le lait est fourni par tous les membres de la corporation et le beurre fabriqué est vendu le plus souvent par contrats annuels aux comptoirs étrangers établis à Kourgane, Omsk ou dans les autres villes.

Pour le moment, la production de ces « artels » ne représente encore qu'une faible partie de la production totale, mais la réussite de la plupart d'entre eux laisse présumer que l'exemple sera suivi et que la population des campagnes formera de ces sortes de groupements en nombre de plus en plus grand.

Les instructeurs gouvernementaux aident ces artels à tous moments, leur fournissent les contremaîtres convenables, leur donnent des conseils et les assistent parfois jusque dans la conclusion de leurs contrats de vente (1).

Les beurreries privées forment cependant la majorité.

A l'encontre de ce qui existe en France, la fabrication du beurre a en Sibérie un caractère franchement industriel; seul, le beurre fondu est encore fabriqué directement par le paysan. Le propriétaire de bêtes à cornes se contente de livrer tous les jours à un prix déterminé (2) le lait aux beurreries voisines (3).

Ces petites usines dont les appareils sont, suivant leur importance, mus à bras d'hommes, par la force animale, quelquefois même par la vapeur, transforment en moyenne de 10.000 à 30.000 pouds de lait par an, donnant ainsi 8 à 40 tonnes de beurre. A quoi tient le caractère presque exclusivement industriel qu'a pris cette fabrication? Sans doute à la nouveauté de cette industrie qui n'a encore pu se répandre dans la masse des populations paysannes; la raison en est aussi à ce que la fabrication du beurre chez les Danois, les initiateurs ici, ne ressemble en rien à ce qu'elle est chez nous; mais la cause principale se trouve dans la nonchalance, le défaut de soins et la malpropreté invétérés du paysan sibérien qui n'est pas apte à faire chez lui, de ses propres moyens, un produit qui exige propreté, délicatesse et attention.

C'est pourquoi les beurreries appartiennent, soit aux commissionnaires exportateurs, — ce sont en général les plus importantes et les mieux tenues, — soit à des particuliers négociants ou industriels; quelques-unes sont la propriété de prêtres (popes), d'associations de fonctionnaires.

Bien que pour la plupart construites en bois, elles sont souvent

(1) Leurs avis sont si appréciés que des demandes ont été adressées au Gouvernement pour qu'il augmente le nombre encore très restreint de ces utiles conseillers.

(2) Dans les rayons où l'industrie du beurre est déjà développée, le prix du lait atteint maintenant de 30 à 40 kopeks le poud; dans le district de Barnaoul moins exploité, ce prix ne dépasse guère 25-30 kopeks. En Russie, il est à Yaroslav de 25-40 kopeks, à Smolensk de 55-65 kopeks.

(3) L'ignorance et la crédulité du paysan furent assez longtemps exploitées par ceux qui, tirant leurs revenus des achats de beurre fondu, voyaient avec tristesse la défaveur dans laquelle était tombé ce produit; ils suggérèrent aux paysans de continuer les anciennes coutumes et de mettre en interdit les beurreries qui s'installaient auprès des villages; ils invoquaient pour y réussir nous ne savons quelle croyance superstitieuse qui défendrait de soumettre le lait à la torture des machines sous peine de nuire au bétail.

assez bien installées, munies de séparateurs centrifuges, de pasteurisateurs, de barattes oscillantes, de malaxeurs, etc..., de fabrication suédoise ou russe; elles disposent toutes de glacières.

L'extension qu'a prise la fabrication du beurre a causé une demande considérable de matériel pour beurrerie. Voici, par exemple, quelques appareils dont la vente s'effectue dans d'excellentes conditions; ces appareils sont importés et vendus par les mêmes comptoirs qui pratiquent l'achat du beurre :

Écrémeuses (séparateurs centrifuges); elles sont le plus souvent de fabrication suédoise ou danoise. Nous citerons :

Le séparateur Alpha n° 2, mû par chevaux, écrémant 1.800 litres de lait à l'heure, vendu franco-magasin Sibérie 600 roubles.

L'Alpha Poni, pour le même travail		330 roubles.
L'Alpha B., à la main, travail	340 litres	225 r. - 250 r.
Alpha N. (Baby) —	— 145 —	100 roubles
Alpha Baby —	— 145 —	145 —
Alpha Colibri-Omega.		
Germania (Flensburger Hand Centrifuge).		

Barattes. — Les plus employées sont celles de la marque Lefeldt (« Victoria », « Akmé »), sur axe horizontal avec battoirs, ou sur axe vertical, sans battoirs. Les barattes du Holstein et d'Amérique ont également un grand débit, de même que celles plus ordinaires qui proviennent de petits ateliers d'artisans russes.

Les *Malaxeurs*, mus à la main ou par la force animale, sont principalement de provenance suédoise et du type habituellement connu. L'industrie russe en fournit également un certain nombre, mais ils sont plus rudimentaires.

Pasteurisateurs. — Les appareils à pasteuriser le lait, système de Laval, sont aussi d'un grand débit.

Les ustensiles en fer étamé, boîtes à lait, pour une contenance de 5 vedros (60 litres) par exemple, sont fort demandés.

La méthode de fabrication la plus usitée est la méthode du Holstein : pasteurisation du lait, refroidissement et passage au séparateur, mise en ferment des crèmes, barattage, malaxage avec 4 0/0 de sel, mise en couleur.

Le beurre ainsi préparé se nomme beurre d'exportation (exportnoïe maslo). On l'enveloppe de papier parcheminé et on le met en tonneaux de 50 kilos qu'on entoure de sparterie. Placé dans des glacières ou des caves très froides, il peut conserver son bon goût pendant six semaines et jusqu'à deux mois.

En hiver, ou plutôt d'octobre à février, les vaches mal soignées et mal nourries donnent peu de lait; en outre, le marché russe paye, à cette époque, plus cher que l'étranger. On prépare alors, pour être expédiée à Moscou et à Pétersbourg, une variété de beurre appelée beurre parisien (Parijskoïé maslo) qui s'obtient avec des crèmes non fermentées et qui n'est pas salé.

La qualité des beurres sibériens est comparable à celle des beurres russes des gouvernements d'Iaroslav et de Vologda; elle est cependant plus irrégulière et laisse souvent à désirer; on reproche quelquefois à ces beurres d'être mal lavés, mal colorés, et d'avoir parfois une forte odeur ou un goût d'oignon très prononcé. Le beurre préparé l'hiver a souvent aussi une composition anormale. Les animaux sont, à cette époque, presque exclusivement nourris de foin et de paille auxquels on ajoute rarement de la farine ou des tourteaux. Cette nourriture influe sur le lait et le beurre qui en provient contient une proportion considérable d'acides gras solides, à tel point que des inspecteurs anglais refusèrent quelquefois d'admettre ces beurres sur le marché de Londres comme présentant un mélange de margarine. On remarque cependant une amélioration progressive dans la qualité des beurres sibériens et, bien qu'ils aient un caractère différent, on pourra bientôt les comparer aux beurres canadiens.

Les meilleures sortes sont préparées dans le rayon de Kourgane où cette fabrication a pris naissance et où la plupart des beurreries reçoivent deux fois par jour leur provision de lait.

Voici la liste des principales maisons qui s'occupent de l'achat des beurres sibériens :

Maisons danoises. — Pallisen, Esman, Holbeck, Cᶦᵉ Danoise d'exportation. Grosspétersen, M. Pétersen, John Matéisen.
Maisons russes. — Marioupolsky, Blandovy frères, Volkof, Sarof, Véréchtchagin, Théodore Ventin.
Maisons allemandes. — Becker, Iakobi, Seifert frères.
Maisons anglaises. — Fient, etc.....

La plupart de ces maisons dont le siège est à l'étranger ou bien à Pétersbourg et à Moscou, ont leurs agents à Kourgane et dans quelques autres villes, telles que Omsk, Pétropavlovsk, Tara, Tatarskaia, Barnaoul, etc...

Le beurre que ces comptoirs d'achats recevaient auparavant à la commission moyennant le paiement de fortes avances, est acheté maintenant soit aux cours du moment, soit le plus souvent par des contrats annuels; les acheteurs se coalisent fréquemment pour obtenir de meilleurs prix.

Les comptes s'établissent au poids net, sous déduction d'une livre par poud, soit 2 kilos 1/2 par 100 kilos; l'emballage à la charge du vendeur; les tonnelets en bois de hêtre qui le composent arrivent prêts à être montés d'Allemagne ou du Danemark; ils sont vendus à environ 0ʳ,85 rendus stations sibériennes. Ces tonneaux, de même que les ustensiles et appareils de beurrerie, le papier parcheminé et le sel, sont vendus par les comptoirs dont nous venons de parler.

A l'exception du beurre Parijskoïé dont l'importance est assez réduite et qui s'expédie en hiver sur la Russie en caisses de 2 pouds, le beurre sibérien préparé en été s'exporte à l'étranger pour la presque totalité. Son débouché le plus important est Copenhague qui, à lui seul, absorbe la moitié des envois. Les marchés de Londres et de Hambourg viennent ensuite; quelques expéditions se font aussi sur Manchester, sur Hull, Glasgow, Edimbourg, Newcastle. Les beurres les mieux préparés sont quelquefois expédiés à Copenhague sous l'étiquette de beurre danois et réexpédiés comme tels sur Londres ou sur Hambourg.

Les transports de Sibérie à l'étranger ont lieu ainsi : les beurres sont chargés aux stations du Transsibérien — ceux de Tara viennent par l'Irtych rejoindre la ligne à Omsk, ceux de l'Altaï descendent l'Obi jusqu'à son confluent avec la voie ferrée, à la station d'Obi — sur des wagons-glacières qui mettent en G. V. de 10 à 15 jours pour les conduire directement jusqu'aux ports de la Baltique. Deux trains hebdomadaires composés chacun de 24 wagons-glacières étaient mis en 1900 à la disposition des expéditeurs. Le nombre de ces trains est porté à 5 pour 1901. Les ports dans lesquels s'effectue le transbordement sur navires sont Pétersbourg, Riga et Revel, qui sont visités régulièrement par des vapeurs munis d'appareils frigorifiques pour les transports sur Copenhague, Londres, Hambourg; la durée du trajet par mer est de 4 à 8 jours, en moyenne 4 à 5 jours.

Le transport de Kourgane ou d'Omsk à Revel en G. V. coûte environ 1 r. 10 par poud de beurre net, soit 17 fr.90 par 100 kilos.

Les beaux herbages naturels donnent au lait sibérien une richesse remarquable en principes gras. On obtient un poud de beurre avec 21 pouds et demi de lait (moyenne d'hiver et d'été), tandis qu'en Finlande et en Suède, il en faudrait 24. L'industrie du beurre se trouve donc en Sibérie dans des conditions très avantageuses ; aussi a-t-elle fait des progrès étonnants. Limitée d'abord au district de Kourgane, elle s'est étendue bientôt dans les districts environnants. En 1899 et 1900, se sont élevées un grand nombre de nouvelles usines, et le chiffre des expéditions, de 174.500 pouds qu'il était en 1898, a passé à 314.000 pouds en 1899 et à 1.100.000 pouds (c'est-à-dire environ 18.000 tonnes) en 1900.

Au prix moyen de 10 roubles le poud, cette exportation représente déjà la somme considérable de 11 millions de roubles, soit 29.000.000 de francs. Les stations d'expéditions les plus importantes sont celles de Kourgane, d'Omsk, d'Obi, de Tatarskaïa, de Karatchi, de Chadrinskaïa, de Kaïnsk. Le rayon de Tomsk commence également à produire, mais en quantités encore assez minimes.

Quant aux prix auxquels se vend sur place le beurre de bonne qualité courante, bien que sujets à des variations, ils restent cependant dans la dépendance assez étroite des marchés de consommation Copenhague et Londres; ils se tiennent en été dans les limites de 9 à 11 roubles le poud sur stations de départ (1 fr. 47-1 fr. 79 le kilo). En hiver, ils s'élèvent naturellement et montent de 11 à 15 roubles (1 fr. 79 à 2 fr. 45 le kilo).

Peut-on attendre que ce développement rapide dans la production du beurre continue?

La Sibérie peut très avantageusement lutter avec la Russie elle-même pour ces productions. Le gouvernement d'Iaroslav par exemple où cette fabrication date de plus de 50 ans n'est pas susceptible à cet égard d'un même progrès.

Si la main-d'œuvre y est plus exercée, si les prix de transport jusqu'à la Baltique y sont moins élevés de moitié, le lait par contre y est moins gras, l'élevage moins développé, les pâturages moins abondants.

Les steppes de la Sibérie occidentale et des vallées de l'Altaï peuvent au contraire nourrir un bétail encore bien plus considérable que celui qui y vit actuellement. Le profit que le paysan trouve déjà à la vente du lait et des autres produits de son élevage ne peut moins faire que l'inciter, en lui en fournissant les moyens, à entretenir un troupeau plus nombreux.

Quand un peu d'instruction, élémentaire mais pratique, aura pénétré dans ces villages sibériens encore bien éloignés du monde, lorsque ces paysans, comprenant mieux leur intérêt, en seront devenus plus soucieux, songeront à mieux soigner, à mieux entretenir et à améliorer leur bétail, la production de lait deviendra plus importante. diminuera ainsi le prix de revient du beurre et lui assurera pour des quantités plus grandes, un plus large débouché en Europe. Les beurreries se multiplieront, s'établiront dans des rayons nouveaux que le développement et la transformation des services de navigation mettront en mesure de venir coopérer à la production commune.

Les immigrants combleront peu à peu les terres vides, viendront utiliser les pacages vacants et fournir un appoint considérable à cette production. Il est donc permis de penser que, sous peu d'années, le beurre formera un des revenus les plus importants de l'élevage sédentaire sibérien et contribuera pour une large part à l'alimentation européenne.

A l'heure où le grand débouché de nos beurres normands, l'Angleterre, semble nous échapper, n'est-il pas d'un précieux enseignement de signaler la naissance d'un nouveau pays producteur dont les progrès rapides semblent annoncer une redoutable concurrence. Si l'on songe que les produits sibériens mettent actuellement plus de journées à venir à Londres qu'il ne faut d'heures à nos produits français pour paraître sur le même marché, et que, malgré les distances énormes à franchir, ils parviennent déjà à lutter avec avantage, on ne peut s'empêcher de prévoir la situation difficile dans laquelle se trouveront nos beurres, si nous ne faisons rien pour y remédier, lorsque des transports plus rapides seront organisés entre la Sibérie et les pays consommateurs.

Fromages. — On peut dire que la fabrication des fromages n'est pas connue en Sibérie ; si les paysans préparent pour leur consommation ménagère quelques grossiers fromages frais, les fromages consommés dans les villes viennent de Russie, quelquefois de l'étranger, mais plus rarement en raison de leurs hauts prix. Cette consommation urbaine est assez faible et porte presque exclusivement sur les fromages genre gruyère et sur les backstein (sorte de fromage préparé dans les Provinces Baltiques). Nous connaissons en Sibérie une seule exploitation agricole qui se soit adjoint une fromagerie, c'est la ferme de Tchernoriétchié à 30 kilom. environ de Tioumène. Elle traite exclusivement le lait de son propre bétail (200 vaches environ) et le transforme en fromage de gruyère et de backstein ; malgré le magnifique débit qu'ont ses produits, son emplacement ne lui permet pas d'augmenter sa production, car les pâturages dont elle dispose sont assez restreints.

La fabrication des fromages, tout au moins de ceux dont la préparation est la moins compliquée, nous paraît avoir en Sibérie occidentale un avenir intéressant pour les mêmes raisons qui ont causé les succès de l'industrie du beurre. Le marché intérieur sibérien et russe leur sera ouvert à des conditions de prix très avantageuses, car la Russie importe des quantités considérables de fromages étrangers. Il ne nous semble même pas téméraire d'affirmer, à en juger par la facilité avec laquelle le beurre sibérien s'est introduit sur les marchés européens, que le moment pourra venir où les fromages sibériens pourront faire aux produits français, comme à ceux des autres pays producteurs, une importante concurrence.

Nous pourrions avoir intérêt à exploiter nous-mêmes de pareils éléments de succès et au lieu d'attendre l'intervention d'autres étrangers, tirer parti de notre supériorité dans cette fabrication en l'introduisant nous-mêmes en Sibérie.

Produits de la dépouille.

Les produits de la dépouille forment une part importante des ressources qu'offre l'élevage à l'économie sibérienne. Au premier rang de ces produits viennent les cuirs et les peaux.

Cuirs et peaux. — Les expéditions de cuirs bruts faites par le Transsibérien furent en 1899 de . . . . 222.664 pouds.
par le Perm-Tioumène . . . . 250.000 p. environ
dont les 2/3 environ allèrent en Russie ou à l'étranger.

Ces cuirs proviennent en grande majorité de la Sibérie occidentale.

Cuirs de bœufs et de vaches. — En été, ils sont expédiés séchés. Le séchage a lieu en plein air; les peaux sont placées sur des étendoirs, tendues à l'aide de petites fiches de bois pointues qui les empêchent en séchant de se contracter. En hiver, elles sont conservées gelées.

Ces cuirs pèsent secs de 25 à 35 livres russes, gelés de 1 poud 5 livres de 1 poud 30 livres. Ils se vendent généralement à la pièce sans assortiment et sans indication de poids; leur prix moyen est de 4 à 5 r. 50 la pièce. La taille relativement faible du bétail sibérien est cause de la faible valeur de ces cuirs; ils sont cependant assez bien dépecés. Leur petitesse, leur inégalité et leur non-assortiment ont fait qu'ils n'ont guère pu jusqu'à présent dépasser le marché russe qui est aujourd'hui leur principal débouché. Les tentatives faites pour exporter ces cuirs à l'étranger sont restées jusqu'à présent isolées. Les peaux provenant de beau bétail sont très-recherchées et valent jusqu'à 8 roubles et plus la pièce.

C'est dans les foires périodiques que se rassemblent ces marchandises; les principales foires où se concentrent les lots de cuirs sont en hiver, celle d'Ichim, en décembre, où ils sont achetés par petites parties pour aller ensuite à Irbit, en février, où on les traite par lots importants.

En été, les tanneurs sibériens se réunissent à Tioumène (juillet) pour faire leurs achats, tandis que les peaux destinées au marché russe s'expédient à Nijni-Novgorod pour la grande foire de juillet-août (1).

Jusqu'à présent, les peaux de bœufs et de vaches ont toujours été

(1) La création du chemin de fer enlevant au commerce son caractère de périodicité pour répartir les échanges sur toute la durée de l'année, a favorisé la concentration du commerce des cuirs à Kourgane et à Pétropavlovsk qui tendent, cette dernière ville surtout, à devenir les grands entrepôts des cuirs sibériens. De 1893 à 1899, le chiffre des cuirs de bœufs et de vaches amenés à Pétropavlovsk a passé de 82.000 à 140.000 pièces. C'est dans le caravansérail de cette ville (Mienovoi dvor) que se concentrent ces arrivages.

expédiées sèches ou gelées ; il semble que l'on se préoccupe actuellement de moyens de conservation plus commodes et l'on a tenté déjà
quelques essais de salage. L'abondance et le bon marché du sel dans
le bassin de l'Irtych paraissent devoir faciliter beaucoup l'emploi de
cet agent conservateur.

Peaux de chevaux. — Elles sont très abondantes, notamment dans
les territoires kirghises. Les peaux kirghises sont malheureusement
très mal depecées. Le poids habituel de ces peaux, qui s'expédient
presque exclusivement à l'état sec, est de 18 à 20 livres ; leur prix
varie entre 3 et 4 fr. 50 la pièce. Le centre principal du commerce
des cuirs de chevaux est Pétropavlovsk où il se trouve chaque année
de 170.000 à 180.000 pièces.

La Russie et surtout les gouvernements polonais absorbent la
grande majorité de ces peaux. La seule ville de Bielostock en reçoit
annuellement par fer de 60 à 70.000 pièces. Une certaine quantité va
à l'étranger, notamment par le port de Revel.

Peaux de moutons et de chèvres. — Elles représentent une frac-
tion importante des expéditions sibériennes en Russie et à l'étranger.
En 1899, il en fut expédié par le Transsibérien. . . . 214.000 pouds ;
par le chemin de fer ouralien, approximativement. . 130.000 —

Les plus petites et les plus minces des peaux de moutons et d'a-
gneaux se réunissent en été aux prix de 0 r. 40 à 0 r. 55 la pièce et
s'expédient sur l'étranger, à Vienne par exemple ; les ports de Libau,
de Revel, de Pétersbourg en reçoivent une certaine quantité. Celles
qui sont plus grosses et plus lourdes, provenant d'animaux tués en
automne, s'expédient à Tioumène, à Tomsk et sur la Russie ; elles
valent de 0 r. 75 à 1 r. 10 ; elles sont préparées dans les usines du versant européen de l'Oural (gouvernement de Perm) et transformées
en grossières pelisses (touloupes) et autres vêtements fourrés, gants
d'hiver, etc... ; Pétropavlovsk expédie annuellement près d'un million
de peaux de moutons.

La peau d'agneau mort « merlouchka », de couleur rouge généralement, qui se vend à Pétropavlovsk de 0 r. 25 à 0 r. 35 la pièce,
vient principalement d'Asie centrale (Tachkent, Tokmak, etc.) ; le
transport par chameaux jusqu'à Pétropavlovsk dure environ deux
mois et ne coûte que 67-75 kopeks par poud.

Les peaux de chèvres proviennent principalement des territoires
kirghises et du Semirietchié ; le point de rassemblement et le marché de ces peaux est à Pétropavlovsk que viennent visiter chaque
année des commissionnaires de Kazan et des acheteurs étrangers,
notamment de Paris, de Leipsik et d'Amérique.

La ville de Semipalatinsk tient également une place importante
dans le trafic des peaux de chèvres. Des acheteurs de gros font visi-

ter régulièrement ce marché ou bien y ont des agents ; nous citerons Ludwig Lévy de Moscou, Zalm de Kazan, Hermann et Kilb de Kazan, etc...

Les chèvres, blanches et noires, sont divisées en petites, moyennes et grosses ; les commissionnaires les assortissent ensuite, suivant leur grosseur et leur qualité, en dix sortes et plus. Les plus grosses pesant 11 à 14 pouds le 100 se vendent 1 r. 20 à 1 r. 50 la pièce ; les petites (de 3 à 6 pouds) et les moyennes (6 à 8 pouds) se vendent environ 1 rouble.

Les sortes les plus réputées sont celles qui proviennent du district de Pétropavlovsk et d'Akmolinsk ; plus au sud, elles sont moins souples et plus sèches. Elles sont expédiées à l'état sec et naphtalinisées.

Les arrivages de chèvres à Pétropavlovsk sont en progrès constants. De 307.000 pièces en 1893 ils ont passé à 403.000 en 1899. L'exportation de ces peaux a lieu par Revel, Odessa et surtout par Libau.

LAINES. — La qualité des laines de Sibérie (djébaga), sèches et grossières, restreint leur débouché qui est la Sibérie elle-même et le bassin de la Volga.

C'est le bassin de l'Irtych qui fournit le plus de laines et c'est par le fleuve lui-même qu'arrivent la majorité des envois des territoires kirghises, du Semiriétchié et de la Dzoungarie. Les expéditions destinées au rayon industriel de Tioumène, venant par eau, il est impossible d'en fixer l'importance exacte. Quant aux expéditions faites par le Transsibérien, et dont les 4/5mes sont destinés à la Russie orientale, elles atteignent seulement le chiffre de 225.000 pouds (1899). C'est encore Pétropavlovsk qui tient la tête comme station expéditrice suivie ensuite d'Omsk.

La laine s'enlève deux fois l'an : au printemps, elle se détache presque seule, elle est alors longue et rude ; en été, on rase le mouton qui donne alors une laine plus courte et plus fine. Cette laine est grossière cependant, et ne convient guère que pour les draps de basse qualité. Celle qui provient des districts sud est de qualité supérieure et pour cela fort recherchée des industriels sibériens.

Des lavages à l'eau chaude et à la soude ou simplement à l'eau courante se font à Semipalatinsk, à Zaïçansk, de même qu'à Kouldja, à Tchougoutchak en Dzoungarie. Le suint, peu abondant, est toujours perdu. La laine lavée revient de 6 à 7 roubles le poud à Pétropavlovsk.

Les formes primitives de l'élevage sibérien empêcheront longtemps encore les laines kirghises de se produire sur les marchés européens (1).

(1) Les laines de Mongolie (Dzoungarie, territoire de Kobdo, d'Ouliassoutaï, d'Ourga) sont de qualités supérieures ; elles eurent longtemps pour principal débouché la Sibérie et la Russie. La difficulté des communications par la route de la Tchouïa (Kobdo-Biisk)

POILS DE CHAMEAUX. — Les cuirs de chameaux ne présentent pas, tant sous le rapport de la qualité que sous celui de la quantité, un bien grand intérêt. Ils sont utilisés par les nomades, Kirghises ou Mongols, et une faible partie seulement va sur les marchés de Nijni ou de Moscou; ils valent en Sibérie environ 4 r.50 le poud.

Les poils de chameaux au contraire semblent être l'objet d'un trafic plus important. La statistique nous en échappe actuellement; nous savons cependant qu'une certaine quantité de poils de chameaux provenant soit des steppes kirghises, soit de Dzoungarie, soit des territoires mongols de Kobdo, d'Ouliasoutaï, ou d'Ourga viennent à la vente à Semipalatinsk, Pétropavlovsk, à Biisk et Kiakhta pour être réexpédiés ensuite en Russie et en Angleterre. On emploie les poils de la crête du dos pour la fabrication des courroies (fabrique Reddaway à Moscou); la laine des autres parties du corps, très fine et très longue, sert à la fabrication de châles et de couvertures. On ne prépare plus guère en effet de ouate faite en laine de chameaux. Les achats se font au printemps au moment où le chameau perd ses poils. Les sortes les plus fines proviennent de Kobdo et arrivent à Biisk où elles valent en moyenne 6 r. 25 le poud. Les provenances de Semipalatinsk se traitent de 4 à 4 r. 50 à Semipalatinsk et de 5 à 5 r. 50 à Pétropavlovsk. L'exportation s'en fait par Revel et les autres ports de la Baltique. Ce transport s'effectue par fer et coûte environ 1 rouble.

L'apparition de la concurrence anglaise qui se traduit par l'envoi d'agents acheteurs en Mongolie semble menacer gravement les acheteurs sibériens. Les consulats russes de Mongolie constatent le danger et demandent qu'il soit pris des mesures de nature à l'enrayer.

CRINS. — Les districts kirghises expédient une quantité considérable de crins et de queues de cheval. Les provenances les meilleures sont celles des districts d'Akmolinsk et de Pétropavlovsk. C'est à Pétropavlovsk de même qu'à Irbit et à Tioumène que se concentrent ces marchandises. On distingue deux qualités : la qualité ordinaire provenant de l'élevage russe, et la qualité des steppes provenant de l'élevage nomade. Les crinières valent en moyenne de 7 à 10 roubles, les queues de 23 à 33 roubles le poud. Elles sont brutes et non assorties; on se contente de les laver très légèrement; leur couleur est généralement noire. Ces crins bruts sont expédiés en Russie où ils sont lavés et assortis, puis pour partie exportés en Allemagne ou en Angleterre. Une partie s'expédie brute par les ports de la Baltique et par la frontière russo-allemande.

et par les autres passages de Mongolie en Sibérie a favorisé la concurrence des acheteurs anglais et américains qui ont établi à Ourga et à Ouliasoutaï des agents chinois qui achètent des Mongols les laines de moutons et de chameaux pour les expédier en Europe par la Chine ou les transformer dans les usines chinoises. La quantité des laines mongoles importées en Sibérie diminue donc chaque année.

SOIES DE PORCS. — Les soies de Sibérie proviennent exclusivement des rayons agricoles : Chadrinsk, Tioumène, Ichim, Ialoutorovsk, Tara, Kamychlof, Kourgane, Barnaoul, etc.; ces soies et notamment les « Okatka », soies de la crête du dos, blanches, longues, dures et épaisses, sont très réputées sur les marchés européens. Elles sont achetées brutes dans les foires du sud du gouvernement de Tobolsk; leur valeur, très variable suivant la longueur et la dureté, est de 25 à 200 roubles crédit (1) le poud; elles sont expédiées ensuite en Russie où des villages entiers font l'assortiment de ces marchandises (Oustioug par exemple dans le gouvernement de Vologda); elles sont ensuite envoyées à Pétersbourg et exportées par les commissionnaires allemands qui ont pour ainsi dire monopolisé ce commerce. Une partie de ces soies s'expédie aussi non assorties sur l'Allemagne et notamment à Leipsik.

AUTRES PRODUITS DE LA DÉPOUILLE. — Quant aux autres produits de la dépouille, partie d'entre eux sont employés sur place; d'autres, tels que les pieds, etc., restent sans utilisation; d'autres enfin sont expédiés à l'étranger.

Les *boyaux* sont lavés à l'eau courante, salés et expédiés de Semipalatinsk, de Kourgane, de Pétropavlovsk, de Tomsk, etc., à Vienne et à Berlin; ils valent environ 1 r.60 à 1 r. 70 à Pétropavlovsk la pièce.

Berlin par exemple en a reçu en 1899 environ 380.000 pièces.

Les *cornes*, longues mais minces et étroites, restent souvent perdues; elles se vendent quelquefois au prix d'un rouble les 100 pièces.

Les *os* sont jetés la plupart du temps et dans quelques villes seulement sont utilisés.

VOLAILLE. — La volaille est abondante en Sibérie occidentale et notamment dans le district de Chadrinsk. L'exportation de la volaille tuée a commencé en 1898 et tend à augmenter. La création de trains directs, à destination de Moscou et de Pétersbourg, trains réguliers et munis de wagons-glacières permettant les transports en toutes saisons, va assurer à cette production un débouché régulier et l'augmenter par suite considérablement. Ces expéditions de volaille s'effectuent actuellement sur la Russie seulement. Peut-être ces volailles pourront-elles par la suite viser le marché européen. Cela tiendra à l'amélioration des qualités et à l'organisation rapide des transports.

Les points d'expéditions sont les stations du Transsibérien situées entre Tchélabinsk et Tomsk, surtout Michkino et Pétropavlovsk.

(1) Pour les transactions qui ont pour objet des soies de porcs, on compte en Russie non en roubles-crédit, mais en roubles-assignats dont il faut 3 1/2 pour équivaloir à 1 rouble.

Plumes de volaille et duvet. — Ces volailles (oies et poulets) four-nissent aux éleveurs des plumes qui s'expédient en Russie, à Kazan principalement à l'état brut. Ces plumes se vendent de 10 à 12 roubles le poud; le duvet de 25 à 30 roubles.

Œufs. — L'exportation des œufs est à son début en Sibérie. En 1898, le Transsibérien transportait 73.000 pouds d'œufs; ce chiffre montait en 1899 à 130.000 pouds dont la presque totalité était dirigée sur la Russie pour y être réexportée par les ports de la Baltique et notamment par Pétersbourg. C'est le chemin de fer qui a fait naître ce courant nouveau d'échanges entre la Sibérie et l'Europe. L'exem-ple de la Russie fait prévoir qu'en Sibérie occidentale où les pou-laillers sont nombreux, l'exportation des œufs prendra une considé-rable extension. La diminution des retards, la création d'expéditions directes à destination des ports de la Baltique, analogues à celles qui existent pour les beurres, feront beaucoup pour développer cette exportation et augmenter par suite les ressources du paysan sibé-rien.

Les expéditions jusqu'à présent ont lieu presque exclusivement des stations du chemin de fer situées entre Tchélabinsk et Pétro-pavlovsk. Kourgane, grâce à la présence des agents étrangers qui y achètent le beurre et le gibier, tient la tête comme station d'expédi-tion et envoie à elle seule la moitié des œufs exportés de Sibérie. Vient ensuite Michkino, station qui dessert le rayon de Chadrinsk, puis enfin Pétropavlovsk.

En Sibérie comme en Russie, les œufs sont soit apportés au marché par les éleveurs, soit rassemblés par de petits acheteurs, des Tatars surtout, qui parcourent les villages. Ils sont ensuite grossièrement assortis en deux catégories suivant leur volume; ils sont générale-ment sales et plutôt petits, pesant en moyenne 14 livres le 100. On les emballe avec de la paille ou de la sciure de bois dans des caisses de sapin qui contiennent 1.440 œufs. On les expédie enfin par wa-gons de 100 à 104 caisses. Le transport de ces œufs des stations sibériennes à Pétersbourg coûte environ 0 r. 60 le poud en grande vitesse et dure de 12 jours à 3 semaines.

Les œufs sibériens se vendent à Londres comme œufs russes. Les prix dans les villages ou dans les marchés varient de 0 r. 50 à 1 r. 25 le 100. Il n'est pas exporté de jaunes d'œufs; on ne prépare pas d'albumine.

APICULTURE. — L'apiculture est assez développée dans les districts de la Sibérie occidentale peuplés par les Russes; elle n'a cependant de réelle importance que dans les districts méridionaux et surtout dans l'Altaï (Biisk, Barnaoul, Oust-Kamenogorsk, etc.). Le miel et la cire sont pour les 2/3 consommés en Sibérie même. Le restant est expédié en Russie. Cette production ne représente pour le Transsibérien que 26.000 pouds annuels environ. Les hauts prix payés pour la cire en Russie en raison de son emploi religieux, la cherté et la rareté des bons miels en font des produits de consommation purement locale et peu intéressants pour l'étranger.

Malgré les efforts des agronomes officiels et des agents du Cabinet Impérial dans l'Altaï, l'apiculture ne paraît pas du reste faire de progrès bien sensibles.

V. — FORÊTS.

Si l'on en excepte les plaines marécageuses du nord, les rayons agricoles de l'ouest et les steppes kirghises, la Sibérie de l'Oural au Pacifique est couverte de forêts.

Au sud du 65-66° latitude nord commence la zone des forêts de haute futaie (Ourmanes et Taïgas), forêts compactes qui ne s'éclaircissent qu'à l'approche des rayons habités.

En Sibérie centrale, cette zone couvre tout le pays, s'étendant au sud jusqu'aux frontières chinoises.

Tout le long de la voie du Transsibérien, entre l'Obi et le Baïkal, à part quelques rayons agricoles de peu de profondeur, ce ne sont que forêts de pins, de sapins, de cèdres et de mélèzes, « taïgas » sans limites coupées de torrents dans le lit desquels on va chercher l'or, taïgas impénétrables aux arbres serrés interceptant les rayons du soleil, au sol traître, couvert de hautes herbes cachant des marécages, jonché de troncs pourrissant et qui donne l'impression d'une terre en fermentation, en gestation d'humus, de tourbe et de houille.

Souvent, pendant des mois, l'incendie y règne en maître, allumé par des paysans, par des vagabonds ou des forçats en rupture de ban; la fumée de l'immense brasier s'étend à des centaines de kilomètres à la ronde. La taïga est alors sinistre et lamentable : plus de chants d'oiseau, les animaux ont fui, les grands arbres noircis presque jusqu'au sommet sont des fantômes agitant leurs longs bras souillés de suie; ils craquent avec un bruit sinistre, puis s'abattent lourdement entraînant dans leur chute leurs voisins qui vont s'ensevelir, nouveaux cadavres, dans la pourriture environnante.

Dans les districts agricoles de la Sibérie occidentale, les forêts perdent leur caractère de hautes futaies compactes et serrées; ce ne sont plus des taïgas, mais de petits bois de bouleaux malingres et tordus dont la blancheur se détache assez agréablement pour l'œil de la terre noire qui les porte. Ces petits bois sont dispersés entre les terres labourées et y forment avec les clairières comme les cases d'un gigantesque échiquier.

Dans la steppe kirghise, la plaine unie comme la mer, les bouquets d'arbres disparaissent complètement et l'on ne voit plus leurs dentelures vertes ou noires déchirer l'horizon immense et monotone. Dans les steppes altaïennes, les bois sont rares aussi ou sont alors de peu d'étendue.

Les essences ligneuses les plus abondantes en Sibérie sont celles à feuilles aciculaires. Dans toute la zone de hautes futaies on ne rencontre guère en effet que les pins, les sapins, les sapins blancs, les mélèzes et les cèdres (*pinus cembra*). Dans les districts agricoles du gouvernement de Tobolsk, ce sont les bouleaux qui dominent avec les trembles; dans les oasis des steppes kirghises, on trouve aussi quelquefois les saules.

Les immenses forêts sibériennes représentent évidemment une valeur considérable. Dans les districts agricoles qui avoisinent la steppe kirghise, la fertilité du sol serait compromise par la sécheresse si les forêts étaient absentes. Dans les montagnes de l'Altaï, dans les monts Sayanes et sur leurs contreforts, les forêts sont les régulateurs du régime des eaux.

Jusqu'à ces dernières années pourtant, le Sibérien considéra souvent la taïga comme l'ennemi. L'obstacle qu'elle apporte à l'évaporation du sol, les animaux dangereux et les insectes qu'elle renferme, rendent près d'elle la vie difficile. La taïga est en effet le domaine des moustiques. Leurs essaims avides y poursuivent intolérablement hommes et animaux. Aux alentours de la forêt, on ne peut sortir en été sans un masque et des gants protecteurs.

Le bois ne semblait donc jusqu'à présent n'avoir pour valeur que le travail nécessaire pour l'abattre, le débiter et le transporter. Le colon n'en était pas ménager; après s'être réservé les quantités qui lui étaient nécessaires pour construire sa cabane, il faisait tout autour place nette par le feu et dévastait ainsi d'immenses surfaces boisées.

Avec la colonisation intensive, avec le chemin de fer et la naissance d'industries, la destruction des forêts devenait un danger; il fallait les préserver. On a édicté des règlements, et organisé un corps de forestiers pour en surveiller l'application. Ces forêts qui étaient auparavant la jouissance de qui voulait aller y couper le bois, sont maintenant recensées, divisées en « datchas », sortes de domaines pour chacun desquels la coupe des arbres est limitée et soumise à des taxes.

Les forêts sont maintenant préservées de l'extermination. Quel parti va-t-on tirer de leur exploitation?

La construction des maisons (1) que l'incendie ravage en moyenne

(1) Les habitations sibériennes, même dans les villes, sont, à de très rares exceptions près, toutes bâties en bois; les arbres, égalisés et écorcés, sont superposés horizontalement

Dans la « TAIGA », près d'Irkoutsk.

Bûcheron dans la « TAIGA ».

tous les quinze ou vingt ans, absorbe une quantité considérable de bois de construction. Quant au chauffage domestique, dans un pays où l'hiver est si long et si rude, il est aussi la cause d'une énorme consommation de bois à brûler. Les industries diverses emploient aussi le bois; le transsibérien et les bateaux à vapeur l'utilisent comme combustible, pour les traverses, les poteaux, la construction des péniches, etc...; les fonderies de fonte ou de cuivre pour l'alimentation de leurs fourneaux, les industries mécaniques pour celle de leurs générateurs, les mines de houille pour le boisement des galeries, etc.

Cette consommation est déjà importante en Sibérie occidentale où les forêts sont moins profondes et où la population est plus dense; elle augmente dans de notables proportions ce qui se traduit par une hausse des prix du bois. Elle paraîtra cependant bien faible si on la compare à l'étendue prodigieuse des hautes futaies, qui, au nord et à l'est, sont encore inexploitées. L'administration russe semble se rendre compte qu'on ne tire pas un parti suffisant de ces richesses forestières et elle a récemment chargé des spécialistes du soin de rechercher les moyens qui permettraient d'utiliser avantageusement les forêts sibériennes.

Avec le développement naturel du pays et la création en Sibérie d'industries employant le bois comme matière première (pâtes de bois, cellulose et papier, menuiserie-ébénisterie, produits chimiques dérivés du bois), l'utilisation s'en fera évidemment de mieux en mieux.

Cet avenir est cependant encore lointain. Notre sentiment est que la Sibérie pourrait, dès à présent, faire bénéficier d'autres pays de ce superflu de richesses en exportant ses bois.

Le débouché de la Chine septentrionale semble ouvert aux bois de construction que peuvent fournir en abondance les provinces sibériennes de l'Amour. Pour les contrées forestières de la Sibérie centrale, le débouché européen lui-même nous paraît pouvoir être atteint. L'exportation des bois sibériens peut, à notre avis, se faire par la voie maritime du Nord. Les bois des hautes futaies vierges du moyen Yénisséï et de ses affluents, vu leurs prix pour ainsi dire nuls sur place et leurs remarquables facilités d'exploitation, paraissent parfaitement aptes à concourir en Europe avec ceux qui descendent par la Dvina septentrionale pour être exportés par Arkhangel, avec ceux qui sont expédiés par la Petchora.

Voici, pour fixer les idées, les conditions auxquelles on peut obtenir de l'Administration des Domaines des coupes d'arbres situées sur l'Yénisséï et sur certains de ses affluents flottables : arbres con-

---

sur le sol; en général, de la ouate de bois, des herbes ou des mousses sèches garnissent les interstices entre chacun des troncs d'arbres. Le toit lui-même est fait de planches.

venant pour bois de construction, longs jusqu'à 8ᵐ,50, pins, sapins, cèdres ou mélèzes de diamètre quelconque : 49 kopeks la pièce ; si ces arbres dépassent 8ᵐ,50, le surplus à payer par archine au-dessus de cette longueur... 4 et 6 kopeks ; on peut compter en moyenne pour un diamètre de 12 à 18 pouces un prix de revient de 1 à 1 1/2 kopek par pied cubique.

Des calculs faits pour une Société qui aurait l'intention de se livrer au sciage et à l'exportation des bois de l'Yénisséï moyen, calculs basés sur des essais déjà effectués et compris pour un travail de 2.000.000 de pieds cubiques par an, permettent d'établir approximativement comme suit le prix de revient à Londres de bois en poutrelles et en planches provenant du moyen Yénisséï et de ses affluents, la Kane, l'Angara, etc., et exportés par la voie maritime du Nord.

Au pied cubique

Taxe payée à l'Administration....................	1 k. à 1 1/2 k.
Abatage, transport au fleuve et flottage à la scierie (Yénisséïsk).... 60 roubles le 100 d'arbres......	1 1/2 k.
Sciage (une scierie coûtant 150.000 roubles de premier établissement et 30.000 roubles de frais et d'amortissements annuels).....................	1 1/2 k.
Transport de la scierie aux îles Brioukhovsky (embouchure de l'Yénisséï) par un vapeur qui trouverait à la remonte à 10 kopeks le poud un fret abondant en poissons du bas fleuve. — Demi-déchargement sur vapeur maritime compris....	1 1/2 k.
Fret des îles à Londres.........................	20 k.
Assurance.....................................	5 k.
Administration................................	1 1/2 k.
Frais imprévus................................	8 k.
Au total......................	40 kopeks.

Soit 60 roubles ou environ 130 schellings le standard, prix auquel la concurrence semble possible et avantageuse.

Il pourrait en être de même pour les beaux bois de construction de l'Oural septentrional qui descendent dans le bassin de l'Obi par la Tavda, des bois magnifiques des bords de la Tchoulym, etc.

Quant à la qualité des bois sibériens, elle est naturellement fort variable ; les bouleaux de la région agricole de la Sibérie occidentale sont maigres et ne peuvent guère fournir de beaux bois de construction. Quant aux espèces résineuses de la zone des hautes futaies, elles sont de bonne qualité dans les régions élevées, sur les collines et les montagnes ; dans les « Ourmanes » où le pied des arbres est inondé pendant toute la période de végétation, elles laissent beaucoup à désirer comme conservation et comme solidité. Les arbres sont alors humides, lourds et faibles ; ils ont quelquefois le cœur pourri ou creux, surtout les sapins blancs ; dans les terrains où l'écoulement des eaux se fait mieux au contraire, les arbres et notamment les cèdres et les mélèzes sont magnifiques ; hauts quelquefois de 15 à 17 mètres, forts et droits, ils fournissent un bois d'une exceptionnelle qualité.

Voici pour terminer quelques renseignements concernant les prix auxquels l'Administration des Domaines met en vente des coupes de bois pour le chauffage :

Domaines du gouvernement de Tomsk, par sagène cubique :

Bouleaux...........................	0r,90 à 3r,70
Pins et cèdres...........................	0r,80 à 3r,40
Sapins et sapins blancs.................	0r,70 à 2r,70
Trembles et autres essences.............	0r,70 à 2r,60

Quant aux prix des bois de chauffage, coupés et transportés dans les principales villes traversées par le Transsibérien, ils diminuent à mesure qu'on se dirige vers l'est.

On compte en général, de Tchélabinsk à Omsk...........	12-20 roubles	
—	d'Omsk à Tomsk..................	10-15 —
—	de Tomsk à Irkoutsk..............	4- 9 —

Noix de cèdres. — La cueillette des noix de cèdres, en Sibérie centrale principalement, vient ajouter aux ressources des paysans qui vivent aux alentours de la taïga.

La pomme du cèdre sibérien renferme en effet des noisettes dont le goût est très apprécié en Sibérie et en Russie. On les grignote en famille, en société, pour s'éviter la fatigue de parler ; c'est pourquoi on les appelle « la conversation sibérienne » (sibirsky rasgavor).

La noix de cèdre croit en deux ans ; les récoltes en sont fort irrégulières. Suivant la cueillette, les prix varient de 4 à 5 r. 50 le poud.

Le Transsibérien a transporté en 1899, 135.000 pouds de noix de cèdres dont les 4/5mes étaient destinés à la Russie, surtout à la région ouralienne, et dont une minime quantité fut exportée à l'étranger. Ces expéditions proviennent principalement des stations de la Sibérie centrale : Obi, Atchinsk, Krasnoïarsk, Zaozernaïa, Kansk, etc.

VI. — CHASSE ET PÊCHE.

Chasse.

LA chasse aux animaux à fourrures fut longtemps la seule industrie par laquelle la Sibérie révéla au monde son existence. L'immensité des forêts sibériennes récèle en effet tout un monde d'animaux
qui doivent à la rigueur du climat une fourrure de merveilleuse
qualité.

Ces fourrures sont depuis de longues décades connues en Europe
où leur qualité est estimée au plus haut prix.

La chasse aux animaux à fourrures était autrefois générale dans
toute la Sibérie ; de l'ouest à l'est, les rares habitants du pays, nomades ou déportés, s'y livraient et la vente des fourrures formait la
principale ressource de leur existence. Mais les colons sont arrivés,
défrichant par la hache et par le feu ; les clairières se sont multi-
pliées et les animaux ont fui devant le soc du laboureur en marche
continue vers les hautes futaies. La Sibérie occidentale fournit donc
maintenant peu d'animaux à fourrures ; cette diminution s'est fait
aussi sentir en Sibérie centrale. Notre étude ayant surtout pour
objet ces deux contrées dans leur transformation économique actuelle, nous parlerons brièvement de cette branche d'industrie
que la colonisation intense des territoires compris entre l'Oural et le
Baïkal tend à réduire de plus en plus.

La Sibérie orientale, le bassin de la Léna notamment, est le véritable fournisseur des plus nombreuses et des plus riches fourrures.
Restant, par les conditions défavorables qu'elle offre à la colonisation agricole et pastorale, en dehors de l'évolution qu'a amenée le
chemin de fer, cette vaste contrée approvisionnera encore longtemps
l'Europe en fourrures.

Actuellement, en Sibérie occidentale, c'est seulement dans les
hautes futaies, les ourmanes et dans les toundras que se pratique
la chasse aux animaux à fourrures ; c'est avec la pêche l'occupation
habituelle des nomades du nord, les Ostiaks. En Sibérie centrale,
plus froide et plus riche en forêts, les territoires de chasse s'étendent plus au sud et en hiver, non seulement les Toungouses, mais
aussi les paysans s'enfoncent dans la forêt pour y poursuivre re-

nards, zibelines et autres animaux. Cette chasse a lieu quelquefois
au fusil, mais le plus souvent au piège.

C'est à la foire d'Irbit, en février, que se tient le grand marché des
fourrures; les fourrures achetées par petits lots dans les foires
locales des différents gouvernements sont groupées à Irbit en fortes
parties et vendues en gros à des acheteurs de Russie ou à des commissionnaires étrangers. Les prix cotés à Irbit s'entendent pour
marchandises brutes et non assorties.

Écureuils. — Les animaux à fourrures qui se rencontrent le plus
fréquemment sont l'écureuil, petit gris. Ils se trouvent en effet
partout dans les forêts d'arbres résineux et sont d'autant plus nombreux que la récolte des pommes de pin ou de cèdre dont ils se
nourrissent est plus abondante.

Les paysans des régions forestières se livrent très fréquemment à
cette chasse.

On estime qu'il se tue annuellement en Sibérie de 4.000.000 à
5.500.000 écureuils, dont 2.000.000 proviennent du bassin de l'Yénisséï et 1.000.000 du bassin de l'Obi.

Les petits gris les plus estimés proviennent des rayons de hautes
futaies où abondent les cèdres. Leur fourrure est alors plus épaisse;
le poil en est plus fin, plus serré et plus égal.

Suivant leur couleur, leur qualité, et leur rayon d'origine, les
petits gris sont traités à Irbit à des prix variant entre 12 et 30 kopeks la pièce (12-20 kopeks pour les sortes sombres); les lots sont
composés de peaux avec ou sans queues et la proportion des peaux
dont la queue n'a pas été coupée influe sur le prix.

Les queues de petits-gris sont en effet très demandées sur les
marchés européens et il est souvent avantageux de les couper et de
les vendre séparément; on les utilise pour les pinceaux ou mieux
on les teint pour en fabriquer des boas; elles servent encore comme
imitation de queues de zibeline; elles se vendent au poids, à raison
de 150 à 300 roubles le poud.

Renards. — Ils sont très abondants et se trouvent aussi bien dans
les districts steppiens que dans les régions forestières; il en est envoyé annuellement 15 à 20.000 pièces à Irbit; le renard des steppes
est blanc, fauve ou roux; il est chassé par les Kirghises au moyen
de faucons; c'est le renard dit « corsac »; sa fourrure est douce,
épaisse et très chaude.

Le renard des provinces orientales, d'Iakoutsk par exemple, souvent
brun et noir, est parmi les sortes sibériennes la plus recherchée. Sa
dépouille atteint parfois des prix véritablement fabuleux.

Les peaux de renard envoyés à Irbit valent pour les nuances claires
ou rouges (renards des steppes) de 4 à 10 roubles la paire; les pro-

'venances du gouvernement de Tomsk et les sortes ordinaires de Sibérie orientale valent de 12 à 15 roubles la paire; quant aux beaux renards noirs (renards argentés) hors série, certains exemplaires exceptionnels s'en sont payés jusqu'à 4.000 roubles la pièce.

Zibelines. — La zibeline de Sibérie est la plus estimée de toutes les zibelines; vu sa haute valeur, elle forme la dépouille la plus recherchée du marché d'Irbit qui en reçoit chaque année 30 à 40.000 pièces.

Les provenances de la Sibérie orientale sont les plus réputées, il n'est guère possible d'en fixer la valeur, car, suivant les exemplaires, elle varie dans d'énormes limites, passant de 17 à 30, à 1.000 jusqu'à 2.500 roubles.

Le rayon de l'Yénisséï fournit des sortes également recherchées, de couleurs sombres ou brunes s'harmonisant bien. Les variétés claires viennent de Sibérie occidentale (Bériosof, Sourgout, Tobolsk, etc.); elles se traitent en moyenne de 10 à 20 roubles.

La grande demande des zibelines sibériennes à l'étranger a fait ces dernières années hausser considérablement le prix de ces fourrures; la chasse à cet animal s'est donc développée de plus en plus, causant en même temps son extermination; il faut maintenant pour atteindre la zibeline plus de fatigues et de temps qu'autrefois.

Hermines. — Il s'en reçoit à Irbit 100 à 200.000 pièces par an; les meilleures provenances sont celles d'Ichim qui valent jusqu'à 1 r. 25 la pièce; les autres sortes se cotent de 65 kopeks à 1 roubl. Les provenances d'Iakoutsk sont moins prisées et valent de 40 à 50 kopeks.

Renards bleus (Isiatis). — Irbit en reçoit chaque année environ 35 à 45.000 pièces; on les chasse sur les rives de l'Océan Glacial. Les provenances de la Léna sont les plus recherchées; elles sont, suivant la demande, payées de 8 à 14 roubles la pièce. Celles du gouvernement d'Yénisséïsk représentent la qualité moyenne et valent de 10 à 13 roubles; celles du bas Obi, la qualité inférieure et se traitent entre 4 et 11 roubles.

Martres. — Il se réunit annuellement 50 à 55.000 pièces de martres dites de Sibérie (Kolonok) qui se vendent de 1 à 2 roubles; 1.500 à 2.000 pièces de véritables martres (kounitza) valent de 5 à 8 roubles.

Chats. — La dépouille du chat sauvage est d'un grand usage en Russie; elle fournit une fourrure assez douce, assez chaude, mais peu solide. Il s'en reçoit annuellement 80.000 à 120.000 pièces à Irbit valant 30 à 40 kopeks. L'unité de compte est le chat blanc; pour une peau blanche, les vendeurs livrent deux peaux grises ou trois peaux bigarrées.

Loups. — Cette fourrure devient très appréciée en Europe. On réunit à Irbit 3 à 4.000 peaux de loups dont le prix moyen varie de 5 à 10 roubles. Les provenances de Beriosof sont réputées les meilleures et atteignent les prix de 18 à 20 roubles la pièce. La fourrure du loup teinte est quelquefois vendue comme peau d'ours.

Ours. — Cette chasse diminue considérablement en raison des dangers qu'elle présente, qui ne sont pas compensés par les prix de vente de ces fourrures.

La robe de l'ours de Sibérie est en général brune avec un collier blanc. Les apports à Irbit sont de 2.000 à 3.000 pièces. Le territoire d'Iakoutsk fournit les meilleures qui se vendent de 18 à 25 roubles la pièce ; celles du gouvernement d'Yénisséïsk sont moins estimées et ne trouvent guère preneurs au-dessus de 13 à 20 roubles. Les arrivages de peaux d'ours blancs sont infimes.

Putois. — Ils s'achètent presque exclusivement pour la Russie qui les paye 40 à 55 kopeks la pièce.

Les gloutons, les loutres, les lynx disparaissent progressivement des ourmanes de la Sibérie occidentale.

Les dépouilles des gloutons se traitent à 6-9 roubles la pièce, celles des lynx à 7-10 roubles.

On apporte aussi à la foire d'Irbit d'autres fourrures de moindre importance, des fourrures de jeunes rennes, de chiens sauvages, etc. (environ 2.000 peaux de jeunes rennes valant 1 rouble 50 à 2 roubles).

Lièvres. — Une dépouille qui, si ce n'est par sa valeur, du moins par sa quantité, offre pour la Sibérie entière un grand intérêt, est celle des lièvres. Les lièvres de Sibérie, au poil long et extraordinairement fourni, ont en hiver la fourrure complètement blanche et apte par la teinture à imiter des fourrures beaucoup plus coûteuses. On estime à environ 1.000.000-1.200.000, la quantité de lièvres que fournit annuellement la Sibérie. Sur ce chiffre, il en vient environ 600.000 à Irbit.

Les districts de Kourgane, de Chadrinsk, de Kamychlof, de Tara en Sibérie occidentale fournissent à eux seuls environ 750.000 de ces peaux, dont les plus estimées proviennent du rayon de Kourgane. Les prix varient entre 10 et 30 kopeks la peau blanche (une peau blanche valant deux grises).

Marmottes. — La Mongolie exporte par la Sibérie des peaux de marmottes (marmottes bobacs) en quantité considérable, environ 1.500.000 par an. Une bonne partie de ces peaux se vendait autrefois à Irbit. Cette foire n'en reçoit plus aujourd'hui que 100 à 200.000, car, reçues à Biisk, ces fourrures s'expédient directement en Russie par le Transsibérien.

La marmotte se teint très bien et parvient à imiter parfaitement des fourrures plus rares ; elle est de plus en plus demandée. Les prix qui, ces dernières années, étaient de 9 à 15 kopeks sont montés jusqu'à 40 kopeks ; il s'agit ici de petites marmottes, les plus nombreuses.

La grosse marmotte (tarbagan) qui provient de l'animal tué adulte est plus rare et plus estimée ; son pelage de blanc est devenu noir ; il vaut alors de 1 rouble à 1 r. 20.

Grâce au chemin de fer, les acheteurs russes ou étrangers, allemands surtout, ne se contentent plus d'apparaître à la foire d'Irbit ; ils vont chercher la marchandise sur les foires locales et dans les principales villes de rassemblement : Kourgane, Tobolsk, Pétropavlovsk, Omsk, Tomsk, Krasnoïarsk, Yénisséïsk, Irkoutsk, etc... d'où ils les expédient directement sur la Russie ou sur l'étranger. Ces expéditions directes prennent de plus en plus d'extension ; elles sont facilitées par la commodité des envois par colis postaux de 5 kilos qui, outre la rapidité du transport, offrent l'avantage du bon marché.

Une partie des pelleteries sibériennes pénètre sur les marchés européens ou américains par une autre voie, celle du Pacifique. Il s'agit alors surtout des dépouilles provenant de l'extrème-est et du Kamtchatka : les veaux marins, les castors, les renards bleus, les morses, etc... La chasse dans ces régions est donnée en monopole à une Compagnie russe. Nous devons encore citer comme débouché, le marché chinois. Kiakhta fut en effet longtemps un centre important pour les fourrures sibériennes qui s'y échangeaient contre les thés de Chine. Les fourrures ne forment plus maintenant qu'un élément secondaire des échanges sibéro-chinois et on peut s'attendre à voir cette exportation en Chine diminuer encore au profit de l'Europe, grâce au chemin de fer.

Dépouilles d'oiseaux de proie. — Les dépouilles d'oiseaux (peaux, queues et ailes), à côté de celles des animaux à fourrures, ont pris ces dernières années une importance assez considérable. Ces articles étaient, il y a quelques années, l'objet d'un commerce très restreint. Les prix que les rares acheteurs de ces marchandises maintenaient bas, n'étaient pas suffisamment rémunérateurs pour engager les Sibériens à s'occuper activement de la chasse aux oiseaux de proie. Peu à peu cependant les acheteurs sont devenus plus nombreux, apparaissant même dans les villages. Les prix haussèrent, et l'on se mit à chasser plus sérieusement l'aigle, le hibou, le vautour, la corneille, qui abondent dans toute la Sibérie. Des paysans se spécialisèrent à cette chasse. Les offres s'accrurent en conséquence et l'on commence maintenant à exporter non seulement sur Paris et sur Vienne, mais aussi sur Berlin et sur Leipzik, où existent d'importants ateliers pour la préparation des plumes, des quantités intéressantes de dépouilles d'oiseaux de

La pêche au phoque sur les bords du « Baïkal ».

Sibérie et de l'Oural, notamment des aigles marbrés, des aigles noirs et des hibous blancs.

Les grands aigles clairs valent de 6 à 7 roubles la paire, les noirs environ 4 roubles la paire, les petits noirs de 1 à 2 roubles; on en réunit annuellement environ 4.000 paires. Les chouettes blanches valent de 1 à 2 roubles; les chouettes grises de l'Oural de 30 à 50 kopeks, les cygnes de 1 r. 40 à 2 roubles, les grèbes de 50 à 60 kopeks (en février 1900, on avait réuni à la foire d'Irbit 40.000 paires de dépouilles de grèbes). Les peaux de corneilles dont on envoya 120.000 paires à Irbit en 1900 valent de 10 à 25 kopeks. On expédie encore des dépouilles de vautours, de hibous et de milans.

Les coqs de bruyère, les tétras et les perdrix abondent en Sibérie. On rassemble ainsi annuellement à Irbit jusqu'à 25.000 paires de queue de coqs de bruyère valant 10 à 50 kopeks, environ 35.000 paires de queues de tétras valant 5 à 15 kopeks, 30 à 50.000 paires d'ailes de perdrix, — ces perdrix sont blanches en hiver — valant 3 à 5 kopeks la paire.

Gibier. — Grâce au chemin de fer, l'exportation du gibier vient ajouter aux ressources du pays. Les expéditions de gibier ont lieu maintenant de toutes les stations du Transsibérien, d'Irkoutsk à Tchélabinsk.

Gibier à plumes. — Il comprend principalement :

Les perdrix qui valent sur place..............	30-60 kop. la paire
Les gélinottes...............................	25-35 — —
Tétras et coqs de bruyère...................	60 — —
Oies et canards sauvages.	

Lièvres. — Ils s'expédient aussi en quantité déjà considérable, car on les chasse très activement pour leur dépouille.

Les paysans sibériens ne consomment pas la viande de lièvre. Un lièvre sans sa fourrure coûte donc à peine 10 à 12 kopeks la pièce.

Vu l'abondance du gibier en Sibérie, ces expéditions sont appelées à prendre une grande extension. En hiver, ce gibier s'envoie gelé; en été, les transports ont lieu dans les mêmes wagons-glacières que nous avons vus servir aux expéditions pour le beurre; le coût de ces transports, de Kourgane par exemple à Libau, est d'environ 1 r. 05 par poud. Par wagons complets, il descend à 70 kopeks environ. La maison anglaise Bowley achète en Sibérie du gibier qu'elle exporte sur Londres.

Pêche.

La pêche est, avec la chasse, le principal moyen d'existence des nomades qui habitent les bords de l'Océan Glacial et le cours inférieur des grands fleuves. Dans les autres parties du pays, malgré l'abondance des lacs poissonneux et des rivières, elle n'offre que des ressources secondaires à ceux qui s'y livrent et n'est l'objet que d'un commerce de peu d'importance et tout local. Dans l'extrême nord au contraire, la pêche suffit non seulement à nourrir les pêcheurs, mais elle forme un élément considérable d'échanges entre ces populations et les rayons agricoles sibériens ; une partie même de ces produits va jusqu'en Russie, dans les centres miniers de l'Oural et dans les agglomérations urbaines telles que Kazan et Moscou.

Nous nous occuperons donc principalement de la grande pêche qui se pratique dans le cours inférieur de l'Obi, de l'Yénisséï, de la Tasc, etc., et de leurs affluents. Ces fleuves et leurs estuaires sont en effet très poissonneux. Les poissons qu'on y rencontre sont des poissons de mer : l'esturgeon, la nelme ou saumon blanc de Sibérie, l'éperlan, la vimbe, le hareng, etc... et des poissons d'eau douce, le sterlet, la perche, le brochet, le carassin, le gardon, la brème, la vaudoise, le goujon, la lotte, etc...

Les poissons de mer, vers fin mai, remontent le cours des fleuves sibériens qui, dans la période des hautes eaux, débordent de leur lit. Les poissons quittent alors ce lit pour aller sur les parties basses, prairies ou toundras inondées, se nourrir et déposer leur frai. Vers fin juillet, ils effectuent leur retour à la mer.

Pour les poissons d'eau douce, c'est le mouvement contraire. Dès l'arrivée des premières eaux du printemps, ils descendent le courant sous la glace, et à l'inondation qui suit la débâcle, ils vont aussi sur les parties inondées chercher leur nourriture et déposer leur frai pour revenir en juillet-août à la baisse des eaux et remonter le courant jusqu'à ce qu'ils aient trouvé une place qu'ils ne quitteront plus jusqu'à l'hiver.

Ces migrations du poisson sont bien connues des pêcheurs russes ou indigènes.

Tout le bassin inférieur de l'Obi et de ses innombrables affluents, présente un bassin de pêche compact dans lesquels les pêcheries sont échelonnées sur plus de 2.000 kilomètres de longueur. Il en est de même pour l'Yénisséï; cette industrie y est cependant là moins développée.

Toutes les terres, forêts et eaux de ces districts sont la perpétuelle jouissance des indigènes qui ont sans restrictions la posses-

sion des rives et des eaux. Les indigènes louent donc par contrats
à des industriels russes les emplacements que ceux-ci désirent
occuper (1).

Les entreprises de pêche sont formées soit par de petits patrons
avec leurs ouvriers, soit par de petits « artels » de pêcheurs russes,
soit enfin, et ceci a lieu surtout pour les entreprises situées vers les
estuaires des fleuves, par de gros négociants de Tomsk, de Tobolsk,
de Tioumène ou d'Yénisséïsk. La' pêche sur les plages « sables ».
de l'extrême nord demande en effet un capital assez considérable,
pour l'installation de maisons et de hangars (2) dans les endroits
absolument inhabités, l'acquisition d'instruments de pêches, de
barques, de charrettes, l'entretien des travailleurs, leurs salaires (3),
et ceux des surveillants. Ce sont ces entreprises qui capturent les
plus gros poissons : l'esturgeon, l'éperlan, la nelme.

Les pêcheries des indigènes, bien primitives, sont disséminées.
partout et les petits industriels ou les commis des grosses entreprises
les parcourent en été pour y acheter le poisson et le saler.

La pêche d'hiver sous la glace, au moyen de filets ou d'hame-
çons, n'est guère pratiquée que par les indigènes et pour leur consommation personnelle. La grande pêche a lieu en été.

Les expéditions partent de Tobolsk ou d'Yénisséïsk au moment
de la débâcle du printemps, sur des barges qui suivent le fil de l'eau
ou sont remorquées par de petits vapeurs. Ces barges portent les
travailleurs avec toutes les provisions qui seront nécessaires pendant la campagne; elles emportent en outre des marchandises : farine, alcool, objets fabriqués, objets d'échanges contre lesquels on
achètera aux indigènes du poisson, des fourrures ou simplement
leur travail.

Possédant seules ou pouvant seules affréter les vapeurs qui, en
automne, ramèneront les barges pleines de poissons, les grosses
entreprises monopolisent ainsi à leur profit le commerce dans ces
régions désolées. Les indigènes et même les petits patrons doivent
leur acheter les produits nécessaires à la vie et leur vendre le
poisson sans qu'aucune concurrence soit possible. Le commerce a

(1) La faiblesse intellectuelle des indigènes, leur passion pour l'alcool et l'absence de
contrôle de la part des autorités rendent ces contrats peu onéreux pour les industriels
russes.

(2) Les installations sur les grandes pêcheries elles-mêmes sont assez sommaires;
elles ne comportent que des hangars pour procéder au salage, des izbas où les travailleurs
vivront et dormiront en commun, des fours pour préparer le pain, des magasins à provisions et enfin des étuves pour les bains dont les Russes ne peuvent jamais se passer.

(3) La main-d'œuvre est assez bon marché; elle est de 25 à 100 francs par mois, suivant que le travailleur est Russe, Tatar ou indigène; elle est malheureusement peu abondante et très médiocre; elle se recrute principalement à Tobolsk et à Yénisséïsk, où les
travailleurs reçoivent des arrhes avant de partir; ces arrhes sont assez souvent perdues
pour le patron si l'ouvrier engagé ne se présente pas au départ des barges.

lieu ici sous forme de trocs dont l'unité est l'éperlan dont il faut de 5 à 20, suivant l'emplacement du « sable », pour faire un rouble.

Les barges arrivent au bout de trois semaines environ sur les lieux de pêche où sont installées les huttes de bois qui serviront d'abri pendant l'été. Au moment des migrations du poisson, à l'aller et au retour, on tend les filets (1); ceux-ci atteignent la plupart du temps des longueurs considérables allant jusqu'à 800 mètres. Pour les indigènes, ils ne disposent que de petits filets; au printemps, ils ferment les rivières ou les prés inondés à l'aide de clôtures, de barrages faits de branchages entrelacés.

On ne songe naturellement pas à préserver le jeune poisson, et une quantité énorme de fretin meurt sans profit pour personne. Ces usages font craindre une extermination complète ou tout au moins l'amoindrissement progressif de la richesse des eaux sibériennes.

Les quantités capturées chaque année dans les bassins de l'Yénisséï et de l'Obi échappent à la statistique. On estime cependant à 1.500.000 pouds l'importance de la pêche annuelle dans le bas Obi.

Le poisson des pêcheries situées en aval d'Obdorsk se sale sec sur place (on sale à raison de 1 kilo de sel par 3 kilos de poissons frais); on le conserve aussi en le faisant simplement sécher au soleil après l'avoir ouvert; on en retire la graisse dont les indigènes se nourrissent. Le poisson ainsi préparé se conservera jusqu'à la fin de l'été suivant. On prépare encore avec ce poisson sec de la farine dont sont très friands les indigènes et les paysans.

Quant au caviar, on le sale simplement; il ne vaut donc pas le caviar des pêcheries du bas Volga. En amont d'Obdorsk on sale et on sèche, mais l'on conserve aussi le poisson vivant dans les parcs d'où on ne le sort que lors du gel; on le range alors sur la glace, puis on le transporte sur traîneaux jusqu'aux points de consommation où on le consommera pendant l'hiver.

Le poisson sec ou salé n'a qu'un goût médiocre, par conséquent qu'un débouché restreint; il n'est consommé que par les indigènes, les paysans et les ouvriers des centres miniers de l'Oural; il est aussi très bon marché.

Certains industriels ont cherché à conserver ce produit sous une forme qui lui enlevât moins de sa valeur. Ils ont installé des fabriques de conserves. La plus importante, celle de l'entreprise de pêche Plotnikoff, est située sur le « sable » même, en aval d'Obdorsk. Elle traite

(1) Les filets employés par les grosses entreprises sont en général de fabrication russe. Les Allemands cherchent actuellement à placer ici leurs produits ; c'est ainsi que l'on voit au musée de Tobolsk des échantillons de filets de fabrication allemande. Nous rappelons à ce sujet que les filets de pêche en lin, chanvre ou coton sont taxés à raison de 17 fr. 12 les 100 kilos à leur entrée en Russie et qu'ils sont admis en franchise en Sibérie s'ils sont importés par la voie maritime du Nord.

ainsi les poissons dès leur capture. Les vapeurs et les barges qui quittent Tobolsk au printemps emportent l'huile, le vinaigre, les ingrédients nécessaires à la fabrication des conserves à l'huile, aux tomates ou en marinade, le fer-blanc et l'étain pour la confection des boîtes, etc.

La campagne d'été terminée, l'usine revient à Tobolsk où elle prépare ses conserves en utilisant des poissons gelés. La fabrique Plotnikoff, fondée depuis 3 à 4 ans, prépare maintenant jusqu'à 100.000 boîtes par an. A Tobolsk, il existe une autre petite fabrique de conserves appartenant à l'industriel Troussof; une troisième fabrique qui est en même temps une école de pêche est installée à Samarovo; elle appartient au négociant Ziemtzof.

Ces conserves d'esturgeons, de nelmes, de sterlets, de vimbes, bien que préparées d'une façon médiocre, ont en Sibérie un débouché avantageux; la seule concurrence est celle que leur font les conserves françaises, allemandes ou russes dont les prix sont fort élevés. Nous croyons que l'industrie des conserves, grâce à laquelle les magnifiques poissons du bas Obi peuvent arriver sur les centres de consommation sans perdre leur haute valeur, est appelée à se développer en Sibérie. L'abondance et le bon marché du poisson frais, sa belle qualité, sont des causes de réussite.

Les fabricants actuels, outillés de façon assez primitive, auront à transformer leur matériel et à résoudre une difficulté : celle de trouver de bons chefs de préparation.

Le fer-blanc et l'étain nécessaires à la fabrication des boîtes sont reçus d'Angleterre par Revel, l'huile d'olive de France par Odessa. Ces marchandises sont admises en franchise si elles sont importées par la voie maritime du Nord.

Le transport du poisson salé et sec se fait par la voie du fleuve sur les barges que viennent chercher vers la deuxième quinzaine de septembre des vapeurs appartenant aux industriels ou affrétés à la foire d'Irbit. De Tobolsk il est ensuite effectué par traîneaux sur Tioumène et Irbit.

A titre de renseignement, voici les prix à Tioumène de quelques poissons salés :

Esturgeons	6 r. 50 le poud environ.	
Nelmes	4 r. —	—
Harengs	3 r. —	—
Autres poissons	1 r. à 4 roubles.	

Tioumène était autrefois le principal marché du poisson; aujourd'hui les commerçants russes et sibériens viennent aussi faire leurs achats à Tomsk.

Les expéditions de poissons faites en 1899 par le Transsibérien s'élevèrent à environ 210.000 pouds (la moitié environ pour la Russie). Quant au chemin de fer Perm-Tioumène, il transporta en 1898 environ 185.000 pouds de poissons provenant pour la majorité de la station Tioumène-Toura. (Nous n'avons pas les chiffres afférents à 1899.)

Les lacs très nombreux en Sibérie occidentale, de même que les innombrables rivières et cours d'eau de la Sibérie centrale, sont également poissonneux, mais la pêche qui y est pratiquée n'a aucun caractère industriel.

Le lac Baïkal, dont les eaux sont très riches, fournit du poisson à tout le rayon environnant. La pêche y est pratiquée sans aucune organisation, principalement par des nomades, Bouriates et Toungouses. Les poissons les plus abondants sont des variétés de saumons, l'ombre, l'omoul, le thymall et le lavaret. On pêche aussi le phoque (variété du Baïkal) pour sa dépouille.

Nous ne citons que pour mémoire les pêcheries très importantes de l'embouchure de l'Amour et des rives sibériennes du Pacifique.

VII. — INDUSTRIES MINIÈRES

Industrie de l'or.

ʜɪsᴛᴏʀɪǫᴜᴇ. — C'est vers 1826-1830 que l'on se préoccupa pour la première fois des gisements aurifères de la Sibérie. Le Trésor russe exploitait depuis longtemps des placers dans l'Oural lorsqu'on découvrit en Sibérie occidentale des traces du métal précieux. Il fut alors concédé à des particuliers (au prince Galitzin entre autres) des privilèges les autorisant à rechercher des dépôts aurifères dans différents territoires de la Sibérie occidentale et centrale. On découvrit alors les placers de Salaïr dans l'Altaï, et d'autres gisements dans les districts de Krasnoïarsk, de Minoussinsk. En 1834, on découvrait des placers dans le rayon d'Atchinsk, d'Yénisséïsk, puis la fièvre de l'or aidant, les découvertes se multiplièrent et c'est ainsi que peu à peu la Sibérie orientale était conquise par les gold-diggers.

Dɪᴠɪsɪᴏɴ ᴇɴ ᴅɪsᴛʀɪᴄᴛs ᴍɪɴɪᴇʀs. — Aujourd'hui, où l'industrie de l'or est répandue presque partout en Sibérie, le pays a été divisé au point de vue minier en deux grandes circonscriptions administratives : la première a son centre à Tomsk ; elle comprend la Sibérie occidentale et centrale (à l'exception du gouvernement d'Irkoutsk), c'est-à-dire toute la portion de territoires comprise entre l'Oural à l'ouest et la rivière Birioussa (sous-affluent de l'Angara) à l'est ; elle se subdivise en districts miniers qui sont : celui de Tobolsk-Akmolinsk, de Sémipalatinsk-Sémiriétchié, de Tomsk, d'Atchinsk-Minoussinsk, de l'Yénisséï nord et de l'Yénisséï sud.

La deuxième a son siège à Irkoutsk et embrasse avec le gouvernement d'Irkoutsk toute la Sibérie orientale.

Pʀᴏᴅᴜᴄᴛɪᴏɴ ɢᴇɴᴇʀᴀʟᴇ. — L'industrie de l'or en Sibérie occidentale et centrale ne présente pas pour l'économie du pays la même importance qu'en Sibérie orientale.

En 1900, par exemple, la production totale de l'or brut fourni par l'empire russe se répartissait ainsi :

Sibérie orientale... 1.488 pouds (1).
Oural... 553 —
Sibérie occidentale et centrale.................. 322 —

Total.................................... 2.363 pouds.
Soit environ 37.800 kilogrammes.

Cette production ne représente donc pour la Sibérie occidentale et centrale qu'une somme d'environ 6 millions à 6 1/2 de roubles, chiffre bien insignifiant si on le compare au chiffre d'habitants des gouvernements occidentaux et aux ressources considérables que le travail de la terre et de l'élevage leur fournissent.

L'or recueilli est presque exclusivement de l'or d'alluvions; l'or de filons est encore rare et ne représente jusqu'à présent qu'une quantité infime.

Le caractère géologique de ces gisements est naturellement très variable et en liaison intime avec le relief des contrées où ils se rencontrent; nous n'en entreprendrons pas l'étude. Les couches de sables aurifères ont en général une puissance de $0^m,30$ à 3 mètres; elles sont recouvertes de stériles dont l'épaisseur ne dépasse généralement pas 3 mètres.

TENEURS. — Les teneurs des sables aurifères en Sibérie occidentale et centrale sont bien plus faibles qu'en Sibérie orientale; elles restent en général au-dessous des teneurs constatées dans l'Oural. Dans la région des steppes, les sables ne donnent en moyenne que 10-20 dolis d'or par 100 pouds, soit 0 gr. 268 à 0 gr. 546 d'or par tonne métrique.

Dans les autres gouvernements, les rendements moyens sont plus élevés et varient entre 28 et 35 dolis par 100 pouds (soit 0 gr. 750 à 0 gr. 938 par tonne).

MODE D'EXPLOITATION. — Les gisements aurifères sont exploités soit par des particuliers, soit par le Cabinet impérial (ceci dans le district de l'Altaï, propriété personnelle de S. M.). Le procédé généralement employé pour rechercher des sables consiste à creuser en automne ou en hiver des puits jusqu'à la rencontre de l'eau; on laisse ensuite le puits exposé à la gelée; ses parois durcissent; on fait alors dégeler le fond du puits à l'aide d'un feu de bois et on retire les sables d'épreuve que l'on lave au waschherd. Dans les districts du nord, le sol restant à une certaine profondeur constamment gelé, on n'a pas à craindre l'envahissement du puits par l'eau; les travaux sont ainsi rendus plus faciles.

(1) Nous ne faisons pas ici l'étude de la Sibérie orientale. Cette contrée est, comme on le voit, le plus important fournisseur d'or de l'Empire russe. Aussi ses mines d'or qui forment sa principale richesse ont-elles été décrites à maintes reprises par des spécialistes, parmi lesquels nous citerons un ingénieur français, M. Levat.

Tranchée d'une mine d'or.

De petits groupes de travailleurs comprenant 3 à 6 hommes partent, munis de provisions, passer l'hiver dans la forêt à creuser ainsi des puits pour rechercher l'or; l'entretien, dans des régions désertes et dépourvues de tout, de ces petites expéditions qui ne peuvent explorer qu'un rayon fort restreint coûte fort cher.

Quant au mode d'extraction et de lavage des sables, il est en général des plus primitifs et des plus imparfaits. Les travaux ont lieu la plupart du temps au printemps, en été, et en automne à ciel ouvert au moyen de tranchées creusées à bras d'homme; les stériles sont rarement lavés et sont au contraire directement chargés sur charrettes et jetés sur les côtés; les sables sont lavés à l'aide de « sluices » de divers systèmes, de tonneaux, de bassines en bois ou en fer.

Le mercure n'est pas toujours employé et il est rare qu'il soit opéré un classement des sables. De l'avis des spécialistes, une forte proportion d'or est ainsi perdue et va aux déblais.

Le transport de ceux-ci a lieu par charrettes (1). Rares sont encore les exploitations où la force mécanique est utilisée. Le nombre des machines à vapeur ou des locomobiles employées sur les placers est encore infime et la seule force motrice mécanique que l'on connaisse généralement est celle que fournissent d'antiques et informes roues mises en action par l'eau. Quant aux placers sur lesquels on opère par excavation ou dragage mécanique, ils forment des exceptions que nous signalerons lorsqu'elles se présenteront.

Si les propriétaires ou locataires de mine, comme leurs ouvriers, ont, dit-on, un sens spécial, un don particulier pour découvrir les gisements aurifères, il leur manque malheureusement en général les connaissances techniques indispensables et surtout les capitaux.

Des placers, presque toujours éloignés de plusieurs jours de marche des lieux habités, d'un accès souvent difficile, exigent, en dehors des fonds nécessaires à l'exploitation elle-même, des sommes considérables pour la constitution d'approvisionnements qu'il faut préparer souvent jusqu'à un an et demi à l'avance. Le patron de la mine, obligé pour ceci d'emprunter à des taux énormes ne songe nullement à organiser son exploitation d'une façon rationnelle, c'est-à-dire à y immobiliser en machines, en appareils divers des sommes considérables.

Locataire plus souvent que propriétaire, il n'a qu'un but : retirer à la fin de la campagne l'argent qu'il a engagé dans la mine; à cet

---

(1) En Sibérie orientale, la rareté et le coût de la main-d'œuvre ont rapidement obligé les patrons de mine à économiser la force humaine et à employer autant que possible les engins mécaniques. En Sibérie occidentale et centrale, au contraire, le bon marché de cette main-d'œuvre a amené son gaspillage; les patrons, le plus souvent sans ressources suffisantes, ne peuvent immobiliser en appareils et en installations des sommes considérables, et c'est l'effort humain qui sert presque partout comme unique moteur.

effet, il remet tout ou partie de ses placers aux mains de « staratiéli », tâcherons organisés en petites compagnies de 3 à 10 hommes.
Ceux-ci, payés à raison du zolotnik d'or extrait par eux, se soucient
peu de la mine, vont au plus vite et ne retirent du placer que les
parties où les sables sont le plus riches, recouvrant les autres des
stériles et des sables déjà lavés. La mine est ainsi rapidement ra-
vagée, on la dit épuisée et on l'abandonne pour passer à d'autres
plus riches.

CRISE MINIÈRE. — Il n'est pas surprenant qu'avec de pareils procédés l'industrie minière en soit arrivée à être aujourd'hui peu
prospère. La construction du chemin de fer enlevant aux mines nombre de leurs ouvriers, a déterminé la crise où se débat actuellement
cette intéressante industrie.

Depuis 7 à 8 ans en effet, la production de l'or en Sibérie occidentale et centrale comme du reste dans l'Oural et en Sibérie orientale diminue constamment. Peut-on dire pourtant que les gisements
aurifères sont déjà épuisés et que le mouvement de recul que nous ob-
servons actuellement soit le commencement d'une décadence? Non,
et voici pourquoi. Les placers abandonnés ne sont pas épuisés, mais
plutôt ravagés par une exploitation barbare. Nombre d'entre eux
contiennent encore de l'or que des moyens mécaniques permettraient
encore d'extraire avantageusement. Dans beaucoup de placers vierges
on ne travaille pas, soit que les capitaux ou les hommes nécessaires
fassent défaut, soit que la teneur ou les conditions d'exploitation ne
semblent pas, vu les procédés peu économiques employés, promettre d'assez bons résultats aux propriétaires ; c'est ainsi que le
nombre des placers non exploités dépasse de trois à quatre fois
celui des placers en exploitation.

On découvre du reste constamment de nouveaux placers, ce qui
permet de penser que le nombre des placers inexplorés est considérable.

Ce qui peut donner encore la preuve que l'exploitation de l'or ici
est loin d'avoir réalisé son développement définitif, c'est le petit
nombre d'endroits où l'on exploite l'or de filon (1). Les laveurs d'or
sibériens n'ont pas toujours paru comprendre que, si l'or était plus
difficile à extraire des veines de quartz que du sable des rivières,
son rendement était souvent aussi plus avantageux que celui des
lavages. Ce n'est que ces dernières années qu'on a donné toute l'attention voulue aux roches aurifères et que quelques particuliers ont
commencé à s'outiller pour en entreprendre le traitement. Avec une

(1) Il faut en effet pour l'exploitation des filons aurifères des usines, des machines,
des techniciens, etc., en un mot toutes choses difficiles à trouver dans ce pays.

connaissance plus exacte du pays, les découvertes des filons d'origine ne peuvent moins faire que de devenir de plus en plus nombreuses.

Les écoles des mines de Pétersbourg et d'Ekaterinbourg ne sont malheureusement que d'une aide peu efficace pour le petit industriel sibérien. Les élèves formés en très petit nombre par ces écoles sont employés au service de l'État; ils trouvent facilement aussi à s'engager dans les importantes sociétés minières de Russie ou de l'Oural. Les maîtres mineurs formés par l'école d'Irkoutsk au nombre de quinze environ chaque année sont employés par les mines plus importantes de la Sibérie orientale. La Sibérie occidentale et centrale, jusqu'à présent dépourvue complètement d'école technique, a donc eu jusqu'ici les plus grandes difficultés pour recruter le personnel spécial dont avaient besoin les entreprises d'une certaine envergure.

L'institut technologique, ouvert en 1900 à Tomsk, comprend une division pour les mines. Il remédiera peut-être un peu à cette situation.

Une mesure semble gêner considérablement le développement normal de l'industrie aurifère et perpétuer certaines pratiques funestes à la bonne marche des exploitations : nous voulons parler de l'interdiction de la vente de l'or à d'autres qu'à l'État.

VENTE DE L'OR. — L'exploitant ne dispose pas en effet librement de l'or qu'il a extrait; celui-ci, enregistré sur des livres soumis à la vérification de l'administration, est envoyé à l'ingénieur du district qui remet au propriétaire un certificat d'origine pour le poids constaté. Il est envoyé ensuite au laboratoire de Tomsk qui le coule en barres et, après un essayage contradictoire, délivre au propriétaire un bon du Trésor à 6 mois. dont la valeur représente celle des lingots bruts, déduction faite des frais de transports à l'hôtel des Monnaies de Pétersbourg, des frais de fonte et de monnayage, des impôts en nature dus à l'État, des arrêts-saisies de créanciers s'il y a lieu. On conçoit facilement les frais qu'occasionne le transport de l'or de la mine à la ville du district, puis à Tomsk, lorsqu'il faut chaque fois dépenser des jours entiers à ces voyages. Le propriétaire devrait donc garder à la mine jusqu'à la fin de la campagne l'or obtenu; mais ceci ne lui est guère possible; il doit payer les salaires des ouvriers et ses dépenses courantes. La loi l'autorise maintenant à vendre à un autre propriétaire de mines du même gouvernement. Il s'adressera donc à celui-ci qui lui prendra pour ce faire une commission considérable.

Le patron de mine est toujours à court d'argent; il cherche donc à réduire de son mieux le salaire de ses ouvriers et à leur faire payer au plus haut prix la nourriture, les vêtements qu'il leur vend; malgré les taxes maxima établies par l'administration, l'absence de contrôle lui permettra d'y arriver. Mais les ouvriers, menacés ainsi de travailler sans un salaire convenable, volent l'or et le vendent, à des prix plus élevés que ceux payés par le patron, à des marchands ou des débitants qui fréquentent les placers et qui écoulent cet or à des commerçants chinois (1). Le patron perd de ce fait des sommes assez importantes (2).

La liberté du commerce de l'or éviterait aux exploitants des frais considérables évalués de 300-700 roubles par poud d'or, des formalités longues, ennuyeuses et surtout coûteuses, leur permettrait de trouver rapidement les fonds nécessaires à la marche de l'exploitation. La nécessité d'organiser un contrôle sérieux tendrait de son côté à transformer les méthodes de travail employées jusqu'à présent.

A plusieurs reprises, les propriétaires de mines d'or, réunis en assemblées consultatives, se sont prononcés contre la liberté du commerce de l'or; ils craignent en effet que les vols ne se fassent encore plus nombreux; il est probable que le Gouvernement ayant en vue l'intérêt primordial de l'industrie de l'or prendra sous peu une mesure qui s'impose et supprimera l'interdiction du commerce de l'or (3).

On annonce que cette mesure sera prise en 1901 et que l'or sera considéré alors comme une marchandise ordinaire susceptible d'être achetée et vendue librement.

TAXATIONS. — L'industrie de l'or est soumise, en outre, à des charges fiscales qui gênent considérablement son essor; elles comportent : 1° un droit en nature sur le métal extrait; 2° un impôt foncier.

I. — L'impôt en nature est prélevé distinctement sur l'or et l'argent contenus dans les barres essayées au laboratoire de Tomsk; que l'or provienne de mines situées sur terres particulières ou sur terres d'État, il est de 3 % en Sibérie occidentale et centrale comme dans l'Oural (4).

Pour les mines situées sur des terres spéciales concédées par

(1) Une quantité d'or considérable qui irait, dit-on, jusqu'à 300 pouds et plus, passe ainsi chaque année la frontière sibéro-chinoise.

(2) Il arrive même quelquefois que les patrons vendent, en contrebande, l'or extrait chez eux; les emprunts qu'ils contractent, gagés sur l'or, comportent une opposition du créancier à l'Administration des mines sur toutes les sommes revenant au débiteur pour l'or livré. Le débiteur, pour échapper à cette opposition, vend son or en cachette et n'en déclare et n'en livre à l'administration qu'une partie.

(3) Nous apprenons à l'instant que le monopole de l'État sur l'or vient d'être aboli. Avec lui disparaissent toutes les formalités que nous venons d'indiquer. Une ère nouvelle s'ouvre pour l'industrie de l'or en Sibérie. Cette mesure va faire en effet disparaître les « staratieli » ou tout au moins diminuera de beaucoup leur emploi, au profit des exploitations directes.

(4) En Sibérie orientale, cet impôt est plus élevé; dans le district de l'Amour, il est de 5 % et s'élève à 10 % dans le district d'Olekma.

10

l'État (terres dites de possession ou d'usufruit) l'impôt est de 4 1/2 %
(en Sibérie orientale 7 1/2 % et 15 %).

L'or provenant des mines situées dans le district de l'Altaï (propriété personnelle de la Couronne), est frappé d'une taxe qui est de
5 % par les mines produisant moins de 2 pouds d'or, de 5 % pour
les 2 premiers pouds et ensuite 10 % pour les mines produisant de
2 à 5 pouds, de 10 % pour les 2 premiers pouds et ensuite 15 % pour
les mines produisant plus de 5 pouds.

II. — Outre l'impôt en nature, les placers situés sur les terres
appartenant à l'État (c'est la grande majorité) ont à payer, qu'ils
soient ou non exploités, une redevance foncière annuelle qui est de
1 rouble par déciatine (même taxe que dans l'Oural). Ces taxes sont
moins élevées qu'en Sibérie orientale où elles sont de 5 roubles pour
le territoire de l'Amour et de 10 roubles pour le district d'O-
lekma (1).

RECHERCHES ET FOUILLES, CONCESSIONS. — Voici à ce sujet les règlements généraux en vigueur. Les recherches de surface sur terres
de l'État n'entraînant ni fouilles ni coupes de bois peuvent être faites
sans autorisation et ne sont soumises à aucun droit. Si l'on fait des
recherches entraînant au contraire des fouilles, le creusement de
puits ou de tranchées, des forages, coupes de bois, etc..., l'on doit
indiquer l'endroit choisi pour les fouilles par un poteau indicateur
planté en terre (ou un arbre, une grosse pierre) sur lequel on inscrit les initiales des noms et prénoms de celui pour qui se font les
recherches, l'année, et la date. Ceci fait, il faut demander par écrit à
l'Administration des Domaines une autorisation de continuer les recherches, en indiquant sur la demande le métal ou le minéral faisant
l'objet des recherches, le nombre et l'emplacement des poteaux.
L'Administration doit dans le mois courant remettre cette autorisation ou répondre par un refus motivé. L'autorisation est valable pour
3 ans (dans certains cas particuliers pour 2 ans et pour 5 ans); elle
est cessible à des tiers sur avis à l'Administration des mines de
Tomsk.

Les travaux de recherches peuvent alors être exécutés sur une
étendue comprise dans un rayon de 1 verste autour du poteau indicateur; ils doivent être commencés dans le délai d'un an. Ils sont
passibles d'un droit de 30 roubles annuels pour chaque emplacement.

Les recherches terminées, il convient de demander à l'Adminis-

(1) Avec l'abolition du monopole de l'État, ces taxations qui grevaient lourdement
les exploitations aurifères, sont supprimées et remplacées par d'autres plus légères. A
la place de l'impôt en nature qui représentait 13-78 % du bénéfice net des exploitations, celles-ci auront à payer un droit fondamental de patente industrielle, fixé à
0r,50 par déciatine (cet impôt est de 1r,1r,50, 2r,50 pour les divers territoires de la Sibérie orientale) plus des droits supplémentaires moins importants.

tration des mines d'où ressortit le lieu l'autorisation d'exploiter. On peut demander la concession de 1 à 4 emplacements, chacun ne dépassant pas 1 verste carrée, il faut en même temps indiquer le minerai ou le métal à extraire, décrire la façon dont il se présente, remettre en 3 exemplaires les plans des emplacements demandés, etc..; il faut de même faire à l'Administration des mines l'avance des frais occasionnés par la visite des concessions par l'ingénieur du district et un arpenteur. Un acte de concession est alors dressé par l'Administration des mines. La concession est cessible et transmissible par héritage. Dans l'année qui suit, on doit commencer les travaux préparatoires à l'exploitation et dans les 3 ans qui suivent la signature de l'acte, on doit commencer l'exploitation. L'administration des mines fixe, pour chaque concession, le minimum à extraire annuellement (1) sous peine de déchéance. Les concessions non exploitées, ou abandonnées, sont vendues aux enchères publiques par l'Administration des mines.

Ces enchères ont lieu 2 fois par an, l'annonce en est faite dans le « Courrier Gouvernemental » (*Praviticlstvenny Viestnik*) et dans les journaux officiels des gouvernements ou territoires auxquels appartient la concession.

Les territoires kirghises et ceux laissés en jouissance aux populations nomades ou demi nomades sont considérés au point de vue minier comme terres libres d'État; si cependant les emplacements demandés pour les recherches et pour la concession se trouvent sur des terres occupées effectivement par les Kirghises (demeures d'hiver par exemple) ou autres nomades, les exploitants doivent obtenir le consentement de ceux-ci, consentement (2) confirmé par le gouverneur du territoire.

Il en est de même si ces emplacements sont situés sur terres paysannes; s'ils sont situés sur les terres des Cosaques, celles-ci font alors retour à l'État et sont traitées comme terres libres, moyennant indemnité convenable aux communes cosaques.

MAIN-D'ŒUVRE. — Nous avons déjà parlé des « staratiéli » ou « zolotnitchniki », tâcherons auxquels les patrons de mines remettent tout ou partie de leurs placers; ils sont payés à raison du zolotnik d'or extrait, libres par cela même de travailler un peu à leur convenance. Quant aux autres ouvriers, ils sont payés à la journée, ou au

(1) Jusqu'à ces dernières années, les concessionnaires n'étaient pas astreints à exploiter sérieusement les placers concédés; il s'ensuivait que ceux-ci restaient, au grand détriment du Trésor, souvent inexploités; le concessionnaire plutôt que de se mettre à l'œuvre, s'efforçait d'élargir de son mieux sa concession et attendait simplement un acheteur ou un locataire; on arrivait ainsi à une véritable monopolisation passive des rayons aurifères.
(2) Ces consentements s'achètent en réalité à très peu de frais.

mois, à des prix très bas en hiver, car les travaux sont rares et la main-d'œuvre abonde ; plus élevés en été, car les travaux des champs occupent beaucoup de monde. Ces prix sont fort variables, surtout faibles dans les gouvernements occidentaux où la population kirghise, tatare ou russe est plus dense.

La main-d'œuvre des mines d'or est en général fort médiocre. Son recrutement laisse grandement à désirer, car il absorbe, grâce aux gains rapides que l'or semble promettre, la partie la moins recommandable de la population sibérienne : vagabonds, relégués ou anciens forçats auxquels se joignent, les années de mauvaise récolte, les paysans des rayons voisins. Sans autre qualité qu'un flair spécial qui, assure-t-on, lui permet de reconnaître infailliblement un terrain aurifère, le mineur sibérien est paresseux, irrégulier, et produit peu. En outre, il boit plus encore que son frère russe, il vole sans scrupules, quelquefois même il tue.

Il est excusable. Le patron l'exploite de son mieux ; malgré des taxes maxima prévues par l'Administration, il lui vend, à des prix démesurément hauts, vivres, provisions et vêtements, si bien qu'on a pu dire que le véritable bénéfice de nombre de propriétaires de mines d'or n'était pas l'exploitation de la mine, mais celle des ouvriers. Il élude de son mieux les mesures édictées pour protéger le salarié, lui assurer plus d'hygiène et de confort et il ne se décide à installer des casernements moins défectueux que lorsqu'il s'y voit absolument forcé.

Aussi l'ouvrier est-il à la mine l'oiseau de passage, sans attache ni lien moral avec l'entreprise et avec son patron. Exposé à un climat terrible, il passe dans la forêt, dans des lieux déserts et sauvages le meilleur de sa vie. Harcelé par les innombrables moustiques qui font un supplice du séjour dans la taïga, il travaille de longues heures, les jambes ou les pieds dans l'eau du torrent, et le soir, pour tout lieu de repos, il n'a que la caserne commune, les baraquements bas en bois où tous pêle-mêle sont entassés. Les conditions hygiéniques déplorables, la privation la plus complète du bien-être le plus élémentaire ont vite fait de ruiner la santé et le moral de ces hommes, souvent déjà atteints d'une maladie terrible. Est-il surprenant alors qu'ils trouvent dans l'alcool le grand remède qui fait tout oublier, que celui-ci soit pour ces malheureux le dispensateur de toutes les jouissances et que sa rude morsure procure à ces âmes informes la félicité suprême. Dans l'alcool, ils noieront tout leur gain et le paysan-mineur revenu aux champs sera aussi pauvre qu'auparavant (1).

(1) Les débits de boissons n'existant pas ouvertement, de petits commerçants transportent clandestinement l'alcool à la mine ; en raison du risque couru, ils le vendent à très hauts prix. Pour le payer, le mineur s'endette et doit voler l'or qu'il remet au débi-

Ni caisses de retraite, ni secours mutuels, ni assurances, rien de ceci n'existe; l'ouvrier dont la santé est ruinée après quelques années de travail, se trouve dans le dénûment le plus complet et va grossir l'armée des misérables, des vagabonds ou des criminels.

Nous devons faire exception pour les mineurs kirghises, plus sobres, plus patients et d'une meilleure moralité. Petits producteurs, mais tranquilles et peu exigeants, ils sont en somme d'assez convenables travailleurs.

RAYONS AURIFÈRES. — Nous allons maintenant donner un aperçu rapide de la situation de l'industrie aurifère dans chacun des groupes miniers de la Sibérie occidentale et centrale.

Le tableau suivant donne la répartition de la production de l'or en 1899 (derniers chiffres officiels) :

	pouds. livres.	PLACERS EXPLOITÉS	PLACERS NON EXPLOITÉS
District de Tobolsk-Akmolinsk.....	0, 24	17	58
— Semipalatinsk-Semiriétch.	30, 27	145	244
— de Tomsk et Altaï........	115, 18	133	358
— Nord-Yénisséï............	51, 20	98	389
— Sud-Yénisséï.............	87, 05	157	468
— d'Atchinsk-Minoussinsk...	50, 11	100	398
Au total..........	335, 25	650	1.915

A ajouter la production du district de Birioussa qui, en 1898, était de 10 pouds, 12 livres.

Région des steppes. — Elle comprend les territoires kirghises (1) et englobe les deux districts miniers de Tobolsk-Akmolinsk et de Semipalatinsk-Sémiriétchié. On peut y distinguer 4 groupes aurifères : celui de Koktchétav, d'Oustkaménogorsk-Kokpékty, de Kourtchoum et de Djarkent (les placers de ce dernier groupe sont abandonnés).

Les sables aurifères gisent à peu de profondeur, mais ils ont une teneur en or assez faible, en moyenne 10-20 doli par 100 pouds ; les travaux ont lieu en été, ils sont exécutés à ciel ouvert. La main-

tant pour se libérer. Les exploitants se plaignent avec raison de la vente clandestine de l'alcool sur les placers ; il semble qu'il y aurait des moyens très simples pour l'éviter.

(1) Le gouvernement de Tobolsk ne possède pas de placers en exploitation.

d'œuvre kirghise ou cosaque est très bon marché; c'est ce qui permet l'exploitation de lavages aussi pauvres (1).

Les « staratiéli » sont plus nombreux que les salariés. Toute méthode est absente de leur exploitation qui aboutit rapidement à ravager la mine. Les patrons n'exploitent pas mieux et en général négligent complètement de procéder par avance à des recherches régulières. Ils manquent de compétence et de capitaux; presque nulle part de moteurs mécaniques; les lavoirs sont des plus primitifs et laissent échapper beaucoup de métal précieux.

Le rayon de Koktchétav est exploité presque uniquement par les staratiéli; il est maintenant en pleine décadence et ne produit presque plus rien. On y a découvert récemment des veines de quartz aurifères. Les prospections ayant consisté seulement dans le forage de quelques fosses et de puits creusés au hasard, on ne peut se prononcer sur l'avenir de ces filons. Le caractère géologique des terrains sur lesquels ils ont été découverts ferait cependant présumer l'existence de nombreuses veines parallèles.

Le groupe Oustkaménogorsk-Kokpékty comprend 150 mines réparties sur une surface considérable. La facilité de leur exploitation compense la pauvreté des sables (3 à 10 doli par cent pouds).

Le groupe de Kourtchoum est situé dans une région montagneuse au nord du lac Zaïçan; les travaux y sont plus difficiles; les teneurs varient entre 5 et 55 doli. La main-d'œuvre est ici mieux payée et mieux soignée; grâce à une meilleure exploitation, la production augmente. L'or y est en gros grains, quelquefois en pépites. On n'a pas encore découvert ici de veines d'origine.

Le rendement moyen des lavages de la région des steppes fut en 1900 de 12,4 doli par 100 pouds (0^{gr},332 par tonne métrique).

District minier de Tomsk. — La production de ce district diminue; elle a passé de 150 pouds, 36 livres en 1891 à 115 p. 18 livres en 1899. Ce district comprend le cercle de Mariinsk et le cercle minier de l'Altaï :

Cercle de Mariinsk. — Ce rayon, assez peu étendu, est compris entièrement dans une zone épaisse de forêts appelées « la Taïga de Mariinsk »; il comprend une centaine de placers appartenant aux vallées de la Kïa (2) et de ses affluents.

Les teneurs des sables sont déjà plus considérables; elles varient entre 10 et 80 doli, mais les difficultés d'exploitation sont aussi plus grandes. L'hiver est plus long, et la durée des travaux est réduite à 5 ou 6 mois.

(1) On compte que la moyenne des salaires mensuels varie entre 8 et 80 francs par mois, nourriture à la charge de l'ouvrier.

(2) La Kïa est une petite rivière qui passe à Mariinsk et va se jeter dans le Tchoulym, affluent de l'Obi.

Ceux-ci sont souvent aussi gênés par la puissance des rivières, les crues et les inondations auxquelles elles sont sujettes et quelquefois par les eaux souterraines. Les transports en été, à travers la forêt marécageuse sont difficiles et quant à la main-d'œuvre, elle est aussi plus chère que dans les steppes. Il faut payer le travailleur 40 à 70 francs par mois. Les travaux revêtent ici un caractère industriel bien plus marqué (1); ils sont déjà moins rudimentaires. L'énergie de quelques patrons de mines semble devoir donner bientôt dans ce rayon une impulsion nouvelle à l'industrie de l'or.

La production de la Taïga de Mariinsk a peu varié depuis 1884; elle reste entre 33 et 40 pouds par an.

Le rendement moyen des sables lavés était en 1900 de 32,5 doli.

Les exploitations les plus intéressantes de ce rayon sont les suivantes :

Lavages de M. Astachof (système de la Kïa) sur l'un desquels travaille une drague importée de Nouvelle-Zélande.

Lavages de M. Rodioukof sur la Koundat (affluent de la Kia).

Lavages de la société « Draga ». La société Draga, société en participation formée par plusieurs patrons mineurs du rayon, au capital de 250.000 roubles, a installé sur des sables assez pauvres mais d'une grande superficie et recouverts d'une mince couche de stériles argileux deux puissantes dragues importées de Nouvelle-Zélande. La Société Draga possède aussi des placers dans le gouvernement d'Yénisséïsk (2).

Filons de M. Ivanitzky. C'est dans du granit amphibole un filon quartzeux d'une teneur très variable (de 3 zolotniks à 2 et 3 livres par pouds); le rendement moyen reconnu en 1897 fut d'environ 4 zolotniks 73 doli. On exploite par de nombreux puits qui ont grandement à souffrir des inondations; les installations sont défectueuses et révèlent l'absence de spécialistes. Le minerai est broyé à la meule, puis amalgamé. Ce filon ne donne guère qu'un ou deux pouds d'or par an. De l'avis des techniciens, cette mine, mieux exploitée, pourrait donner de meilleurs résultats. Des recherches peu importantes ont été faites dans les environs de la mine; elles ont relevé la présence d'autres filons (3).

(1) Les travaux effectués par des « Zolotnitchniki » ne représentent pas plus de 8 à 10 pour 100 de la totalité des exploitations.

(2) La Société Draga vient de se reformer en société par actions, au capital de 500.000 roubles sous la dénomination de « Société par actions de mines d'or Draga »; elle choisit pour siège social la ville de Krasnoïarsk.

(3) En 1900, notamment, on a trouvé à une profondeur de 5 mètres un nouveau filon puissant de 85 cent. à 1 m. 10 de quartz alvéolé contenant de l'ocre de fer avec traces d'or visibles. Ce filon est très riche car les travaux effectués en septembre 1900, donnèrent un rendement de 17 zolotnicks par 100 pouds.

Lavages Vogau et C°. Une importante Compagnie anglaise, qui
a des intérêts commerciaux considérables en Russie et en Sibérie,
MM. Vogau et C°, a acheté pour 600.000 roubles dans la
vallée de la Kia, près du village Kourakovo un groupe important
de placers. Des prospections sérieuses ont été faites qui ont donné
d'excellents résultats.

Elles ont fait reconnaître notamment la présence de filons quart-

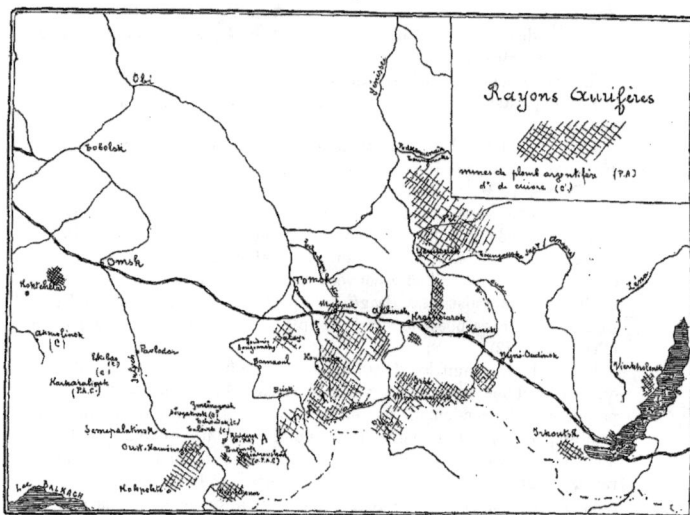

zeux. Cette nouvelle entreprise est dirigée par des ingénieurs spécialistes français et américains ; elle paraît destinée à un brillant
avenir.

Cercle de l'Altaï (PROPRIÉTÉ PERSONNELLE DE S. M. IMPÉRIALE).
— Il englobe toute la partie du gouvernement de Tomsk située
au sud de cette ville et s'étend ainsi sur une énorme surface
limitée à l'ouest par le territoire de Sémipalatinsk ; à l'est, par le
gouvernement d'Yénisséïsk ; au sud, par la frontière chinoise. Ce
cercle, steppien dans sa partie nord et ouest devient de plus en
plus montagneux à mesure que l'on s'avance vers le sud. Il est célèbre par ses richesses aurifères, car pour les Chinois, Altaï signifie

Montagnes de l'Or. Les placers de l'Altaï sont placés principalement dans la partie montagneuse du sud-est, qui a pour centre la ville de Kouzniétzk. Ils se rencontrent dans les vallées des affluents de la Tom, du Katoun, de la Lébied, dans les vallées des affluents de droite de l'Abakan, etc...

Dans la partie sud-ouest du cercle de l'Altaï, les vallées de l'Oulba et de la Boukhtarma, affluents de l'Irtych, renferment des filons aurifères (mines de Riddersk, Poutinétz et de Zyrianovskoïé).

La production de l'Altaï a subi une progression constante jusqu'en 1891 et 1893, dates à partir desquelles elle a diminué. Cette production était en 1897 de 100 pouds 12 livres pour l'or d'alluvions et de 8 pouds 13 pour l'or de filons. Le rendement moyen des sables était 33 1/3 doli par 100 pouds.

Le cabinet exploitait auparavant lui-même toutes ses mines. Mais la main-d'œuvre, assurée autrefois par des corvées obligatoires, est plus onéreuse aujourd'hui. Le cabinet renonce donc de plus en plus à l'exploitation directe qui ne lui donne plus les mêmes bénéfices et cède la jouissance de ses mines à des particuliers ou à des sociétés qui, travaillant plus rationnellement et plus économiquement, tirent des bénéfices là où les apanages n'avaient auparavant que des pertes. L'exploitation par le cabinet n'avait rien en effet qui pût être pris comme modèle; les ouvriers étaient pour beaucoup des « staratiéli ».

En 1897, toutes les mines d'or de l'Altaï étaient données en location à des entreprises privées; faisaient exception seulement : les placers de Salaïr, d'Egorievsk et de Biisk qui fournirent en 1899 14 poud 30 livres.

Les exploitations privées dans l'Altaï ont un caractère franchement industriel; quelques importantes compagnies se les partagent.

1° — Compagnie de l'Altaï méridional.

Elle exploite des placers sur les rivières Balyks et Lebied, dont elle extrait annuellement 40 à 45 pouds d'or, sur lesquels elle doit remettre 17 % en nature à l'administration du cabinet.

Cette compagnie aurait pour actionnaires des membres de la Famille Impériale, et des financiers, M. Günzburg, de Pétersbourg, etc.

2° — Compagnie de l'Altaï.

Elle a pour principal actionnaire M. Gunzburg ; elle travaille sur les rivières Condoma et Miass; elle extrait annuellement 16-18 pouds.

3° — Danilof et C°.

Ils extraient 7 à 10 pouds d'or par an sur des placers du système des affluents de gauche du Haut-Abakan.

4° — Kouznietzof et C°.

Ils extraient 6 à 8 pouds d'or par an sur des placers du système de l'Abakan. Des essais terminés récemment auraient montré que certains de ces placers disposent d'une eau suffisante pour se prêter à une exploitation hydraulique. On procède en ce moment à l'installation d'un placer par l'hydraulicité. Ce sera le premier placer sibérien sur lequel le procédé hydraulique aura été employé. Cet exemple sera sans doute suivi.

5° — Société minière de Zyrianovskoié dans l'Altaï méridional.

Cette société au capital de 3.000.000 de roubles or, divisé en 24,000 actions, a été fondée en 1897, par MM. S. I. Mamontof, Roukovichni-kovy frères, Boukhmistre, avec des capitaux russes et une légère participation française. Le cabinet lui a cédé à bail pour une durée de 60 ans (avec droit de rachat au bout de 30 ans) les mines de Zyria-novskoié, de Poutinietz et de Moskvin ainsi que l'usine Zyrianovskoié et les terrains nécessaires aux constructions nouvelles. Les exploitants ont à payer en nature 10 % sur l'or extrait, 8 % sur l'argent et le cuivre, 4% sur le zinc et le plomb. Le contrat prévoit l'obliga-tion d'extraire un minimum de 5 pouds d'or, 300 pouds d'argent, 7.000 pouds de cuivre.

Le minerai de Zyrianovskoié est une pyrite contenant de l'or, de l'argent, du cuivre, du plomb et du zinc; on a évalué à 107 pouds d'or, 3. 250 pouds d'argent, 94.000 pouds de cuivre, 442.000 de plomb, et 1.260.000 pouds de zinc, le minimum de métaux que con-tient ce filon (évaluation de M. Brousnitzin, ingénieur des mines).

Les déblais accumulés sur les côtés de la mine depuis près de 100 ans qu'elle est exploitée sans interruption contiennent dit-on encore beaucoup d'or.

L'usine de Zyrianovskoié a été installée par le Cabinet. Elle possède des moteurs à vapeur et des turbines. Le minerai est grillé, puis bocardé, lavé ensuite dans de longues sluices, enfin amalgamé. L'or une fois retiré, les céments sont envoyés à l'usine de Zmiéinogorsk à trois jours de là, où on les traite par l'électrolyse pour en retirer le cuivre; l'argent est séparé du plomb par la coupellation. Quant au zinc dont le minerai contient jusqu'à 25 %, il était jusqu'ici perdu.

La Société de Zyrianovskoié construit en ce moment une nouvelle usine, munie d'un outillage français, dans laquelle se fera le traite-ment complet des minerais. En raison de l'absence de houille ou de bois dans le voisinage, la force motrice employée sera l'eau pour l'emmagasinement de laquelle on édifie actuellement un barrage situé à 30 kilomètres environ de la mine. Les procédés de traitement seront changés et permettront d'obtenir le zinc.

Les mines et l'usine sont dirigées par des Français, et l'on s'en aperçoit vite, à voir l'énergie déployée par eux et l'activité et la rapi-dité avec laquelle sont menés les travaux. La Société de Zyrianovs-koié semble à cet égard, être une exception en Sibérie.

District minier d'Atchinsk-Minoussinsk. — Ce district comprend des placers situés dans la partie méridionale du bassin de l'Yénisséï (au sud de Krasnoiarsk); il forme trois groupes principaux :

Celui d'Atchinsk sur les rivières de Saral-Ious, Ious-Noir, Ious-blanc et Agata (système de la Haute-Tchoulym et de l'Yénisséï).

Celui de Minoussinsk sur des affluents et sous-affluents de l'Yénisséï (Sissim, Touba, Kizyr, Amyl, etc...).

Celui d'Oussa, à l'extrême sud du gouvernement d'Yénisséïsk, dans le massif montagneux qui forme la frontière avec la Chine.

La production de ce district minier diminue depuis 1893; elle était en 1899 de 50 p. 11; le rendement moyen était de 31,7 doli.

Le groupe d'Atchinsk fournit en 1899 14 pouds 21 livres. Le caractère des exploitations aurifères dans ce groupe présente beaucoup de ressemblance avec celui des lavages de la Taïga de Mariinsk. Mêmes difficultés pour les transports, même catégorie d'exploitants, petits patrons sans grandes connaissances ni grands moyens. Les placers les plus importants sont ceux de M. Ivanitzky. Cet industriel en remit en 1900 5 en location à l'Américain Mac Cormik, pour un prix de location fixé à 3.000 roubles par poud d'or extrait. Ces placers, longs de 8 verstes, sont situés sur un ruisseau, affluent de l'Ious-Blanc. L'ingénieur américain qui dirige l'exploitation construit en ce moment un barrage qui permettra d'employer les procédés hydrauliques.

Le groupe de Minoussinsk qui produisit 36 pouds 12 livres d'or en 1893, a vu sa production diminuer aussi. Ces placers appartiennent à de petits propriétaires qui les exploitent de façon très primitive. On trouva souvent des pépites sur les placers de ce groupe; c'est sur un de ceux-ci, appartenant au système de la Kysyr, à M. Moukhin et C° (1), que fut trouvé, il y a deux ou trois ans, la plus grosse pépite découverte en Sibérie. Elle pesait 27 kilos 880.

Le groupe d'Oussa, dans des contrées désertes et d'un relief très accentué, est, au point de vue des transports et de la main-d'œuvre, le plus mal partagé. Sa production aussi est-elle très modeste (5 pouds 25 livres).

Le district minier d'Atchinsk-Minoussinsk possède quelques filons récemment découverts :

Sur le système de la rivière Abakan, une veine de quartz donnant jusqu'à 10 zolotniks par % pouds, appartient à M. Kouzniétzof et C°, Bazériévsk, Bardachof. Deux usines y travaillent depuis un an (on broie le minerai à la meule et on fait ensuite une simple amalgama-

---

(1) Une compagnie étrangère, la « Société néerlando-sibérienne de mines d'or de Minoussinsk » aurait acquis des placers de M. Moukhin, y aurait installé un excavateur et aurait construit une petite voie ferrée pour le transport des sables jusqu'aux sluices.

tion), mais ce ne sont encore que des essais. Une nouvelle usine plus importante est en construction.

Sur le système des rivières Amyl et Kisyr, on connaît plusieurs filons qui ne sont pas encore exploités.

Sur le système de l'Ious-Blanc, on a découvert en 1898, dans de la siénite, une veine de 1 mètre à 1^m,50 de puissance. La teneur en or va de 16 à 80 zolotniks. Cette mine appelée Bogom-darovanny (don de Dieu) appartient à M. Ivanitzky qui y a installé une petite usine mise en action par des turbines hydrauliques (1).

Le broyage des minerais a lieu non par meules, comme c'est l'usage habituel en Sibérie, mais au moyen des bocards. L'usine traite 32.000 kilos de minerai par journée de 24 heures. Le rendement moyen reconnu en 1899-1900 fut de 17 zolotniks environ.

Sur le Saral-Ious, on a découvert sur 200 mètres de long et on commence à exploiter un filon quartzeux qui aurait jusqu'à 6 mètres de puissance et une teneur allant jusqu'à 30 zolotniks.

Cette mine (Ioannovsky), à MM. Podvintzef et Khotymsky possède une réserve de minerai évaluée à 5.000.000 de pouds. Le rendement moyen reconnu dans les premiers mois de l'exploitation a été de 12-14 zolotniks. L'usine pour le traitement de ce minerai a été installée en 1900. Le broyage est fait par des meules.

Les placers de la rivière Saral-Ious fournirent, il y a 30-50 ans, une quantité d'or considérable. Aujourd'hui, on découvre continuellement de nouveaux filons; les patrons de lavages qui nourrissaient auparavant pour l'or en veines le plus profond dédain, ont perdu de leur scepticisme et s'ils manquent de la solidité financière nécessaire pour installer des usines de traitement, ils essayent tout au moins dans un but de spéculation, de s'assurer d'importantes concessions. La découverte des veines de Bogom-Darovanny et de Ioannovsky ainsi que certaines trouvailles de fragments de quartz très riches en or, ont donné un nouvel aliment à la fièvre de prospections et font supposer la découverte prochaine de nouveaux gisements d'origine dont l'exploitation rendra au district son importance première.

Le nombre des ouvriers occupés en 1899 aux mines d'or du district d'Atchinsk-Minoussinsk, fut de 4.266. Les ouvriers sont des Russes, habitants des villages voisins. Les salaires mensuels varient de 11 à 18 roubles en hiver, de 28 à 36 roubles en été. Les exploitations par « staratiéli » forment encore la majorité.

Districts Yénisséiens nord et sud. — Les gisements aurifères de ces districts ont été longtemps réputés comme les plus riches de

(1) Les turbines sont de construction américaine. Les transports de force et l'éclairage ont lieu par l'électricité; les dynamos ont été fournies par l'*Allgemeine Elektricitäts-Gesellschaft* de Berlin qui possède de nombreuses agences en Russie; les bocards ont été fournis par la maison Krupp, de Magdebourg.

Sibérie. Dès les premières années de leur découverte, ils fournirent une quantité d'or considérable, qui alla jusqu'à près de 20.000 kilos en 1847. Ils sont bien déchus aujourd'hui et leur exploitation irrationnelle par de petits patrons ou des zolotnitchniki a fait rapidement décliner la production qui n'était plus en 1899 que de 138 pouds, 25. La teneur élevée des premiers placers que l'on découvrit fut un peu la cause de leur mauvaise exploitation. On retira seulement des placers les parties les plus riches et l'on recouvrit les autres des stériles, des cailloux et des boues déjà lavées, ceci dans le but de s'éviter la peine de les transporter plus loin. Les riches placers ainsi ravagés, on passa aux autres; mais le propriétaire ne trouvant pas dans ces derniers une rémunération suffisante pour ses capitaux, les remit en location à de petits exploitants plus besogneux, partant moins exigeants. Petit à petit, tous les placers furent ainsi loués. Les locataires. faute de fonds, empruntent souvent aux propriétaires à des taux rarement inférieurs à 15 pour cent (15 %). Dans l'impossibilité d'organiser la mine, ils la font exploiter par des « staratiéli ». Dans ces conditions, on considère que les sables dont la teneur est inférieure à 30 doli par 100 pouds, sont impossibles à exploiter. Ceci est d'autant plus compréhensible que les exploitants ont en outre à lutter avec des difficultés parfois considérables : les placers sont éloignés souvent de plusieurs journées de marche des lieux habités; ils sont perdus dans la forêt impénétrable, où les transports ne sont possibles qu'en hiver. Les torrents dans lesquels on va chercher les sables précieux sont en outre très capricieux : souvent à sec en été, au point d'arrêter les lavages, ils débordent au printemps ou après les fortes pluies avec une violence extraordinaire et emportent maintes fois les installations.

Les placers sont formés presque toujours par le lit même des torrents. Les sables, gras et bourbeux, sont d'abord lavés dans de grandes cuves, puis passent sur des laveuses américaines, le schlik est ensuite lavé à la waschherd à la main. Les « staratiéli » procèdent encore plus simplement et laissent aller dans les déblais une grande partie du métal. L'or est en effet en général très menu et il est retenu par la proportion considérable d'argile que contiennent les alluvions.

Il est évident que l'emploi de dragues permettrait de travailler dans de bien meilleures conditions. Peu de patrons cependant disposent des moyens suffisants pour acquérir ces coûteux appareils; en outre l'éducation commerciale, le sens de la concentration des capitaux par l'association leur fait défaut, si bien que l'on a pu dire que initiative et capitaux en Sibérie, ne se rencontrent jamais sur la même tête.

Les placers de ces deux districts sont situés sur les affluents de droite de l'Yénisséï moyen (Podkamiénnaïa Toungouska, Pit, Angara); ces deux premières rivières appartiennent au district nord.

C'est sur leurs affluents, l'Enachimo et le Bangach, que s'est surtout concentrée l'activité des mineurs; les placers situés sur ces deux rivières sont donc maintenant épuisés ou ravagés. Les autres rivières ont été à peine exploitées; c'est ainsi que les prospections récentes exécutées par les ingénieurs Iatchévsky et Lokhtin y ont fait découvrir de nouveaux et riches placers.

Les exploitations du district sud sont concentrées sur l'Oudéréi (sous-affluent de l'Angara).

L'exemple de M. Goudkof qui a installé en 1900 une drague sur un placer de l'Oudéréi influera peut-être sur les patrons voisins.

L'or en filons ne représente ici qu'une quantité infime, bien que 4 mines soient exploitées sur les concessions de M. Khilkof et sur celles de MM. Tchérémnykh et Ratkof-Rojnof. Ces filons ont une teneur qui varie de 2 à 7 zolotniks. Ces mines sont assez mal installées; quant au travail aux usines, on le dit médiocre; jusqu'en 1892, on amalgamait le minerai après le broyage par meules; on procède maintenant par la chloruration (système Greenwood).

En 1899, on comptait 9.034 ouvriers occupés à l'extraction de l'or dans ces districts. Les salaires mensuels étaient d'environ 18 à 20 roubles en hiver, 27 à 48 roubles en été, plus élevés dans le district nord que dans le district sud. Les tâcherons recevaient 2 r. 40 à 3,50 par zolotnik.

Les placers du rayon de Krasnoiarsk et de Kansk sont rangés parmi ceux du district Sud-Yénisséien; ils n'ont presque aucune importance.

Les exploitations les plus considérables des deux districts Yénisséiens, sont celles de MM. Péréplétchikof, Tchérémnykh et C°, Charipof, Vassiliévsky et Ratkof-Rojnof, Koutmanof etc., qui produisent chacune 5 pouds d'or ou plus par an.

District minier de Birioussa. — Ce district est rattaché à la circonscription d'Irkoutsk et comprend 3 groupes de placers : celui de Nijnié-Oudinsk à la source de la Birioussa (sous-affluent de gauche de l'Angara).

Celui de Vierkholensk sur la rive ouest du Baïkal.

Celui d'Irkoutsk non loin du Baïkal et sur la rivière Dyba.

Le district de Birioussa fournit en 1842, avec le rayon de Kainsk jusqu'à 204 pouds d'or. La découverte d'autres placers plus riches sur l'Yénisséi et en Sibérie orientale marqua l'abandon des mines de ce district, dont la production baissa d'année en année pour arriver en 1900 à 11 pouds 5 livres fournis presque entièrement par le groupe de Nijnié-Oudinsk.

Des prospections exécutées en 1900 par la Compagnie Draga et par M. Astachof ont fait découvrir sur la Birioussa et sur le Grand-Tarel, un grand nombre de nouveaux placers, mais d'une teneur faible; ils seront exploités au moyen de dragues.

Avec les procédés si divers employés pour l'exploitation des mines, avec le caractère si variable des placers et des entreprises, il serait téméraire d'essayer dans une aussi brève esquisse de déterminer le prix de revient du poud d'or; nous ne tenterons pas de le faire, mais nous nous contenterons de constater que, de l'avis unanime, les revenus que donne l'industrie aurifère en Sibérie occidentale et centrale deviennent de moins en moins considérables par suite de l'épuisement progressif des placers exploités et du renchérissement de la main-d'œuvre. Cet épuisement, nous l'avons vu, n'est qu'apparent, car tels placers qui semblent inexploitables avec les méthodes actuelles, donneraient d'excellents résultats s'ils étaient exploités rationnellement.

De plus, avec les procédés dont ont usé les gold diggers sibériens, une grande partie du métal contenu dans les sables a été perdue et a passé dans les déblais. Ces sables étaient souvent formés de fragments de roches incomplètement désagrégées et qui ne pouvaient livrer aux laveurs l'or qu'elles recelaient. Exposés de longues années à l'action de l'air, ils se sont désagrégés et sont prêts à céder cet or mis maintenant en liberté. Les alluvions non traitées et les côtés des placers délaissés auparavant comme n'ayant qu'une teneur insuffisante pourraient aussi donner à des exploitations mécaniques des résultats satisfaisants (1). Ne reste-t-il pas en outre de nombreux placers à découvrir encore dans cet immense pays si peu étudié et si mal connu?

En supposant même l'épuisement de tous les placers, il resterait l'exploitation des filons d'origine. Ceux-ci, nous l'avons vu, sont presque encore partout vierges ou à peine connus; la quantité d'or énorme qu'ont fournie jusqu'ici les alluvions sibériennes fait prévoir, avec des prospections méthodiques, la découverte des veines d'où sont nées ces alluvions. Les résultats déjà obtenus à cet égard dans le district d'Atchinsk paraissent probants. Mais les recherches de minerai, l'extraction et le traitement de celui-ci ne sont pas simples. Le forage des puits, le percement des galeries souterraines, l'installation de mécanismes pour l'épuisement des eaux, le transport du minerai, l'édification et la conduite d'usines pour son enrichissement et son traitement chimique, demandent des spécialistes qui n'existent guère en Sibérie et que les écoles des mines d'Irkoutsk et d'Ekatérinbourg sont dans l'impossibilité de fournir de sitôt au pays. Ils exigent aussi des capitaux considérables que ni la Sibérie, ni la Russie, sauf en quelques cas particuliers, ne peuvent réunir.

(1) Nous citerons l'exemple de la Cⁱ⁰ Beriozovsky dans l'Oural, qui lave pour la deuxième fois les sables de ses placers, de M. Zélenkof dans le système du Katchkar (Oural) qui traitait chimiquement les déblais d'anciens placers épuisés. Les mines de M. Zélenkof ont été acquises par la Société belge des mines d'or d'Ouspiénsky. Une exploitation aurifère de la Taïga de Birioussa est déjà entrée aussi dans cette voie.

Ces capitaux, nécessaires aussi pour la concentration et l'installation économique de placers dont la dispersion dans les mains d'une multitude de petits patrons est une cause de mauvaise exploitation, ces capitaux disons-nous, c'est l'étranger qui les fournira. L'épargne occidentale, depuis vingt ans est venue féconder la Pologne, le Donetz, le Caucase; ce dernier lustre, elle a entrepris la conquête pacifique de l'Oural. Au milieu des forêts, à l'autre bout du monde semblait-il, des usines aux cheminées fumantes sont sorties de terre; les flammes des hauts-fourneaux déchirent maintenant la verdure sombre des grands sapins; le bruit des pilons fait écho aux murmures des torrents et l'aigle qui plane en tournoyant au-dessus des montagnes aperçoit dans les replis des vallées des agglomérations ouvrières de 15.000, 30.000 âmes et plus, là où rôdaient seuls en quête de subsistance les ours et les loups. L'Oural, ce vaste champ d'action qui a absorbé déjà plus de 130 millions de francs puisés dans les bas de laine belges ou français (1), semblait l'étape terminale. Le chemin de fer l'a franchie. Les ingénieurs de toutes les nationalités parcourent maintenant la Sibérie en avant-coureurs et ce puissant outil du progrès, le capital, regarde par delà les monts; il commence déjà à se mettre en marche à la recherche de placements fructueux et il va bientôt pénétrer dans l'Asie du Nord pour mettre en valeur ce pays nouveau, y amoindrir le coût de la vie, rendre celle-ci plus facile et plus douce et par là accomplir sa mission civilisatrice.

L'industrie de l'or bénéficiera certes la première de la pléthore d'argent qui caractérise nos Bourses de Paris, de Lyon, comme celles de Londres, ou de Bruxelles, de cette activité débordante qui est celle des milieux américains.

La poursuite du métal jaune excite en effet plus que tout autre les avidités. Les entreprises aurifères centralisées, munies de puissantes ressources, mieux dirigées, pourront et sauront faire les installations nécessaires à une exploitation économique, rechercher l'or dans le minerai et traiter celui-ci comme il convient. Une ère nouvelle va donc s'ouvrir pour cette industrie qui viendra accroître d'une manière définitive la richesse du pays.

Et c'est ainsi que la locomotive qui a fait irruption dans les forêts, les steppes ou les collines de la Sibérie bouleversant toute l'économie du pays et précipitant la crise dont souffre aujourd'hui l'industrie de l'or, apporte elle-même les remèdes qui mettront fin à cette crise. L'exploitation des mines est en effet possible maintenant pour les étrangers, car le chemin de fer donne le moyen d'aller sur place faire ou vérifier les prospections, de transporter jusqu'au fond des taïgas les machines, les appareils et les outils.

(1) Voir le récent ouvrage de M. Verstraète : l'*Oural*.

Une mesure prise par le gouvernement russe facilite encore cette exploitation : depuis 1898, toutes les machines ou instruments destinés aux mines d'or, de même que le cyanure de potassium, sont admis par toutes frontières en complète franchise de droits de douane (1).

Quant aux bras que la construction du chemin de fer a enlevés momentanément aux mines, la colonisation les leur rend de plus en plus nombreux en même temps que le chemin de fer rend plus économiques la constitution et le transport des approvisionnements.

Les capitaux français auront donc avantage à suivre en Sibérie l'exemple des Américains et des Anglais que nous avons vus commencer déjà à agir. Nous ne saurions trop cependant recommander aux futures entreprises la plus grande circonspection et l'étude la plus attentive des affaires qui pourront se présenter.

Après les « staratéli, » les placers sont écrémés et il serait d'une inexcusable imprudence de se baser pour l'achat de concessions sur les résultats obtenus par les précédents exploitants. Des prospections nouvelles et très sérieuses devront, dans chaque cas, être faites. C'est ainsi seulement qu'on évitera les désillusions et les déboires que des achats de concessions à des prix inconsidérés et sans études suffisantes ont causés à certaines sociétés ouraliennes.

Argent et plomb.

C'est la Sibérie qui produit presque tout l'argent obtenu en Russie (472 pouds 30 livres en 1897).

Les districts producteurs en Sibérie sont:

1° — L'Altaï;
2° — Le territoire de Semipalatinsk;
3° — Le district de Nertchinsk (Transbaïkalie).

ALTAÏ. — La découverte de gisements de plomb argentifère dans l'Altaï remonte à 1742, date à laquelle commence l'exploitation par Démidof (le fils du fameux forgeron du Toula qui, sous Pierre le Grand, implanta l'industrie métallurgique dans l'Oural) du gisement de Zmiéinogorsk. On découvrit ensuite dans de nombreux emplacements de nouveaux gisements de plomb argentifère et l'Administration du Cabinet construisit alors des fonderies pour le traitement de ces minerais.

(1) Moteurs, chaudières, élévateurs mécaniques, bocards, amalgamateurs, dragues, excavateurs, fours, tuyaux, conduites, rails et wagonnets, pompes, ventilateurs, tamis, cribles, etc.
Ceci pourrait être une indication pour nos fabricants français qui auraient tout intérêt à installer dans les centres sibériens, tels que Tomsk, Krasnoiarsk, Irkoutsk, des dépôts de machines et outils destinés au travail des placers et des mines. Il existe déjà à Tomsk un bureau technique qui représente des fabriques russes et allemandes.

Ces gisements étaient situés les uns dans la partie orientale du district, et appartenaient au groupe de Salaïr; les autres, dans la partie montagneuse de l'ouest, ont pour centre Zmiéinogorsk. Le Cabinet les exploita jusqu'à ces dernières années. Aujourd'hui, si nous en exceptons le filon aurifère de Riddersk, qui fournit une certaine proportion d'argent, le Cabinet n'exploite plus aucun gisement argentifère dans l'Altaï. Les seules mines qui fournissent encore de l'argent sont celles de Zyrianovskoié et de Poutiniétz qui sont concédées à la Société minière de Zyrianovskoïé dont nous avons eu l'occasion de parler au sujet de l'or.

En 1897, les céments obtenus avec les minerais de ces mines donnèrent 162 p. 24 d'argent brut.

Les causes de la décadence des mines d'argent de l'Altaï semblent être les mêmes que celles qui ont entraîné la crise de l'industrie aurifère. Les gisements une fois découverts, on les exploitait de longues années durant sans procéder en même temps à des recherches pour s'assurer à l'avance des réserves de minerais. Quant à l'exploitation, elle était aussi des plus primitives et elle devint impossible dès que les ouvriers, obligés auparavant de fournir des corvées à la mine, en furent libérés et demandèrent des salaires plus élevés.

Les procédés de traitement étaient aussi très onéreux du fait fréquent de l'absence de combustible dans les usines où l'on transportait pour y être traité par fusion un minerai quelquefois pauvre, extrait à plusieurs centaines de kilomètres de là.

Si de nouveaux gisements de plomb argentifère ne sont pas découverts dans l'Altaï, on ne pourra compter dans ce district que sur la production de Zyrianovskoié qui, grâce à une plus active exploitation donnera probablement les 300 pouds minimum que la société s'est obligée à fournir annuellement.

La production de plomb fondu dans l'Altaï a passé de 10.099 pouds en 1888 à 3.172 pouds en 1897.

Territoire de Semipalatinsk. — C'est vers 1834, qu'un particulier du nom de Popof commença à exploiter des gisements découverts dans le district de Karkaralinsk. Les héritiers de cet industriel continuèrent l'exploitation. Jusqu'en 1893, on comptait environ dans ce rayon une centaine de mines concédées dont un très petit nombre (32 seulement) étaient exploitées en 1899.

Les gisements s'y présentent au milieu de calcaires gris ou blancs sous forme de nids dont les dimensions sont assez importantes et ont quelquefois jusqu'à 350 mètres de long sur 15 à 50 mètres de large. La galène qu'ils contiennent a une teneur en argent allant jusqu'à 3 % et en plomb 50 à 60 %.

Les mines les plus intéressantes sont celles de Kyzyl-Espé, de Kara-Aïgyr, de Bich-Tchek, de Bek-Kara, etc.

Les minerais extraits sont traités par fusion dans deux fonderies appartenant aux héritiers Popof et approvisionnées de combustible par des mines de houille du voisinage.

La production d'argent de coupelle fut de 61 pouds 13 livres en 1897, celle du plomb de 17.226 pouds.

Les transports des minerais des mines aux fonderies ont lieu sur charrettes traînées par des chevaux, des bœufs ou des chameaux. En raison des immenses distances qui séparent les gisements des usines, ces transports sont très onéreux et gênent sérieusement le développement de la métallurgie argentifère dans la steppe kirghise.

Dans cette steppe, dont le sous-sol est encore mal connu, on connaît déjà près de 200 gisements de plomb argentifère de richesse variable. Ces gisements n'ont donné lieu qu'à des recherches superficielles ou aux courts essais d'exploitation dont nous avons parlé plus haut.

Les habitants de ces régions sont en effet pour la plupart pauvres ou manquent des connaissances et de l'initiative nécessaires pour organiser et mener à bien des prospections et des exploitations.

Des travaux de recherches méthodiques nous sembleraient devoir donner, dans le district de Karkaralinsk comme dans celui de Pavlodar, des résultats d'un grand intérêt.

On connaît depuis longtemps des gisements de plomb dans le district de Minoussinsk (domaine d'Irba), mais les recherches faites jusqu'à ce jour ne permettent pas de dire si ces gisements sont suffisamment puissants pour permettre l'exploitation.

Le district de Nertchinsk, en Transbaïkalie, propriété impériale, est en pleine décadence. Ce rayon qui fournissait jusqu'à 600 pouds d'argent et plus par an en produisit en 1897 18 pouds 6 livres. Cette décadence semble due aux mêmes causes qui ont déterminé le Cabinet à fermer ses mines et ses fonderies dans l'Altaï.

L'argent des contrées sibériennes est envoyé à la Monnaie de Saint-Pétersbourg. Le plomb est en général vendu sur place à un prix d'environ 2 roubles le poud.

Cuivre.

La production du cuivre en Russie se répartissait ainsi en 1897 :

Cuivre en barres.	Oural	220.783 pouds.
	Caucase	162.534 —
	Finlande	21.360 —
	Altaï	15.427 —
	Steppes kirghises	3.586 —

On voit la part assez peu importante prise par la Sibérie dans cette production. Si nous comparons maintenant la production sibérienne pendant quelques-unes de ces dernières années, nous voyons qu'elle décroît dans l'Altaï, passant de 18.200 pouds en 1888 à 15.427 pouds en 1897, tandis qu'elle augmente dans les steppes kirghises passant de 308 pouds en 1888 à 3.586 pouds en 1897.

ALTAÏ. — Des vestiges de mines exploitées dans les temps préhistoriques par les anciens possesseurs de l'Altaï firent découvrir, vers les commencements du dix-huitième siècle, de riches gisements cuprifères. Ce fut encore Démidof (1) qui fut ici le pionnier de cette nouvelle industrie ; on découvrit les gisements de Kolyvan, de Zmiéinogorsk et d'autres gisements et on construisit des fonderies à Barnaoul, à Zmiéinogorsk et en d'autres emplacements.

Du grand nombre de gisements cuprifères connus dans l'Altaï, peu furent étudiés en détail ou exploités. Un petit groupe seulement est aujourd'hui en activité ; ce sont les gisements de Talovskoié, de Sougatovskoié et de Tchoudak situés dans le système de l'Ouba, petit affluent de droite de l'Irtych (2).

Nous devons y ajouter le gisement de pyrite cuivreux aurifère de Zyrianovskoié dont nous avons déjà parlé et dont les céments sont transportés à Zmiéinogorsk pour être traités par l'électrolyse. Les minerais des gisements de l'Ouba, malgré une teneur assez faible, sont transportés sur charrettes à 400 verstes de là, à la fonderie de Souzounsky (à 75 kilomètres environ au nord-ouest de Barnaoul). Ces transports sont naturellement très coûteux. En outre, les forêts qui entouraient autrefois la fonderie sont maintenant épuisées et l'on doit faire venir également de très loin le charbon de bois. On comprend que cette manière d'opérer ne puisse laisser de grands bénéfices. La fonderie de Souzounsky obtint en 1899 10.083 pouds de cuivre pur. L'usine électrolytique de Zyrianovskoié donna en 1897, 5.116 pouds et le traitement des eaux cuivreuses de Sougatovskoié permit d'obtenir la même année 1.090 pouds. Quant au minerai de Riddersk, il fournit en 1899, 2.500 pouds de matte de cuivre.

La décadence des mines de cuivre de l'Altaï tient aux mêmes causes qui ont déterminé celle des mines d'argent.

Un grand nombre des gisements abandonnés pourraient avec une exploitation bien entendue, donner d'excellents résultats. La construction du Transsibérien et l'établissement de services réguliers de bateaux à vapeur sur l'Oi et l'Irtych faciliteront considérablement les

(1) Démidof a aujourd'hui sa statue à Barnaoul.
(2) Ces gisements se présentent au milieu de porphyres et sous forme de poches contenant des pyrites cuivreux d'une teneur d'environ 5 à 10 %. Le gisement de Sougatovskoié fournit des eaux cuivreuses.

futures entreprises qu'intéresseront les richesses minières que renferme le sous-sol de l'Altaï.

STEPPES KIRGHISES. — Les minerais de cuivre existent en très grande abondance dans les steppes kirghises où il n'est pas rare de trouver à la surface du sol de nombreux échantillons des combinaisons diverses sous lesquelles se présente ce métal.

En 1899, on comptait dans les steppes plus de 180 gisements de cuivre, dont 4 seulement étaient à peine exploités, les autres n'ayant fait l'objet que de quelques prospections superficielles. L'extraction des minerais de cuivre, née ici en 1855, subit diverses interruptions. Depuis quelques années, grâce à la hausse des prix du cuivre, elle commence à se développer.

Les gisements les plus connus sont situés dans le district d'Akmolinsk et de Karkaralinsk (1) : les minerais se présentent en général au milieu de calcaires ou de talcs; ce sont pour la plupart des azurites, des malachites, des galènes cuivreuses, des chalcopyrites, très rarement du cuivre natif.

Les teneurs varient dans certaines mines entre 5 et 25 %, mais ne sont pas supérieures à 3-5 % en moyenne.

Les minerais sont traités dans trois fonderies qui travaillèrent aussi d'une manière périodique : la plus importante, la fonderie de Spassky, obtint en 1899 7.433 pouds de cuivre noir; elle appartient à l'exploitation Riazanovy; les deux autres, anciennes, petites et mal installées (fonderies Stépanovskoié et Kozmo-Démianovskoié) appartiennent aux héritiers Popof; elles produisirent 3.913 pouds de cuivre.

Nous avons dit précédemment que ces fonderies faisaient aussi le traitement des galènes.

Nous devons signaler en outre la petite fonderie d'essai de Vosniéciénskoié installée près d'Ekibas-Tous, par la Compagnie des Mines de Voskréciensko ié (2) pour le traitement des minerais provenant des mines voisines de Kréchtchénskoié, de Pokrovskoié et d'Eki-Tioubé. Ces minerais sont des imprégnations d'azurite et de malachite, dans des roches siliceuses ou du spath pesant. Ils contiennent de 3,60 à

---

(1) C'est la mine d'Ouspénsky appartenant à un industriel ouralien, M. Riazanovy et les mines de Bogoslovsky, de Nikolaïévsky, de Tzarévo-Alexandrosky aux héritiers Popof. Les filons exploités par ces derniers ont une teneur de 16 à 25 %, quelquefois 30 % de cuivre, mais ils ont peu de puissance; ceux de M. Riazanovy ont une teneur plus faible, 6 à 18 %. La mine d'Ouspénsky cependant paraît la plus intéressante de toutes celles qui ont jusqu'à présent été étudiées, en raison de la réserve considérable de minéral qu'elle contient.

(2) Nous aurons l'occasion de parler plus loin de cette compagnie qui a entrepris l'exploitation de très importants gisements houillers à Ekibas-Tous. Les mines de cuivre que nous mentionnons sont situées tout près des gisements houillers; on les organise en ce moment.

10 % de cuivre (1). La fusion, assez difficile, a lieu pour partie sur coke provenant de la houille d'Ekibas et sur charbon de bois (2).

La Société de Voskriécienskoié possède près de 30 à 35 autres gisements cuprifères, mais ils n'ont pas encore été étudiés en détail.

D'autres industriels, MM. von Rieben et Perfiliéf ont entrepris en 1899 l'extraction du cuivre dans les steppes. Ils possèdent un très grand nombre d'emplacements où la présence du cuivre a été reconnue; mais des prospections sérieuses n'ont pas encore été faites. Tous ces gisements se trouvent dans les districts de Pavlodar, de Karkaralinsk, et d'Akmolinsk. Ces industriels ont également reconnu la présence de la houille dans les le voisinage du minerai et ils commencent l'exploitation d'une couche de houille à Kara-Koundouk (district de Pavlodar) où doit s'élever la fonderie.

Un avenir très brillant paraît réservé à l'industrie du cuivre dans les steppes kirghises. Sur le nombre considérable de gisements découverts jusqu'à ce jour, beaucoup sont susceptibles d'exploitation. La proximité des amas de houille offre des facilités toutes spéciales pour la métallurgie de ce métal. En outre, de nombreux rayons sont encore à peine étudiés qui paraissent cependant présenter des signes évidents de richesse (3). Au point de vue des voies de communication, le pays se trouve dans une situation bien meilleure qu'il y a quelques années ; le Transsibérien borde sur près de 750 kilomètres de Tchélabinsk à Omsk la lisière nord de la steppe ; à l'est, l'Irtych, sur lequel la navigation se développe d'une façon remarquable, met en relations avec la voie ferrée des régions qui en sont éloignées de plus de 1.000 kilomètres; à l'ouest, le chemin de fer d'Orenbourg-Tachkent dont on entreprend en ce moment la construction, reliera à la Russie d'immenses étendues jusqu'ici isolées. Les prospections sont maintenant plus faciles et moins onéreuses. Les transports de matériel sont devenus possibles. Il ne faut pas cependant se dissimuler que des voies ferrées de pénétration seront indispensables pour toutes les exploitations un peu sérieuses. Grâce à l'absence de relief de la majorité de ces contrées, la construction de ces voies ne sera pas très onéreuse (on peut compter en général dans la steppe 10 à 15.000 roubles le prix de revient d'un kilomètre de voie ferrée à écartement

(1) Le cuivre obtenu dans ces gisements, de même que le cuivre des steppes kirghises en général contiendrait une petite proportion d'or et d'argent, insuffisante pour être extraite séparément, mais qui cependant améliorerait la qualité du métal et lui donnerait une plus-value sensible.
(2) Des ingénieurs français ont préconisé le traitement de ces minerais par grillage chlorurant, dissolution et électrolyse. Le sel gemme abonde en effet sur place et est très bon marché, tandis que le coke est mauvais et le charbon de bois cher.
(3) Nous citerons, entre autres, la région qui avoisine Baïan-Aoul et Koulandy (entre Pavlodar et Karkaralinsk).

normal); elle absorbera cependant une partie considérable des capitaux destinés aux exploitations minières.

Au point de vue de la main-d'œuvre, les industries minières dans les steppes se trouvent assez favorisées; la main-d'œuvre est formée d'ouvriers kirghises (quelquefois tatars), abondants et peu exigeants.

Pour ce qui concerne le débouché du cuivre, les steppes se trouvent dans une situation très avantageuse. La Russie importe, en effet, beaucoup plus de cuivre qu'elle n'en produit. Cette importation est en outre grevée de droits de douane très élevés (de 611 fr. 30 à 1.467 francs la tonne).

Nous avons la conviction que l'exemple d'initiative donné par M. Diérof, fondateur de la Société de Voskrécienskoié, par MM. von Rieben et Perfiliéf sera suivi et que sous peu les steppes kirghises seront un des centres les plus considérables de l'extraction du cuivre en Russie.

DISTRICT DE MINOUSSINSK. — Dans le district de Minoussinsk (Haut-Yénisséï), on connaît plus de quatre-vingts emplacements où la présence du cuivre a été constatée. Quelques-uns de ces gisements (cuivre pyriteux, ocreux, et quelquefois cuivre natif), furent autrefois l'objet d'un commencement d'exploitation; de petites fonderies furent alors construites qui travaillèrent très peu de temps.

Les recherches géologiques faites en 1894 par l'ingénieur des mines Iavorovsky dans la partie nord-est du district minier de Minoussinsk et dans la « datcha » d'Irba, ont fait reconnaître au milieu de porphyres ou d'autres roches la présence de gisements de cuivre dont quelques-uns furent exploités déjà dans des temps très éloignés. Ces gisements ont de très faibles teneurs (cuivre siliceux, 2 à 4,27 %, oxyde de cuivre et azurite 1,9 %). Un gisement paraît fort intéressant cependant : c'est près du lac Itkoul, à 50. 60 kilomètres de l'Yénisséï, des filons quartzeux contenant de l'azurite d'une teneur variant de 8 à 22 % de cuivre: ces filons renferment en outre de l'argent et de l'or.

DISTRICT D'ATCHINSK. — Ce district possède, dans des grès, des minerais de cuivre (pyrites, etc...). Ils sont cependant trop pauvres pour permettre leur exploitation.

En Transbaïkalie enfin, on a trouvé des indices (1) de silicates de cuivre, d'azurites et de chalcopyrites.

_____

(1) En 1900 cependant on a découvert sur le Tchikoïe (district de Vérkhné-Oudinsk), près du village de Korotkovsky, avec d'assez riches gisements de fer magnétique, une couche d'environ 1ᵐ,40 de puissance de silicates de cuivre et d'azurites coupée de pyrites

Minerais de fer et fonte.

Le sous-sol sibérien possède de nombreux gisements de minerais de fer dont quelques-uns furent exploités à des époques assez reculées par les aborigènes (les Iakoutes par exemple sur des affluents de la Léna). Au dix-huitième siècle, le Trésor russe fit même cons-

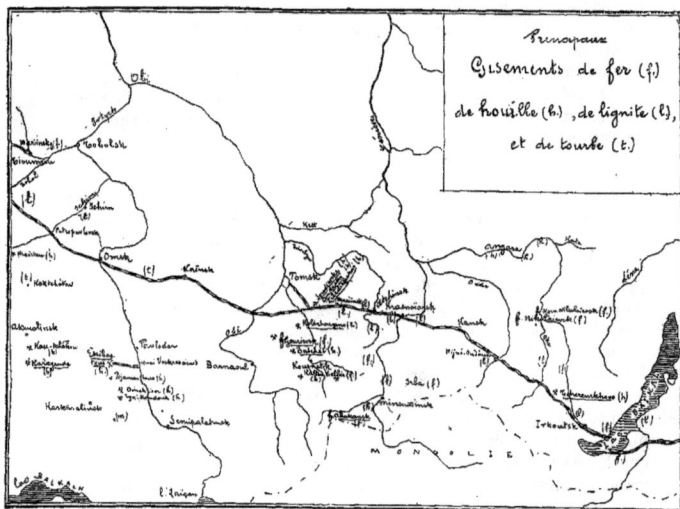

truire quelques fonderies de fer, dans le domaine d'Irba par exemple, à Tomsk, à Pétrovskoïe (Transbaïkalie), etc.

Vers le milieu du dix-neuvième siècle, l'usine d'Irba fut fermée, mais l'État en construisit une nouvelle à Nikolaiévsk, sur l'Angara, tandis que l'usine de Gouriévsk, auparavant destinée à la fonte des

cuivreux ; un autre gisement puissant d'environ 4 mètres a été découvert au même endroit ; on estime à un minimum de 10 millions de pouds le minerai contenu ici ; d'après une analyse faite au laboratoire d'Irkoutsk, le minerai aurait donné en moyenne 38-58 % de cuivre. La richesse en cuivre de ces gisements qu'on explore en détail en ce moment fait prévoir qu'ils seront exploités. Le bassin du Tchikoïe est en effet assez peuplé ; la concession est entourée de forêts assurant un combustible à bon marché et elle est en outre baignée par la rivière dont le courant est assez puissant pour fournir une force motrice considérable. Au point de vue des transports, la concession est éloignée d'environ 100 kilomètres du chemin de fer dont elle est séparée par une chaîne de partage des eaux.

minerais argentifères, était transformée par le Cabinet pour la fonte des minerais de fer. Un particulier construisit de même une fonderie sur le Haut-Abakan.

On compte actuellement en Sibérie cinq fonderies dont trois seulement sont en activité :

Celle de Gourievsk (district de l'Altaï) au Cabinet Impérial.

Celle de Pétrovsk (district de Nertchinsk) —

Celle d'Abakansk (district de Minoussinsk).

Les deux autres sont arrêtées depuis 1899; ce sont les fonderies de Nikolaiévsk et de Novo-Nikolaiévsk, à 52 kilomètres l'une de l'autre, près de l'Angara, dans le gouvernement d'Irkoutsk.

L'extraction des minerais de fer est encore insignifiante.

En 1897 par exemple, pour un chiffre total de plus de 250.000.000 de pouds de minerais de fer extraits en Russie, la Sibérie n'entrait que pour un total de 1.413.065 pouds extraits en onze mines.

USINE DE GOURIEVSK. — Elle est alimentée par cinq mines qui fournissent des hématites brunes et rouges d'une teneur d'environ 40-50 %. Ces gisements fournirent en 1897, 186.000 pouds environ de minerai. Ils se présentent dans des argiles et des calcaires sous forme de nids peu importants et assez éloignés les uns des autres; l'extraction n'est cependant pas très coûteuse, en raison du peu de profondeur de ces nids. Les amas de minerais contenus dans ces gisements ne semblent pas suffisants pour permettre de prédire une longue et brillante destinée à l'usine de Gourievsk dont la production baisse d'année en année (1). Il en est autrement des gisements de fer magnétique situés sur la rivière Telbès à 220 kilomètres environ au sud de Gourievsk et dont nous parlerons tout à l'heure. L'usine de Gourievsk, d'une installation déjà ancienne, dispose d'un haut-fourneau au charbon de bois à ventilation chaude. Elle prépare aussi du fer (2) dont elle fabriqua en 1897, 37.838 pouds; elle possède six fours dont trois à puddler, deux marteaux-pilons dont un à vapeur et un à eau; deux laminoirs, etc... Les produits fonte et fer de cette usine, destinés primitivement aux besoins des seules exploitations du Cabinet, sont vendus maintenant aux particuliers à des prix sur place de 0 r. 60 à 0 r. 90 le poud de fonte et de 1 r. 60 à 1 r. 75 le poud de fer. Le débouché de ces produits est à Barnaoul et Tomsk. L'usine de Gourievsk fabrique aussi des objets en fonte, en fer et en cuivre.

_____

(1) L'usine de Gourievsk fut louée en 1897 à la Société orientale sibérienne qui devait la remonter. La débâcle des affaires de cette société dont nous parlerons plus loin a fait revenir en 1900 l'usine et les gisements sous la dépendance du Cabinet.

(2) Elle reçoit le charbon de terre et le coke de mines de charbon avoisinantes (Batchat).

Usine de Pétrovsk (Transbaïkalie). — Cette usine appartient aussi au Cabinet; elle est alimentée par des gisements de fer magnétique. Sa production, des plus réduites, est limitée aux besoins des exploitations aurifères du Cabinet dans le district de Nertchinsk. Très ancienne, elle n'a aucune importance véritable; lors de la construction du Transsibérien, elle fut dans l'impossibilité de se charger de commandes de rails pour le tronçon Transbaïkalien.

Usine d'Abakanskoïé. — Elle est située dans le district de Minoussinsk, sur la rivière Abakan, affluent de gauche de l'Yénisséï, non loin de la frontière chinoise et près de la limite du gouvernement de Tomsk. Elle était exploitée ces dernières années par un « artel » d'ouvriers mineurs, fondeurs et forgerons.

La mine qui l'alimente possède un très puissant gîte de fer magnétique très pur, mélangé parfois à du fer spéculaire, ocreux et spathique; sa teneur est de 53,58 à 69,7 %. On évalue l'amas de minerai contenu dans cette mine à 1.500.000 tonnes.

L'usine produit de la fonte et du fer. Son outillage, fort ancien, se compose d'un haut-fourneau à demi démoli, marchant sur charbon de bois et à air froid, de deux fours à puddler, trois autres fours et de trois pilons à vapeur. Sa production était en 1897 de 132.322 pouds de fonte vendus sur place à 0 r.80 le poud, de 84.825 pouds de fer et de quelques milliers de pouds d'objets en fonte ou en fer.

Le bilan de la production de fonte et de fer en Sibérie n'est donc pas précisément brillant. A quoi tient cette situation?

L'exploitation des gisements de minerais de fer, leur traitement pour l'obtention de la fonte et la transformation de ce produit en fer et en acier, exigent, avec des connaissances techniques assez développées, des capitaux importants qu'on trouve rarement chez des particuliers isolés.

La naissance de personnes morales en lesquelles viennent se concentrer des capitaux réunis par l'association, pour la réalisation d'œuvres de longue haleine, est un phénomène inconnu dans les pays pauvres où l'éducation commerciale est encore dans l'enfance. La Sibérie jusqu'à présent n'a pas connu cette forme pratique, souple et durable de l'association, la société anonyme. C'est tout au plus si quelques mines d'or, les plus difficiles à exploiter, ont pu obliger leurs possesseurs à contracter des associations dont le terme très court (une campagne de 6 à 8 mois) interdisait toute immobilisation de capitaux.

D'autres causes formaient un obstacle au développement de l'industrie sidérurgique en Sibérie. Les Sibériens ne connaissaient guère que les mines d'or et ne prêtaient aucune attention à tout ce qui n'était pas le métal précieux. Des voies de communications commodes et économiques faisaient défaut; on ne connaissait pas encore les réserves de combustibles minéraux que possède le sous-sol du pays. La population, très peu dense, ne fournissait de main-d'œuvre que pour les travaux agricoles ou pour les mines d'or; elle n'avait d'autre part que peu de besoins en objets métalliques qu'elle remplaçait par des objets en bois moins coûteux.

En outre, l'Oural pouvait, grâce aux voies d'eau du bassin de l'Obi, envoyer ses produits jusqu'au cœur même de la Sibérie. Quant aux usines du Cabinet, créées en vue seulement des besoins des mines d'or appartenant à ce dernier et par conséquent produisant peu, dirigées par des fonctionnaires privés de toute initiative et de toute indépendance, elles étaient dans l'impossibilité de donner une impulsion sérieuse à l'industrie du fer (1).

Grâce au chemin de fer la situation change maintenant. Les études géologiques que sa construction a nécessitées ont fait découvrir en maints endroits, des gisements de fer et les amas de houille qui en permettront le traitement. Un esprit nouveau pénètre en Sibérie où l'on commence à se préoccuper du métal utile entre tous. La population augmente rapidement, avec elle la main-d'œuvre et les besoins en objets métalliques. De nouvelles industries se créent. La crise de l'industrie aurifère obligeant celle-ci à changer ses procédés, à se créer un outillage mécanique, appelle la création d'ateliers de construction et augmente les demandes en acier, en fer, en fonte, etc... Les moyens de communications se développent et permettent l'exploitation des gisements éloignés des voies de navigation.

Quels sont les principaux gisements de fer que possède la Sibérie cisbaïkalienne?

GOUVERNEMENT DE TOBOLSK. — Près de Tioumène, à la mine Mariinsky, se trouve un gisement de sphérosidérite contenant 30 % de fer. La réserve de minerai, faute de recherches sérieuses, ne peut être déterminée. Le propriétaire de cette mine en extrait chaque année environ 15.000 pouds, minimum auquel il est obligé, faute d'être déchu de sa concession. Les travaux ont lieu sans aucune espèce de méthode, à ciel ouvert, car le minerai se trouve presque à la surface. Le gisement est éloigné de tout dépôt houiller et le charbon de bois nécessaire à la fusion devrait venir de très loin par la Tavda.

STEPPES KIRGHISES. — On connaît dans les steppes environ une ving-taine de gisements de minerais de fer. Aucun de ceux-ci jusqu'à pré-

(1) Ce phénomène se retrouve du reste dans l'Oural où les exploitations du Trésor sont des moins brillantes.

sent n'a été étudié suffisamment pour permettre d'en évaluer les réserves. Ce sont en divers endroits, notamment dans le district de Karkaralinsk, des couches de fer oligiste, magnétique, oolithique ou d'hématites brunes de richesse variable; quelques-unes de ces couches sont puissantes et la découverte à proximité de celle-ci, de gisements de houille permet de prévoir la naissance dans un avenir plus ou moins rapproché de l'industrie sidérurgique dans les steppes.

Elle aura à surmonter une difficulté assez considérable : celle des transports et elle ne pourra prendre de l'importance qu'au cas où les entreprises qui s'intéresseraient à ces gisements disposeraient de capitaux suffisants pour construire des voies ferrées, mettant les mines en relation avec le charbon et avec le Transsibérien ou l'Irtych.

ALTAÏ. — Dans la région montagneuse de Kouznietzk, un peu au-dessus de cette ville, sur le Telbès, affluent de droite de la Condoma, se trouvent, dans des roches très dures, de riches gisements de fer magnétique et d'hématite brune d'une teneur d'environ 60 % (1).

On a évalué à 100 millions de pouds, la réserve de minerais qu'ils contiennent. Les gisements de Telbès ont fait en 1894 et 1896, l'objet de prospections détaillées.

Ils ont été étudiés par divers spécialistes et notamment en 1899 par un ingénieur français, M. Dumarest. Suivant un auteur M. Kroupsky, ils présenteraient de grandes ressemblances avec le gisement de Blagodat dans l'Oural.

Ils faisaient partie de la concession accordée en 1897 à « la Société orientale sibérienne »; mais ils n'ont même pas donné lieu à un commencement d'exploitation car la déconfiture de cette Société en 1900, a fait revenir les gîtes de Telbès sous la possession du Cabinet.

L'exploitation de ces gisements serait facilitée par la présence à Kaltan, sur la Condoma, à 20 ou 30 kilomètres, de houillères fournissant un charbon extra-gras à coke (2). Les couches de Kaltan n'ont

(1) Voici les résultats d'une analyse de ce minerai faite au Laboratoire de Gourievsk :

	MINERAI ASSORTI BRUT.	MINERAI GRILLÉ.
Fe^3O^4	83,67 (Fe = 60,60)	87,90 (Fe = 63,75)
SiO^2	7,45	6,86
Al^2O^3	3,09	3,
Mn^3O^4	0,65	0,60
P^2O^5	0,41 (Ph. = 0,18)	0,30 (Ph. = 0,13)
S	0,13	0,07
CaO	2,	1,35
$H^2O + CO^2$	1,97	

(2) Ce charbon aurait donné aux essais 7.777 calories, 7 % de cendres, 0,764 de soufre et jusqu'à 86,30 % de bon coke. L'usine de réduction pourrait être placée sur la houillère de Koltchougino, à environ 110 kilomètres au nord-ouest de Kouznietsk, à mi-chemin entre cette ville et le Transsibérien.

pas été l'objet de recherches détaillées. L'exploitation en serait, dit-on, facile.

C'est à Kaltan que la Société orientale Sibérienne projetait d'élever les hauts-fourneaux qui devaient traiter le minerai de Telbès, car il s'y trouve en abondance l'argile réfractaire et les fondants.

Le rayon de l'Altaï, le gouvernement de Tomsk et la Mongolie Septentrionale (territoire de Kobdo) offriraient un magnifique débouché à des produits de fer et de fonte. Une grande difficulté se présente cependant formant un obstacle très sérieux à l'exploitation des gisements de Telbès. C'est le relief extrèmement accidenté des régions dans lesquelles ils se trouvent et l'absence de toute voie de transport pouvant faire communiquer ces régions avec l'extérieur. La Condoma qui unit Telbès à Kaltan et à la Tom est à peine flottable au printemps. La Tom serait peut-être navigable aux hautes eaux printanières et flottable plus longtemps. Il est néanmoins impossible de compter sur cette rivière comme voie de communication. Ces gisements n'ont donc pour communiquer avec le Transsibérien ou la vallée de l'Obi que des sentiers de montagnes, impraticables aux voitures. Si l'on songe que ces gisements sont dans des régions forestières et inhabitées, on comprendra que l'entreprise qui répondrait aux offres du Cabinet et voudrait les exploiter aurait comme premier devoir d'assurer ses transports en construisant dans des conditions très difficiles une voie ferrée unissant les minerais et le charbon et celui-ci au Transsibérien (1).

. Le Cabinet comprend la nécessité d'une voie ferrée pour l'exploitation des gîtes de Telbès; il est donc disposé à participer à la construction de cette ligne. Mais les frais qu'elle coûtera, déduction faite même des deux à trois millions de roubles que pourrait donner le Cabinet, sont si considérables que nous doutons qu'une entreprise purement métallurgique puisse consentir de sitôt à s'intéresser dans ces conditions aux gîtes de Telbès. Si au contraire le Cabinet se chargeait à lui seul des frais de construction de la ligne, ou bien y participait pour une somme supérieure ou bien encore garantissait l'intérêt des capitaux engagés dans la construction de la ligne, la situation serait alors tout autre et l'entreprise qui exploiterait les gisements de Telbès serait assurée d'un brillant avenir.

ABAKANSK. — Le gisement d'Abakanskoïé contient un très beau minerai dont la réserve, nous l'avons dit, est très considérable. On

(1) La construction d'une pareille voie unissant Telbès, Kaltan, Koltchougino au Transsibérien, sur une longueur d'environ 350 kilomètres coûterait au moins de 15 à 20 millions de roubles. Elle traverserait dans sa longueur tout le bassin houiller de Kouzniétzk et serait d'un intérêt majeur pour les contrées agricoles du nord-est du district et pour les entreprises aurifères du sud-est. Son trafic cependant ne suffirait pas à compenser les frais d'exploitation et à rémunérer les capitaux engagés.

estime en outre que les environs de la mine qui n'ont pas encore été explorés possèdent d'autres gisements de magnétite. La mine et l'usine ont été achetées en 1900 par un financier russe, M. Ratkof-Rojnof, qui projette la transformation de l'usine et a déjà entrepris la construction de deux hauts fourneaux marchant au charbon de bois. Celui-ci est fourni par les forêts qui se trouvent sur l'Abakan en amont de l'usine.

Les transports d'Abakansk à l'Yénisséï ont lieu soit par charrettes, soit par la voie de l'Abakan; celle-ci néanmoins n'est praticable qu'au printemps et quelquefois en automne. Ces transports sont assez peu coûteux (1).

M. Ratkof-Rojnof installe près de Krasnoiarsk, non loin de la houille, l'usine de transformation en fer et en acier. Les fontes d'Abakansk y seront reçues à très bon compte et pourront y être traitées dans des conditions très favorables. Les débouchés du fer et des objets en fer, assurés grâce au chemin de fer, sont en effet excellents puisque les produits assez grossiers de l'usine d'Abakansk se sont vendus jusqu'à Tomsk.

DOMAINE D'IRBA. — Les gîtes de fer de ce domaine furent parmi les premiers connus et exploités en Sibérie. L'usine d'Irba, construite dans le milieu du dix-huitième siècle, eut cependant une courte existence et resta abandonnée pendant tout le dix-huitième siècle.

Irba forme un domaine minier appartenant à l'État et situé dans le district de Minoussinsk (à environ 120 km. au N.-E. de cette ville) dans le système des affluents de droite de la Touba (rivière qui se jette dans l'Yénisséï) et des rivières Kisyr, Grande Irba et Petite Irba, Soucha, etc... Sa superficie est d'environ 124.000 hectares presque entièrement en taïgas. On y exploite depuis longtemps des placers.

La « datcha » d'Irba fut étudiée en 1892 par l'ingénieur des mines Yavorovsky; il y a reconnu sur la Grande Irba une suite de nids longs et étroits, irréguliers et indépendants. 7 de ces gîtes ont une réelle importance; ils occupent une surface de 24.388 mètres carrés. Le minerai est très pur, très compact et à grains fins; il est formé de masses de magnétites ou de martites d'une teneur en fer métallique de 64,51 à 66,93 % avec une assez faible teneur en soufre et phosphore.

On a évalué à 8 millions de tonnes le gisement total et à 1.600.000 tonnes les réserves de minerai de première qualité contenues dans

(1) Ils ont lieu par radeaux à la descente de la rivière et par barges ou radeaux sur l'Yénisséï.

Pour Minoussinsk.......	0ʳ, 15 à 0ʳ, 20 par p.	sur charrettes.
— —	0ʳ, 05 à 0ʳ, 08	— sur radeaux.
Pour Krasnoiarsk.......	0ʳ, 05 à 0ʳ, 10	— sur radeaux.

ces sept poches. On suppose que les environs de ces gisements renferment d'autres gîtes de fer.

Les gisements de minerai de fer du domaine d'Irba ont été concédés en 1900 à M. Wachter, financier de Pétersbourg, qui y fait exécuter en ce moment de nouvelles prospections.

L'exploitation de ce minerai aurait un très réel intérêt pour le district de Minoussinsk et le bassin de l'Yénisséï. Des auteurs estiment cependant que les forêts de la « datcha » ne permettraient pas de fournir du charbon de bois pour une production de fonte supérieure à 600.000 pouds annuels. L'accès de la Datcha est assez difficile et l'exploitation future aura certainement à organiser des transports sur rails sur environ 25 à 50 kilomètres pour envoyer sa fonte jusqu'au point où la Touba devient navigable et recevoir de là approvisionnements, matériel, etc...

La main-d'œuvre dans ce rayon ne serait pas très abondante en été.

A une vingtaine de kilomètres au N.-E. de la Datcha, sur les terres libres de l'État, au milieu d'abondantes forêts, on a reconnu près de Nikoulino (système de la Kisyr) d'autres gîtes importants de belle magnétite d'une teneur d'environ 63 % avec une forte proportion de manganèse.

Des affleurements de magnétite ont été aussi observés en divers endroits non loin du rayon d'Irba. Sur la Syda à 30 et 50 kilomètres au nord d'Irba, on a observé également des minerais de fer spéculaire liés à des schistes micacés.

Sur la rive gauche de l'Yénisséï, près des lacs Chiro et Itkoul, sur l'Ious, on a remarqué aussi la présence de fer spéculaire et de magnétite. Sur la rive droite du fleuve, non loin de Novosiélovskoïé, on a trouvé de même des hématites brunes et rouges et de la magnétite d'une teneur de plus de 60 %.

Comme on le voit, le district de Minoussinsk est très riche en gisements de fer et des recherches détaillées peuvent y faire reconnaître encore d'autres gîtes. L'abondance de la houille le long du Transsibérien entre Tomsk et Irkoutsk favorisera particulièrement l'exploitation de ces gisements de fer.

GOUVERNEMENT D'IRKOUTSK. — Les gisements de fer sont ici aussi très nombreux.

Les plus importants sont ceux du groupe Nikolaiévsk. L'usine de Nikolaiévsk, non loin de l'Angara, fermée depuis 1900, était alimentée par quatre mines (Dolonovsky, Iermakovsky, Krasnoiarsky, Kéjémsky). Ces gisements ont été étudiés en 1892-1893 par le géologue Bogdanovitch. Ils se présentent sous forme de gîtes en filons au milieu de brèches et de tufs. Le minerai qu'ils contiennent est du fer magnétique, quelquefois mélangé de fer spathique, d'une teneur de 49 à 65 % avec très peu de soufre et de phosphore. On évalue de 300.000 à 500.000 tonnes la réserve de minerai contenu dans la mine de Iermakovsky et à peu près aux mêmes chiffres, la richesse des autres gisements, moins étudiés cependant. Si chacun d'eux ne se distingue donc pas par une richesse extraordinaire, leur ensemble forme néanmoins un rayon minier des plus intéressants, d'autant plus que d'autres gisements de magnétite ont été signalés dans la même région.

C'est ce groupe qui a fourni la plus grande quantité de minerai de fer extrait en Sibérie. C'est ainsi qu'en 1897, il donna près de 700.000 pouds contre 583.000 extraits dans le reste de la Sibérie.

L'usine de Nikolaïevsk fut achetée en 1896 à MM. Boutinykh frères par M. S. I. Mamontof pour la « Société orientale sibérienne de fonderie, de métallurgie et d'ateliers mécaniques », au capital de fondation de trois millions de roubles or, divisé en 24.000 actions. La marche de l'usine était assurée pour les débuts par une importante commande de rails pour le Transsibérien (1). La Société acquérait aussi sur la rive de l'Angara une nouvelle fonderie construite par le précédent locataire de l'usine de Nikolaïevsk et appelée Novo-Nikolaïevsk ; en même temps, elle construisait à côté de l'usine de Nikolaïevsk une aciérie pour la fabrication des rails. Les usines Nikolaïevsk et Novo-Nikolaïevsk disposaient chacune d'un haut-fourneau à air chaud. La fonte avait lieu au charbon de bois (le domaine forestier de l'usine de Nikolaïevsk était de 44.000 hect. environ). Pour le travail du fer l'usine de Nikolaïevsk disposait de 11 fours dont 5 à puddler et de 5 marteaux à vapeur ; pour celle de l'acier d'un four à cémenter, d'un four Martin, etc...

La société occupait en 1897 environ 3.400 ouvriers, volontaires ou forçats surveillés.

L'administration et la direction de la société furent fort malheureuses. De nombreux insuccès marquèrent la reconstruction des anciens hauts fourneaux et l'installation de l'outillage ; elle dut en 1899 essayer de doubler son capital ; elle avait, entre temps, pris du Cabinet la concession des houillères de Koltchougino et de Kaltan, des mines de fer de Telbès et de l'usine de Gouriévsk.

Elle avait en 1899 dépensé à Nikolaïevsk pour l'installation de son aciérie et le montage du haut fourneau 5.912.000 roubles et rien n'était terminé.

Elle projetait en outre d'unir ses mines de charbon de Koltchougino à Tomsk par une voie ferrée de 220 km. à construire en participation de moitié avec le Cabinet, d'organiser l'exploitation de ces mines et des gisements de Telbès, de remonter l'usine de Gouriévsk,

(1) 4.750.000 pouds pour la somme de 11.616.250 roubles.

d'unir par une voie ferrée les usines de Nikolaiévsk au Transsibérien, etc., etc...

Ce programme était beaucoup trop vaste. Dès le commencement de son exécution, toutes les ressources de la société furent englouties, d'aucuns disent gaspillées. Les premières livraisons de rails fabriqués en 1900 furent refusées par le chemin de fer pour défaut de qualité et la société sombra définitivement la même année dans la faillite du chemin de fer Iaroslav-Arkhangel et de son fondateur Mamontof à Moscou. Son actif était alors évalué à 7.000.000 roubles contre un passif de 9.000.000.

On estime actuellement de trois à trois et demi millions de roubles la valeur des constructions et du matériel. Il est à prévoir que l'affaire sera reprise par des capitalistes européens. Administrée plus sagement, il semble en effet qu'elle puisse donner de beaux résultats. Les minerais sont assez riches et les gisements assez puissants. Le bois est assuré par le domaine et par les forêts environnantes mises à la disposition des usines sous paiement de taxes infimes. Le charbon peut être reçu à bon compte des houillères de Tchérémkhovo, pas la voie de l'Angara (1). Pour la main-d'œuvre ordinaire son recrutement ne paraît pas présenter de difficultés spéciales.

La question des transports devrait être résolue pour unir les gisements aux usines et celles-ci au Transsibérien.

Quant à l'exploitation des mines de houille et de fer de l'Altaï dont la société orientale sibérienne s'était si inconsidérément chargée, elle devra être à notre avis abandonnée à une entreprise indépendante.

L'Administration du Cabinet du reste, nous l'avons déjà dit, a repris ses concessions.

D'autres gisements de fer existent encore dans le gouvernement d'Irkoutsk, sur des affluents de l'Ilim par exemple, sur la rive S.-E. du Baïkal et dans d'autres endroits (2).

Le long du Transsibérien, entre Tomsk et Irkoutsk, on a reconnu aussi de très intéressants gîtes de fer spathique, assez pauvres, mais subordonnés à des gisements houillers (3).

On peut donc prévoir que dans un avenir prochain la plupart de ces gîtes seront explorés plus complètement et mis en valeur.

La faible production en fonte, en fer et acier des usines sibériennes est

(1) Le bassin du Haut-Angara abonde aussi en couches de lignite ou de charbon non encore exploitées, mais dont quelques-unes peuvent même fournir du coke.

(2) Nous signalerons par exemple sur la Korchounikha, un gîte de magnétite donnant 57 à 65 pour 100 de fer métallique, des affleurements du même minerai sur l'Iréiéka.

(3) Sur la rivière Myssovaia, près de la station du chemin de fer, on a découvert des filons nombreux, mais assez minces de magnétite d'une teneur de 56,86 à 58,21 pour 100 en fer. On a trouvé aussi d'autre gîtes d'hématite brune dans les environs du Baïkal ; un négociant armateur d'Irkoutsk, M. Glotof, tenta, mais sans succès, de former une société par actions pour en entreprendre l'exploitation.

loin de suffire, on le conçoit, aux besoins du pays. C'est de l'Oural que la Sibérie reçoit ce qu'elle ne peut produire. On évalue à 2.465.000 pouds le chiffre des fers expédiés en 1899 de l'Oural sur la Sibérie. Les achats des commerçants sibériens se faisaient auparavant à la foire annuelle d'Irbit en février. Les fers, fontes et acier bruts ou ouvrés s'y transportaient des usines ouraliennes sur traîneaux. Aux premières eaux du printemps, ils étaient chargés sur péniches et expédiés par la Toura, la Tobol, l'Irtych et l'Obi dans toute la Sibérie. Grâce au chemin de fer, les négociants sibériens prennent de plus en plus la coutume de s'adresser directement aux usines. Ils désertent la foire d'Irbit et les marchandises leur sont expédiées directement de l'usine par fer, par eau ou par la voie mixte. En Sibérie même, les usines ouraliennes entretiennent maintenant des représentants, ont des dépôts à Tomsk et à Irkoutsk et quelquefois dans les centres moins considérables, tels que Omsk, Obi, Krasnoiarsk, etc.

Métaux divers.

Manganèse. — La Russie tient on le sait la première place dans le monde entier pour la production du manganèse; le Caucase à lui seul fournit la presque totalité de cette production qui était d'un peu plus de 34 millions de pouds en 1899.

En Sibérie, l'exploitation du manganèse n'a pas encore eu lieu malgré la découverte de plusieurs gisements de pyrolusite.

Le seul gisement exploré un peu en détail jusqu'ici fut découvert en 1895, dans le district de Sémipalatinsk, dans les monts Arkalyk à mi-chemin entre Karkaralinsk et Semipalatinsk. Le minerai a une teneur de 70 à 80 0/0 en peroxyde de manganèse. La puissance du gîte paraît importante mais ne peut être encore déterminée exactement. Le débouché de cette mine serait la métallurgie de l'Oural; il est probable cependant que la difficulté des transports entre la mine et l'Irtych, l'absence dans ces régions de toute industrie et de toute espèce d'initiative sera pendant longtemps un obstacle à l'exploitation de ces minerais.

En Sibérie Centrale, on a reconnu la présence de manganèse dans plusieurs emplacements du district de Minoussinsk et sur l'Angara; ils n'ont pas encore été étudiés. Les recherches faites par la Société Orientale Sibérienne pour découvrir d'importants gîtes qui auraient pu assurer les besoins de ses usines de Nikolaiévsk n'aboutirent pas.

Zinc, mercure, étain, antimoine, nickel, cobalt. — On connaît en Sibérie quelques gisements contenant des minerais de ces métaux. En Transbaïkalie par exemple, des gîtes de blende, de galène et de dolomie (à Kadainsky), de cinabre, d'antimoine, etc...

Dans les steppes kirghises, on a découvert en 1897 des indices de minerai de cobalt, de nickel, de cassitérite et de zinc, mais aucune prospection n'a été faite permettant de déterminer la possibilité d'exploiter ces gisements.

Quant aux pyrites, ils abondent et nous avons vu qu'en maints endroits, ils sont exploités pour les métaux auxquels ils sont associés. (On connaît en Transbaïkalie un amas de soufre natif.)

Combustibles minéraux.

HOUILLE

Un pays privé de combustibles minéraux n'a que peu de chances de se développer industriellement. La Sibérie n'est pas dans ce cas, car depuis dix ans on a découvert dans son sous-sol d'abondants gisements de houille et de lignite; des indices feraient même supposer la présence du naphte.

Ces minéraux d'une si grande importance pour le pays ne pouvaient rester inexploités. Nous avons à indiquer ici les emplacements des principaux bassins houillers reconnus jusqu'à présent, à en donner sommairement la description, à faire connaître la façon dont on a commencé à les mettre en valeur. Nous essaierons en même temps d'indiquer l'influence que leur exploitation peut avoir sur l'économie des contrées où ils se trouvent placés.

L'exploitation de la houille a lieu en trois régions : dans les steppes kirghises, dans le bassin houiller de Kouzniétzk et dans celui de Tchérémkhovo (gouvernement d'Irkoutsk).

STEPPES KIRGHISES. — Les dépôts carbonifères sont assez répandus dans les steppes kirghises; ils occupent en général des dépressions en forme de vallées et de cuvettes presque toujours encadrées de collines très peu élevées. Le milieu de ces cuvettes est habituellement occupé par un lac dont les bords laissent voir des argiles schisteuses charbonneuses.

Il y a une cinquantaine d'années déjà, on connaissait dans les steppes quelques gisements houillers qui servirent uniquement à la métallurgie du plomb argentifère et du cuivre dans les fonderies de Popof et de Riazanovy. L'exploitation avait lieu dans la mesure des besoins de ces fonderies et cessait lorsque ces dernières suspendaient leur activité.

Les travaux géologiques entrepris lors de la construction du Transsibérien firent découvrir de nouveaux gisements et explorer ceux qui parurent les plus intéressants. En 1899, on comptait ainsi plus de 140 emplacements où la présence du charbon avait été constatée.

La plupart de ces gisements sont peu riches. Quelques-uns cependant font exception et se distinguent au contraire par l'importance énorme des amas de houille qu'ils renferment.

Nous citerons en premier lieu, le gisement d'Ekibas-Tous. Les gisements de Karaganda, de Kou-Tchékou, de Djaman-Tous, de Kizyl-Tav sont également très intéressants. Tous ces gisements sont situés à l'intérieur des steppes, à une assez grande distance au sud du Transsibérien (400-500 kilomètres) et à l'ouest de l'Irtych (60-330 kilomètres).

Gisement houiller d'Ekibas-Tous. — Il fut découvert en 1893, par un Kirghise au service d'un industriel de Pavlodar, M. Diérof. Il est situé près des lacs d'Ekibas et de Tous, à environ 110 kilomètres de l'Irtych et à 115 kilomètres environ à l'ouest de Pavlodar. On y a reconnu sur une longueur de 7 kilomètres l'existence de deux couches de charbon (1); la couche supérieure d'une puissance de 23 mètres, l'autre, de 2 à 4 mètres en dessous, formée de lits de charbon alternant avec des argiles et des schistes houillers, d'une puissance de 40 mètres.

L'inclinaison est en général de 75°-85°; en un point le dépôt est complètement replié sur lui-même et présente une épaisseur totale de 116 mètres avec 60 mètres environ de charbon. Les couches viennent affleurer presque à la surface.

Le gîte a été étudié par des ingénieurs français MM. Dumarest et Cathelin. On a estimé sa richesse à six milliards et demi de pouds environ.

La qualité du charbon varie beaucoup suivant les lits. C'est en général un charbon sec, à courte flamme, de couleur mate; quelques couches sont cependant formées de charbon gras à coke; la proportion de cendres est en général considérable et atteint quelquefois 13 % (2). Le charbon d'Ekibas donne beaucoup de menu et de poussier. La proportion de celui-ci est encore augmentée par les nombreuses manipulations auxquelles le charbon est soumis avant d'être brûlé (chargement sur wagons, déchargement sur péniches, transport, transbordement à l'arrivée, etc...) et par le long séjour (jusqu'à 6 mois) sur le carreau de la mine.

---

(1) Le peu d'intervalle qui sépare ces deux couches de même que d'autres considérations font que certains spécialistes estiment que les deux couches n'en forment qu'une seule.

(2) Dans la pratique, cette teneur a été jusqu'ici constamment dépassée. Le charbon extrait provenait des horizons supérieurs où la qualité est moins bonne ; en outre, les mineurs kirghises n'en opéraient pas le triage d'avec les schistes houillers intercalés entre les lits.

Les premières péniches livrées à Omsk donnèrent une proportion de cendres qui alla jusqu'à 28 0/0.

En 1899, les concessions d'Ekibas-Tous, ainsi que divers autres emplacements miniers, furent vendues par leur possesseur Mr. Diérof, à « la Compagnie des mines de Voskréciénskoié », société au capital de 3.000.000 de roubles, formée par des industriels et des financiers russes (de Kief) (1).

Le siège de cette société est à Pétersbourg.

Mr. Diérof reçut pour ses apports un million et demi de roubles en actions. Il restait donc à la compagnie un million et demi de capital argent effectif.

Le premier souci de la compagnie fut d'assurer les communications entre la mine et la grande voie fluviale, l'Irtych qui la reliait au Transsibérien. C'est ainsi qu'elle construisit une ligne ferrée à voie normale d'environ 110 kilomètres unissant les puits d'Ekibas à un emplacement situé sur l'Irtych à 30-40 kilomètres en amont de Pavlodar et appelé, « quai Voskréciénskoié ». Ce travail, au milieu de la steppe déserte, presque sans eau, présentait certaines difficultés compensées par le relief absolument plat et la qualité du sol du pays traversé. Il fut exécuté en six à sept mois pendant l'été de 1899 et revint à environ 13.000 roubles le kilomètre. Le matériel roulant se compose de trois locomotives Badwin et d'environ cent vingt wagons ou plates-formes.

Au quai Voskréciénskoié, on construisit une estacade en bois au-dessous de laquelle viennent accoster les barges fluviales.

Les débuts de l'exploitation furent assez laborieux et donnèrent lieu à des tâtonnements. On entreprit d'abord des travaux à ciel ouvert qui paraissaient très faciles et très pratiques en raison du peu de profondeur des couches et de leur énorme puissance. Mais les conditions climatériques de la contrée et la mauvaise qualité du charbon des niveaux supérieurs firent renoncer à ce système d'exploitation, et entreprendre de nouveaux travaux par puits et galeries souterraines.

En 1900, la Compagnie était en pleine période d'organisation : elle avait foré six puits dont trois ayant 20, 24 et 34 mètres de profondeur; elle élevait, tant à Ekibas qu'au quai de Voskréciénskoié, les constructions nécessaires au logement des ouvriers, des ingénieurs, des services divers, constructions qui jusqu'alors avaient été remplacées par des huttes à demi enterrées ou simplement par des tentes kirghises.

La main-d'œuvre dont la Société avait besoin fut assez difficile à recruter. On fit venir à plusieurs reprises de l'Oural, des ouvriers mineurs exprimentés, russes et tatares; mais ils organisaient des re-

(1) Ces concessions avaient été auparavant offertes à des financiers parisiens et l'affaire fut un moment sur le point d'aboutir.

bellions, désertaient le travail, et on dut se contenter des Kirghises, mineurs d'occasion, malhabiles et lents, mais travailleurs tranquilles et peu exigeants (1). Ils travaillent par « artels » de 3 hommes, tour à tour piqueurs et rouleurs, et gagnent par jour de 0 r.40 à 1 r.50. Environ 700 à 800 ouvriers sont occupés actuellement par l'entreprise, soit à Ekibas, soit au quai de l'Irtych. Ce chiffre augmentera considérablement lorsque l'extraction battra son plein.

La construction de la ligne ferrée, l'édification des locaux, un commencement d'exploitation et l'exploration ou l'organisation d'autres gisements faisant partie des concessions eurent vite épuisé les ressources argent dont disposait la Compagnie (2). Aussi, malgré un prêt de 500.000 roubles que lui consentit la Banque Impériale, malgré 300.000 roubles qui lui furent remis par divers, notamment par la Société ouralienne des mines de Bogoslovsky, à valoir sur des livraisons de charbon, elle dut en 1899 essayer de doubler son capital et de le porter ainsi à 6.000.000 de roubles (3) pour pouvoir se créer un outillage et entreprendre l'exploitation dans les proportions qu'elle s'était assignées, c'est-à-dire à raison de 6.000.000 de pouds par an (100.000 tonnes). Prenons pour base ce dernier chiffre; le poud de charbon mis sur bateau à Voskrécienskoié reviendra environ de 4 à 5 kopecks.

Extraction, triage, et chargement sur wagons	1 1/2 kop.
Transport jusqu'à l'Irtych	1 —
Chargement sur péniche	1/2 —
Frais généraux et d'amortissement	1 à 2 —

Le transport sur péniche jusqu'à Omsk est assuré à 2 k. 3/4 par p. par un armateur de Tioumène. Le charbon reviendrait donc dans cette ville (Omsk), c'est-à-dire sur le Transsibérien à 6 3/4-7 3/4 kopeks (10 fr. 65, 12 fr. 25 la tonne) (4).

Malheureusement, les transports par l'Irtych occasionnent d'assez nombreux ennuis : la navigation n'est ouverte que pendant six à sept mois et durant tout l'hiver le charbon extrait doit attendre sur le carreau ou sur le quai au grand détriment de sa qualité. Ce long

(1) La main-d'œuvre kirghise, très abondante en hiver, est plus rare en été. Dès le printemps, le nomade se réveille chez le Kirghise qui, au confort relatif de la vie sédentaire, préfère les libres chevauchées dans la steppe, la vie sous la tente et déserte les puits noirs pour le soleil et le ciel d'azur.

(2) Ces concessions comprennent un grand nombre de gisements disséminés dans un rayon immense et jusque près du lac Balkach et contenant de la houille, des minerais de cuivre, d'argent et de fer.

(3) Il nous revient qu'elle n'y a pas réussi.

(4) Ces prix seront peut-être supérieurs. L'extraction, qui a lieu actuellement par trois puits dont le plus profond n'a pas plus de 84 mètres n'a jusqu'à présent pas été suivie de boisage ni de remblayage, travaux coûteux qui devront avoir lieu lorsque l'extraction deviendra plus considérable et atteindra le chiffre mentionné. L'augmentation du capital entraînera également une augmentation des frais d'amortissement.

arrêt des expéditions immobilise aussi des sommes considérables dont l'intérêt est perdu. De plus, le fleuve, principalement entre le quai de Voskrécienskoié et Tchernoïarka (30 à 60 kilomètres en aval de Pavlodar) ne présente pas toutes les commodités et toute la régularité desirables. Dès juillet, ses eaux sont basses et son farwater variable ne permet pas de charger les péniches à plus de 500 tonnes.

La Société a surtout en vue la fourniture de la houille au Transsibérien. Celui-ci, faute de combustible minéral entre Tchélabinsk et Kaïnsk ne brûle sur tout ce parcours, c'est-à-dire sur 1.000 kilomètres environ que du bois. Les 6 millions de pouds qu'Ekibas-Tous pourra extraire lorsque son organisation sera achevée seront donc complètement absorbés par le chemin de fer. Les accords conclus en 1900 entre l'administration de la mine et celle du chemin de fer prévoyaient un prix d'achat de 11 kopeks et demi par poud de charbon rendu à Omsk. La proportion maxima de cendres était fixée à 14 %.

En comptant sur un bénéfice de 4 kopecks par pouds (11 1/2-7 1/2) 6 millions de pouds rapporteraient un bénéfice net total de 240.000 roubles annuels. Il est possible que ce résultat ne paraisse pas suffisant et il est probable que la Société de Voskrécienskoié, si elle réussit à réunir les capitaux nécessaires, entreprendra d'extraire des quantités de charbon plus considérables, chose qui lui sera très facile, grâce à la richesse du gisement qu'elle exploite et aux facilités spéciales d'exploitation que celui-ci présente.

Le surplus qu'elle extraira trouvera en effet un facile débouché. La navigation sur l'Irtych trouve difficilement le combustible dont elle a besoin; les forêts entre Sémipalatinsk et Omsk sont rares et le bois qu'elles fournissent est cher.

Nous avons vu que l'emploi de combustible minéral au lieu de bois, était le remède à la crise dont souffre la navigation à vapeur du système Obi-Irtych. Les vapeurs de l'Irtych auront tout avantage à utiliser, tout au moins d'abord sur le parcours Omsk-Sémipalatinsk, la houille d'Ekibas.

Les industries de la Sibérie occidentale : les moulins, les distilleries, etc., d'Omsk, de Kourgane, de Tioumène, souffrent aussi du renchérissement du bois et seront des acheteurs de la houille d'Ekibas.

Celle-ci a encore un débouché: celui de son coke. Quelques couches du gisement d'Ekibas donnent en effet de 70 à 78 % de coke agglomérant et c'est cette particularité qui a fait prédire pour la houillère d'Ekibas le débouché magnifique de l'Oural (1). Il n'est pas

(1) Un des principaux obstacles que rencontre l'industrie sidérurgique si développée dans l'Oural, est, on le sait, l'absence dans cette vaste contrée minière de mines de houille pouvant fournir un bon coke métallurgique. Les mines de charbon de Louniévka et de Kiziél (sur le parcours de la voie ferrée Perm-Iékatérinbourg) pourtant fort importantes, ne donnent qu'un coke malheureusement fort médiocre et impropre à la production de la fonte.

encore permis de dire si cette prédiction se réalisera : les essais faits avec le coke d'Ekibas ne sont pas encore probants; dans le but d'éclaircir la question, on envoya à Taganrog quelques wagons de houille à coke destinée à être transformée en coke dans des fours spéciaux. Les résultats de cette expérience ne nous sont pas encore connus. Nous savons seulement qu'on tenta sans grand succès d'employer du coke préparé à Ekibas dans la fonderie de cuivre qu'a fait construire la Société sur ses mines de cuivre à Vosniéciénskoié. Les minerais de cuivre étaient, à l'origine, fondus à l'aide de ce coke qui se montra si chargé de cendres (jusqu'à 35 %) qu'on dût le remplacer par du charbon de bois reçu à grands frais de 100 à 140 kilomètres de là. Ce coke avait été préparé, il est vrai, avec des houilles mal triées et il contenait une forte proportion de schistes carbonisés.

Si cependant le coke d'Ekibas, préparé dans des fours spéciaux et provenant de houilles lavées et triées avec soin, peut être utilisé avec succès dans la fonte des minerais de fer, il est probable qu'il pourra être employé dans l'Oural, si le chiffre de l'extraction le permet. En effet, le transport du quai de Voskrécienskoié jusqu'à Tioumène peut s'effectuer à très bon compte, peut-être 4-6 kopeks; de Tioumène, ce coke pourrait parvenir facilement aux usines ouraliennes.

Nous ne croyons pas toutefois que de quelques années encore, Ekibas soit à même d'offrir un secours bien sérieux à l'industrie sidérurgique de l'Oural; il faudrait pour cela que l'extraction fût beaucoup plus considérable que celle projetée et que le coke ainsi préparé, en admettant qu'il ait les qualités voulues, parvînt aux usines à un prix inférieur à 15-20 kopeks le poud.

Mais quand bien même l'espoir de voir le coke kirghise employé à la fonte des minerais ouraliens ne se réaliserait pas, il reste à la compagnie de Voskrécienskoié un champ d'activité très vaste qui peut être très productif : la fourniture du charbon au Transsibérien occidental, aux bateaux à vapeur de l'Irtych, aux usines de Sémipalatinsk, d'Omsk, de Kourgane, enfin le traitement métallurgique des minerais de cuivre dont elle s'est assuré l'exploitation.

Elle aidera ainsi la conservation des forêts de la steppe déjà si clairsemées sur le parcours du Transsibérien, forêts dont la présence préserve ces districts de la sécheresse et dont la disparition rendrait improductifs ces vastes et riches rayons agricoles.

La Société aura, dans le but d'améliorer la qualité de sa houille, à en faire un soigneux triage et pour tirer parti du menu et des poussiers qui en diminuent beaucoup la valeur, à les utiliser sous forme d'agglomérés. On projette en effet d'installer à Omsk une usine à briquettes (1).

(1) Ces agglomérés auraient un débouché très avantageux. Peut-être pourrait-on employer comme ciment dans leur fabrication le brai provenant de la distillation des

Quoi qu'il en soit, l'initiative prise par la compagnie de Voskré-cienskoié est des plus intéressantes. Elle aura, si l'extraction atteint les hauts chiffres que la richesse du gisement permet de viser, une influence des plus considérables sur l'industrie minière des steppes kirghises qui lui devra une vive impulsion, sur le développement des transports fluviaux de l'Irtych, des transports par fer sur le Transsi-bérien et sur celui des industries de la Sibérie occidentale en géné-ral. On ne peut donc que souhaiter réussite à cette entreprise née de la coopération des capitaux russes et de l'intelligente énergie d'un industriel sibérien.

Autres gisements houillers des steppes kirghises. — Les autres gisements houillers des steppes sont loin d'avoir la même importance économique que celui d'Ekibas. Les uns, puissants, sont éloignés de toute voie de communication; les autres, bien situés, non loin de l'Ir-tych, sont pauvres.

Karaganda. — Ce gisement est situé dans le district d'Akmolinsk, entre cette ville et Karkaralinsk, à environ 150-160 kilomètres au nord-ouest de cette dernière ville. Il est ainsi distant de près de 600 kilo-mètres du Transsibérien et de 340 kilomètres environ de l'Irtych.

On connaît ici sept couches de houille de faible inclinaison (15°); la puissance du lit supérieur est de $0^m,90$ à 2 mètres; celle du lit inférieur séparé du précédent par $0^m,60$ d'argile atteint jusqu'à 6 mètres. Ces couches sont presque homogènes et contiennent un bon charbon à coke (cendres, 6,96-10 %).

En raison de l'absence de toute voie de communication, la mine de Karaganda, malgré sa richesse, n'a pas de débouché extérieur. Elle fut exploitée, il y a une trentaine d'années, pour les besoins de la fon-derie de cuivre de Spassky, à 30 kilomètres au sud (fonderie Riaza-novy), puis abandonnée. Les prix du cuivre étant redevenus avanta-geux et la création du Transsibérien permettant d'envoyer à assez bon compte ce métal en Russie, l'exploitation du minerai est de nouveau possible; la fonderie a été rouverte et la mine de charbon est maintenant exploitée.

Kou-tchékou. — Cette mine est située dans la même région, à 40 kilomètres au nord du gisement précédent. On n'a pas découvert dans les environs de minerais utiles; on ne peut donc prévoir de si-tôt l'exploitation de cette mine. Les travaux d'exploitation y ont fait reconnaître la présence de trois couches de charbon pur, à coke, inclinées à 7°, 8° et 11°, et puissantes de $1^m,40$, $1^m,75$ et $0^m,70$. Le

houilles à coke. Dans ce cas, l'usine à agglomérés semblerait mieux à sa place à Ekibas qu'à Omsk.

charbon, de composition assez régulière, contient de 14 à 25 % de cendre. La mine appartient à M. Diérof.

Djaman-tous. — Ce gisement est situé à environ 150 kilomètres au sud de Pavlodar, à environ 60 kilomètres de l'Irtych. Il appartient à la succession Popof et a été découvert, il y a 36 ans déjà; il n'a pas néanmoins donné lieu à des explorations sérieuses; il n'a pas non plus été exploité. Il paraît cependant très riche et sa situation non loin de l'Irtych est très avantageuse. Le charbon qu'il fournit est anthraciteux; il donna aux essais une forte proportion de cendres et montra une qualité médiocre. Les couches, bien que très puissantes (de 6 à 8 mètres), sont en effet formées de lits assez minces de houille pure alternant avec des schistes ou des argiles noires.

Cette particularité que nous avons déjà trouvée, mais dans des proportions moindres à Ekibas, est aussi caractéristique pour les gisements de *Kizyl-Tav* et de *Kara-Djira* dans le même rayon.

Un peu plus au sud, à 180 kilomètres environ de Pavlodar, sur la rive gauche de l'Irtych et à 18 et 30 kilomètres de celui-ci, il existe un certain nombre de gisements houillers : *Oïnak-Sor, Tyn-Kou-douk, Koum-Koul,* etc. Les couches y ont de $0^m,50$ à 4 mètres de puissance, mais sont fort irrégulières; leur forme et leurs dimensions n'ont pu être déterminées exactement. Le charbon qu'elles fournissent est, dit-on, de meilleure qualité que celui d'Ekibas; il contient de 6,21 à 14 % de cendres (dans un cas cependant 25,8 %).

Ces gisements avaient été remis il y a quelques années, par le Cabinet de S. M. auquel ils appartiennent, en concession à une Compagnie formée entre marchands sibériens : « Compagnie pri-Irty-chienne ». Cette compagnie, privée des capitaux nécessaires pour organiser l'exploitation de ses mines, s'est vue en 1900 déchoir de ses droits. Les mines, bien que n'occupant que des surfaces restreintes, sont, dit-on, intéressantes; leur proximité de l'Irtych favorise singulièrement l'extraction en même temps qu'elle assure un vaste débouché. (Il ne faut cependant pas oublier que la navigation sur l'Irtych est assez difficile dans cette zone.)

D'autres gisements houillers ont été tout récemment découverts; ils n'ont malheureusement pas encore été étudiés et il est impossible de prévoir leur importance; c'est dans le district de Koktché-tav, sur la rivière Barlouk, petit affluent de l'Ichim, à environ 184 kilomètres au sud de Petropavlosk, près du lieu *Maïrtan*, des affleurements de lits de houille minces de $0^m,35$ à $0^m,70$ et fortement inclinés (80-85°); le charbon est ici un charbon à coke et aurait 8,64 % environ de cendres. Il est à présumer que ces lits découverts par hasard ne sont pas isolés et que des recherches détaillées pourront faire découvrir des couches parallèles plus puissantes et par conséquent susceptibles d'exploitation.

Ces gisements se trouvant relativement rapprochés du Transsibérien présenteraient dans ce cas un intérêt de tout premier ordre.

Il existe encore de nombreux gisements houillers, mais tous en général peu explorés. L'aperçu précédent suffit cependant à montrer que les steppes sont riches en combustibles comme en minerais et que l'absence de voies de communications intérieures est le grand frein qui gêne le développement de l'industrie minière dans ces vastes contrées.

BASSIN DE KOUZNIÉTZK. — C'est un vaste bassin houiller appartenant au système jurassique et embrassant tout le bassin de la Tom, c'est-à-dire une étendue d'environ 40.000 kilomètres carrés. Les mines exploitées actuellement sont celles de Koltchougino (à 50 kilomètres au nord de Gouriévsk) et, à la limite nord du bassin, non loin de Tomsk, sur le parcours même du Transsibérien, les mines d'Anjersky, de Soudjenka, et de Lébédianskoïé.

Koltchougino. — A proximité de Gouriévsk, cette mine découverte depuis longtemps devait servir aux besoins de la fonderie et de l'usine de fer de cette ville.

Sur huit couches de charbon, deux seulement sont exploitées, l'une d'environ $0^m,70$ de puissance, l'autre de 4 mètres environ; elles se trouvent à environ 40 mètres de profondeur et sont presque horizontales (4 à 6° d'inclinaison). Le charbon qu'elles fournissent est demi-gras; il donne très peu de cendres et fournit près de 8.000 calories. Une des couches fournit environ 61 % de coke métallurgique. Cette mine était exploitée directement par le Cabinet lorsque celui-ci la concéda en 1897 à la Société orientale sibérienne avec l'usine de Gouriévsk et les divers gisements de fer qui l'alimentaient.

Nous avons déjà expliqué que la déconfiture de la Société orientale sibérienne a fait revenir toute la concession sous la dépendance du Cabinet.

La mine de Koltchougino dispose de quelques fours à coke du modèle le plus primitif; elle prépare annuellement quelques milliers de pouds de coke qu'elle estimait en 1897 à environ 16 kopeks le poud sur place.

L'Altaï possède d'autres gisements de charbon, celui de :

Batchatskoïé, à 27 kilomètres de Gouriévsk, qui fut exploité jusqu'en 1896 et fournit annuellement 500.000 à 600.000 pouds de houille à coke provenant d'une couche très irrégulière en puissance et en inclinaison; celui de :

Kaltan, dans la partie sud du bassin, à environ 20-30 kilomètres au nord du gisement de magnétite de Telbès. On découvrit ici une série de couches qui semblent représenter une réserve de charbon très considérable ; elles n'ont pas encore été exploitées ni explorées en détail ; on sait néanmoins que les lits de houille sont souvent très puissants. Nous avons eu déjà l'occasion de parler de l'excellente qualité du charbon de Kaltan et de l'importance industrielle de cette mine, située à proximité de riches gîtes ferrifères.

Le rayon de la ville de Kouzniétzk (à 20-30 kilomètres au nord et de même au sud-ouest) possède encore de riches gisements qui ne sont guère connus que par leurs affleurements et dans lesquels la puissance des couches semblerait permettre une exploitation très avantageuse si les transports pouvaient être assurés par la construction d'une voie ferrée qui traverserait ces régions et les relierait au Transsibérien.

A l'extrémité nord du bassin de Kouzniétzk, dans le district de Tomsk, on découvrit, il y a quelques années, à 130 kilomètres environ au sud-est de cette dernière ville, le groupe houiller de Soudjénka-Anjersky-Lébédianskoïé, étudié en 1896 et en 1897 par les expéditions géologiques du Transsibérien.

Ce groupe houiller comprend une bande de 5 kilomètres de largeur dont l'orientation générale est nord-nord-ouest, sud-sud-est et qui a été reconnue sur 20 kilomètres au nord de la ligne du chemin de fer s'élargissant graduellement au sud en rejoignant le bassin de Kouzniétzk.

Les dépôts ici se rapporteraient à l'époque carbonifère ; ils se composent essentiellement d'argiles compactes, par places schisteuses, et dans les niveaux inférieurs, de grès friables.

On connaît jusqu'ici dix-neuf couches de charbon ayant une puissance de $0^m,75$ à 11 mètres chacune et une puissance totale de 32 mètres ; plusieurs couches ont une épaisseur de 2 à 3 mètres.

On évalue à 100.000.000 de tonnes la richesse des gisements jusqu'à une profondeur de 100 mètres, et au nord du chemin de fer.

Quant aux houilles fournies, elles sont de bonne qualité, donnant de 7.972 à 7.980 calories, assez homogènes ; ce sont soit des houilles à coke, soit des anthracites.

Lors de la découverte de ces houillères, l'Administration des domaines d'État décida d'abord d'en interdire l'exploitation aux particuliers, pour la réserver à la seule Administration du Transsibérien. Mais on renonça bientôt à cet essai de monopolisation de tout un vaste rayon houiller ; on le divisa en sept lots dont un fut remis à l'Administration du chemin de fer et les autres adjugés à Pétersbourg à différents concessionnaires.

En 1900, l'exploitation avait lieu dans la concession du chemin de fer (mine d'Anjersky), dans celle de M. Mikhelson (mine de Soudjenka). En outre, la Société minière de Lébédianskoïé (mine du même nom) procédait aux recherches de détail devant précéder l'exploitation. Deux autres lots étaient remis l'un à M. Wachter (financier russe déjà concessionnaire du domaine minier d'Irba), l'autre à la « Société métallurgique du Sud-Oural » (Société belge).

Les deux derniers lots n'étaient pas encore adjugés.

Mines d'Anjersky. — L'Administration du chemin de fer exploite ici, près de la station du même nom, trois couches d'une direction générale, nord-sud gisant entre des argiles et par endroits entre des argiles et des grès très tendres, imprégnés d'eau. Les couches sont d'allure très irrégulière, d'une puissance variant entre 1^m,75 et 15 mètres et d'une inclinaison passant dans l'espace d'un kilomètre de 8° à 70°. L'abondance des eaux, jointe à cette inconstance d'allure, rend l'exploitation assez difficile. Celle-ci a lieu par de nombreux puits assez rapprochés les uns des autres et profonds jusqu'à 36 et 40 mètres. Les sondages pour les recherches marchent concurremment avec l'extraction. Celle-ci du reste est à ses débuts et atteint seulement le chiffre de 150.000 pouds mensuels; ce chiffre doit être porté en 1901 à 200.000 pouds. L'outillage des puits est encore très primitif; un seul de ceux-ci dispose d'un élévateur à vapeur; les autres sont simplement munis de treuils actionnés par un manège. Le boisage des galeries, de même que le cuvelage des puits, doit être fait de façon très énergique, en raison du peu de solidité des terrains et du grand afflux d'eau. Ce boisage revient cependant à bon marché, car nous sommes ici en pleine taïga, dans d'épaisses forêts de sapins blancs et de cèdres que l'entreprise doit abattre pour installer ses constructions, ouvrir devant elle de vastes espaces nécessaires aux transports et pour se préserver de la menace perpétuelle de l'incendie, ce fléau des forêts sibériennes.

La majorité des travaux a lieu par artels d'ouvriers russes travaillant huit heures par jour et gagnant en moyenne des salaires journaliers de 70 à 90 kopecks.

Le prix de revient du charbon des mines d'Anjersky serait d'environ 5 kopecks le poud sur wagon. Le charbon est de bonne qualité et uniforme; il est très collant. Voici les résultats de quelques analyses :

Coke	83,10 —	85,83
Matières volatiles	14,17 —	16,80
Humidité	0,77 —	2,27
Soufre	0,64 —	1,62
Cendres	3,52 —	7,37

Dans des fours primitifs, on obtint seulement 50 % de coke très beau, clair et dur. On projette d'installer des fours Coppée.

Ouvriers d'une mine d'or.

Mines de houille d'Anjersky.

Exploitation Mikhelson à Soudjenka. — Bien qu'elle ne date que
de 1897, c'est l'exploitation la plus avancée : on a extrait environ
3.000.000 de pouds en 1900 et l'on compte sur 6 à 7 millions pour 1901 ;
l'extraction ira à 10.000.000 de pouds au moins lorsque les recherches
en cours seront terminées.

On exploite jusqu'à 60 mètres environ de profondeur sept lits de
charbon puissants de 0^m,70 à 3 mètres et plus (les lits plus puissants
donnent cependant une houille de qualité inférieure). Ces couches
forment la continuation au nord des couches d'Anjersky, mais avec une
direction nord-sud et une pendaison à l'ouest très régulières. La
nature des terrains est la même qu'à Anjersky : argiles et grès très
friables. Les eaux souterraines sont aussi très abondantes et nécessi-
tent un épuisement sérieux. Le boisage doit être très serré, d'autant
plus que les bois de la Taïga qui couvrent ici des marécages, sont
imbibés d'eau, lourds et faibles.

L'extraction a lieu actuellement par trois puits munis de treuils
à vapeur. De même qu'à Anjersky et à Ekibas, la descente des
mineurs dans les galeries d'extraction s'effectue encore par des
échelles de bois. Les sondages se poursuivent en même temps que
l'exploitation. Les ouvriers mineurs travaillent par artels, à la tâche,
et gagnent un salaire à peu près égal à ceux payés à Anjersky ; ces
ouvriers sont presque tous de race russe ; ils sont en général assez
médiocres ; l'alcoolisme fait chez eux de grands ravages. Comme sur
les mines d'or, ils sont sans attache à la mine et, d'humeur vaga-
bonde, ils la quittent souvent brusquement sans raison apparente.
Les contre-maîtres, mécaniciens et monteurs sont difficiles à recruter
sur place et l'on doit faire venir de l'Oural, de Russie ou de l'Altaï
cette main-d'œuvre spéciale dont une entreprise isolée et qui doit se
suffire à elle-même a tant besoin. Le charbon de Soudjenka présente à peu près la même composition que celui d'Anjersky ; il est
en général à longue flamme et agglutinant. Le coke qu'il donne est
cependant plus friable et plus menu ; dans des fours primitifs, on
en obtient seulement 40 % environ. L'acquisition de fours spéciaux
serait désirable ; l'administration projette d'en installer, car elle a en
vue d'expédier du coke dans l'Oural dès que les tarifs du chemin
de fer (12 kopeks environ actuellement) seront moins élevés.

Le prix de revient du charbon sur wagons ne doit pas dépasser
5 kopecks. Celui-ci est vendu par contrat au chemin de fer qui le reçoit
à des prix décroissant chaque année, de 8 1/2 kopeks, de 8 kopeks,
de 7 kop. 1/2 le poud avec une proportion maxima de 10 % de cendres
(le soufre comptant comme cendre avec coefficient 2). Quant au
poussier et au menu qui sont très abondants, le chemin de fer ne les
accepte pas et ils restent jusqu'à présent inutilisés.

La fabrication d'agglomérés semble donc s'imposer.

Le centre de l'exploitation est situé à environ 10 kilomètres du Transsibérien (station Soudjenka). Pour assurer ses transports si difficiles au milieu de la forêt impraticable, M. Mikhelson a fait construire un petit embranchement qui unit la mine à la station; il n'a coûté que 120.000 roubles; le matériel roulant est celui du chemin de fer.

Le lot concédé à M. Mikhelson se trouve dans de meilleures conditions d'hygiène que le lot d'Anjersky; il est en effet situé à la lisière de la forêt, sur de petites éminences très saines, dont le sol est couvert de prairies ou est ensemencé en seigle et en avoine. Le sort des ouvriers est donc bien meilleur; l'entreprise en emploie environ 600. L'exploitation a élevé une infirmerie, une école et des logements en commun (casernes ouvrières) qui sont fort bien installées, et fort bien tenues.

Sur la mine on trouve à profusion de bonne argile à briques et de l'argile réfractaire, matériaux qui sont utilisés par l'entreprise. Celle-ci est dirigée par un ingénieur allemand; elle semble fort bien menée, car la visite des chantiers et des mines donne une impression d'activité et de travail tout à fait remarquable.

Société houillère de Lébédianskoïé. — Elle a pris la concession d'un lot, à environ 15 kilomètres de la station de Soudjenka; elle en est encore aux recherches préliminaires.

Concession Wachter. — Ce lot est situé à l'extrême-nord du groupe houiller; des ingénieurs procèdent en ce moment aux installations préparatoires et font en même temps des recherches d'hématite brune dont on a trouvé des nids donnant un minerai à 50 % de fer.

La *Société métallurgique du sud Oural* a pris également une concession au sud des mines d'Anjersky; elle procède en ce moment à des recherches. Elle a en vue la transformation en coke du charbon qu'elle extraira. Ce coke sera expédié sur l'Oural.

Le rayon houiller de l'arrondissement de Tomsk se trouve, nous venons de le voir, dans des conditions particulièrement favorables. La réserve de charbon qu'il contient peut assurer une exploitation intensive pendant de longues années. Ce charbon est de bonne qualité et fournit du coke métallurgique. Son extraction est peu coûteuse (5 kopeks environ le poud, soit 8 fr. 14 la tonne). Les mines en outre sont situées sur le Transsibérien et c'est à cette avantageuse position qu'elles doivent d'avoir été si rapidement mises en valeur. Leur exploitation a en effet pour premier objectif d'assurer la consommation du chemin de fer. En supposant le chiffre d'extraction d'Ekibas suffisant pour les besoins du chemin de fer entre Tchélabinsk et Kaïnsk, il reste à approvisionner celui-ci jusqu'à Irkoutsk. Sur cette étendue, les locomotives brûlent environ

15.000.000 de pouds annuels dont le groupe de Soudjenka et celui de Tchéremkhovo auront à se partager la fourniture.

Ce chiffre augmentera certainement avec l'accroissement du mouvement des trains; il est évident cependant que la production de ces deux rayons dépassera bientôt la quantité que peut absorber le chemin de fer. Le surplus de cette production pourra donc être utilisé soit dans l'Oural, sous forme de coke métallurgique, à condition de produire ce coke économiquement, en tirant parti des sous-produits, soit sur place. On conçoit de suite l'importance de ces mines pour la navigation à vapeur du système de l'Obi, pour le développement général des usines et des ateliers divers du gouvernement de Tomsk en particulier. On peut donc prévoir dès à présent l'influence heureuse qu'aura leur exploitation sur l'économie générale des régions qui les environnent.

On connaît encore non loin du groupe de Soudjenka dans le district de Mariinsk, sur le chemin de fer et au sud de celui-ci, diverses couches (ou leurs affleurements) de bon charbon; elles ne sont pas exploitées.

Gisements de Tchérémkhovo. — Les explorations géologiques du Transsibérien ont fait reconnaître aux environs du village de Tchérémkhovo (gouvernement d'Irkoutsk), sur la ligne du Transsibérien, à environ 130 kilomètres au nord-ouest de la ville d'Irkoutsk, une formation houillère d'une superficie d'environ 10 kilomètres carrés. L'assise consiste en argiles compactes avec des couches alternées de grès friable et de houille. On compte trois lits principaux de houille d'une puissance respective de $0^m,76$-1 mètre, de $2^m,3$-$2^m,7$ et de $0^m,55$-$1^m,47$; la dernière couche est intercalée en divers points de lits d'argile.

En prenant $1^m,50$ comme épaisseur totale des couches exploitables, le gisement représenterait une richesse de 12 millions de tonnes.

Le charbon qu'il renferme est une houille collante, à gaz (matières volatiles 37,72-49,24) de composition assez constante; la proportion de cendres reste en moyenne de 3 à 10 %, mais atteint quelquefois 15 et 22 %; celle du soufre est assez faible (0,20-0,60); l'humidité est considérable (5 % environ); la puissance calorifique de ces charbons n'est donc pas très élevée et varie entre 6.276 et 6.931 calories.

Le coke qu'ils fournissent (teneur 57 % à l'analyse, 43-47 % aux essais faits à l'usine métallurgique de Nikolaiévsk), est en général en poudre ou faiblement aggloméré, fusible ou presque fusible.

La concession du rayon de Tchérémkhovo a été remise aux sieurs Markévitch, Komarovsky, Sobiéchtchansky et Osliakovsky. Le premier de ces concessionnaires commença à exploiter en 1899, et en un an, livra au chemin de fer, près de 3.000.000 de pouds de charbon au prix de 7 kopeks le poud.

Nous n'avons pas de détails sur l'extraction de la houille à Tchérémkhovo, mais savons seulement que l'entreprise Markévitch éprouve des difficultés du fait que la concession se trouve sur des terres paysannes, ce qui a occasionné de nombreux différends entre le concessionnaire et les communes de paysans.

Les autres concessionnaires commencèrent seulement à exploiter en 1900.

Outre le débouché du Transsibérien et des ferry-boats du Baïkal, le charbon de Tchérémkhovo a encore celui des vapeurs de l'Angara et du Baïkal ; il aura également celui des industries du gouvernement d'Irkoutsk, assez peu développées il est vrai, mais auxquelles le chemin de fer viendra donner l'intensité et la vie qui leur manquent actuellement. Mais le prix de 7 kopecks devra être abaissé pour qu'il y ait parité de prix avec le bois qui est très abondant et très bon marché dans un gouvernement dont le sol est couvert presque partout de forêts.

La situation de Tchérémkhovo, non loin de l'Angara, en amont des gisements de fer de Nikolaïévsk, permettrait aussi l'utilisation de ces houilles à Nikolaiévsk au cas où les usines qui y ont été établies à grands frais seraient reprises et mises de nouveau en activité.

Il existe en Sibérie centrale d'autres gisements houillers, mais qui n'ont pas encore donné lieu à des travaux d'exploitation.

Sur l'*Abakan*, au pied du mont Izych, sur la rive droite de la rivière, on connaît une vingtaine d'affleurements de couches de houille sèche d'une puissance qui ne dépassse pas 0m,75. Ces couches appartiennent à un bassin houiller qui occuperait une étendue considérable au nord et au sud de l'Abakan ; à part quelques reconnaissances superficielles qui ont permis de suivre ce bassin sur 20 kilomètres au N. de la rivière, il n'y a pas d'exploration proprement dite. Comme les dépôts paraissent cependant très importants, des déclarations de recherches ont été faites par divers particuliers qui désirent se réserver la concession de lots. Au cas où ces gisements répondraient comme richesse aux espérances qu'on commence à fonder sur eux, leur situation à 40 kilomètres à peine de Minoussinsk, sur une rivière navigable et à quelques kilomètres de la magnifique voie fluviale de l'Yénisséï, leur donnerait pour tout le bassin de ce fleuve où abondent des gîtes minéraux de toutes sortes, une importance considérable.

Sur le *cours moyen de l'Angara* on a découvert en différents points des affleurements quelquefois considérables de couches de houille ; on suppose qu'ils appartiennent à un seul bassin houiller qui comprendrait le cours de l'Angara entre la rivière Kata et la rivière Pintchouga et se réunirait peut-être au bassin houiller de la Toungouska inférieure. Dans les conditions actuelles, la situation de ces gisements, de même que celle des gisements de houille connus dans le système de la Léna, n'en permet pas l'exploitation.

En divers points du gouvernement d'Irkoutsk, on connaît encore d'autres gisements houillers, mais ils sont moins intéressants.

En Transbaïkalie, on ne connaît que des gisements de lignite et sur l'Amour on ne connaît qu'un gisement de houille, d'ailleurs peu important.

L'Oussouri possède au contraire d'assez nombreux gisements houillers, mais encore peu explorés. Quelques-uns sont exploités en petit depuis quelques années.

L'île Sakhaline renferme également de la houille. L'extraction en est faite par l'Administration du pénitencier qui, en 1897, a extrait un peu plus de 1.000.000 de pouds de charbon et préparé une petite quantité de coke. Deux entreprises particulières exploitent aussi des mines de houille : la Société « Sakhaline » et MM. Makovsky et Cie.

Le chiffre d'extraction de ces deux entreprises fut, en 1897, d'environ 1.600.000 pouds.

Les trois exploitations occupaient un millier d'ouvriers, la plupart forçats ou déportés. Le charbon extrait est de bonne qualité et bien supérieur aux charbons japonais; il est utilisé par les navires qui fréquentent les rivages de l'île et les ports sibériens du Pacifique (1).

LIGNITE — TOURBE — PÉTROLE

LIGNITE. — Les gisements de lignite parfait et terreux abondent en Sibérie.

Le bon marché du bois de chauffage ne permettant pas à ce combustible de concourir avantageusement avec lui, on ne l'exploite nulle part, sauf peut-être dans le district de Zaïçansk pour les besoins locaux. En outre, les récentes découvertes de riches bassins houillers qu'on commence à mettre maintenant en valeur et qui suffisent amplement aux besoins actuels reculent encore le jour où l'on devra s'attaquer au lignite.

Dans les steppes kirghises on connaît en divers points des gîtes lignitifères, mais ceux-ci sont surtout importants en Sibérie centrale,

(1) L'extraction est en voie d'augmentation. Les réserves de houille sont à Sakhaline tout à fait considérables et l'île pourrait, dit-on, exporter de fortes quantités de houille sur des ports chinois si ses abords étaient rendus plus faciles par la construction d'un port pouvant abriter les vaisseaux et permettre un chargement sur navires facile, rapide, sûr et peu coûteux.

dans la zone que traverse le chemin de fer de Tomsk à Irkoutsk. On en rencontre de puissants dans les districts de Mariinsk sur la rivière Iaïa (affluent du Tchoulym) et son affluent, le Zolotoi Katat.

Ils forment un important bassin que traverse le chemin de fer entre Mariinsk et Atchinsk; c'est le bassin du Tchoulym moyen, dont on évalue l'étendue à plus de 7.000 kilomètres carrés; il présente une richesse extraordinaire. Les lignites se montrent en couches allongées, assez étroites et d'une puissance variable. Plusieurs gîtes explorés ont une longueur de 2 à 3 kilomètres sur une largeur un peu inférieure à 1 kilomètre; l'épaisseur des couches y est en moyenne de 2 à 6 mètres, variant cependant entre 1 et 14 mètres. Ces lignites ont une teneur en cendres de 1,56-2,28 %, une humidité de 11,68-16,50 %, une densité de 1,39 à 1,40; ils donnent de 43,90 à 47,83 % de coke pulvérulent.

Le Tchoulym, dans sa partie supérieure (district d'Atchinsk), traverse un second bassin lignitifère encore peu connu, mais dont on évalue l'étendue à 1.000 kilomètres carrés au moins. Les couches explorées, puissantes de $0^m,75$ à $1^m,40$, donnent une qualité de lignite analogue à celle du bassin précédent; la teneur en cendres est cependant quelquefois beaucoup plus considérable.

Le district de Krasnoïarsk renforme plusieurs bassins lignitifères situés dans la zone traversée par le chemin de fer et avoisinant l'Yénisséï; quelques-uns de ces bassins sont assez importants. Il en est de même pour le district de Kansk, sur le parcours du chemin de fer entre cette ville et la rivière Birioussa.

Plus loin, à l'est, dans le district de Nijnié-Oudinsk, puis le long de l'Oka (affluent de gauche de l'Angara), le long de l'Angara et de la ligne ferrée dans le district d'Irkoutsk, on connaît aussi de très nombreux gisements de lignite; ceux de l'Angara, rive gauche et rive droite de la rivière, donneraient un charbon se rapprochant du boghead, mais ayant une proportion de cendres considérable; quelques-uns de ces lignites donnent un coke aggluliné.

Sur la rive orientale du Baïkal, de même que dans l'Oussouri, on connaît également des dépôts lignitifères ayant plus ou moins de valeur industrielle.

Lorsque les industries sibériennes auront pris un plus grand développement, il est probable qu'on fera alors appel à ces richesses en combustible et qu'on en tirera un bon parti par leur transformation en agglomérés.

Tourbe. — Les bancs de tourbe sont abondants en Sibérie occidentale: dans les districts de Petropavlovsk, de Koktchétav (steppes kirghises) et surtout dans ceux d'Ichim et de Kourgane. Sur la ligne du chemin de fer entre Tchélabinsk et Kaïnsk, on a ainsi trouvé de

1896 à 1900, environ 4.000 hectares de tourbières contenant environ 7.150.000 sagènes cubiques de tourbe brute.

L'intérêt de ces tourbières réside dans leur situation en pleine contrée agricole, privée de combustibles minéraux et dont les forêts, relativement peu étendues, qui la parsèment, doivent être préservées sous peine de modifier désavantageusement le régime climatérique de ces régions.

Le ministère russe de l'agriculture et des domaines a compris l'importance de ces tourbières; il en fait exploiter quelques-unes par ses agents dans les districts de Kourgane et d'Ichim, dans le but de faire connaître aux paysans la valeur de ce combustible et de leur apprendre à en faire eux-mêmes l'extraction.

En Russie d'Europe, on commence déjà à utiliser la tourbe concurremment à la houille; diverses fabriques importantes se sont récemment établies à l'effet de préparer soit des briquettes, soit du coke de tourbe. Il est possible que d'ici quelques années, des entreprises analogues s'organisent en Sibérie occidentale.

PÉTROLE. — Les recherches géologiques effectuées ces dernières années dans la Sibérie continentale n'y ont pas encore fait découvrir ce précieux combustible.

A différentes reprises pourtant, le bruit se répandit de la découverte de sources naphteuses, près du lac Baïkal. Certains indices semblent en effet prouver l'existence de nappes de pétrole dans les sédiments qui forment le fond du lac Baïkal. Les explorations qui ont été faites dans les environs du lac et sur divers points de la rive est n'ont pas néanmoins été couronnées de succès.

On annonce (mars 1901) qu'on aurait découvert des sources naphteuses dans le district de Minoussinsk. Cette nouvelle n'a pu encore être contrôlée.

Dans l'île de Sakhaline au contraire, et notamment dans sa partie nord, la présence du naphte est connue depuis longtemps. En 1898, un ingénieur allemand, M. Klei, reconnut également dans la partie sud de l'île des sources de pétrole pour la captation desquelles il obtint du gouvernement russe d'importantes concessions. Nous n'avons pas connaissance que l'exploitation ait déjà commencé.

Autres minéraux utiles.

SEL. — La production du sel en Sibérie suffit à peu près aux besoins du pays (1). Cette production est annuellement d'environ 3.500.000

(1) La Sibérie orientale importe cependant par Vladivostok et Nicolaiévsk (à l'embouchure de l'Amour) une certaine quantité de sel dont partie provient d'Hambourg. Quant à l'importation de Russie, elle est assez faible et limitée aux gouvernements ouraliens; en 1899, le chemin de fer Ouralien (Perm-Tioumène) et le Transsibérien trans-

pouds de sel dont les 5/6es environ sont fournis par l'évaporation des lacs salés de la Sibérie occidentale (territoires kirghises et Altaï) (1).

Les steppes kirghises et de Baraba sont en effet caractérisées par le grand nombre de lacs qu'elles possèdent. Ces lacs dans le nord et dans certains rayons de relief plus accidenté, contiennent de l'eau douce, mais à mesure que l'on se dirige vers le sud, ils fournissent une eau saumâtre qui, dans la partie méridionale de ces contrées devient de l'eau salée. Ces lacs sont en effet alimentés le plus souvent par les seuls dépôts atmosphériques, très faibles dans ces régions.

Très peu profonds, ils se dessèchent en été sous l'action d'un soleil intense et laissent déposer d'épaisses couches de sel, tantôt formé de chlorure de sodium à peu près pur, tantôt de mélanges de sels divers, tantôt enfin de sel de Glauber. Suivant la richesse des lacs, ces dépôts se forment tantôt tous les ans, tantôt tous les deux ou trois ans.

' On compte dans les steppes kirghises jusqu'à 700 lacs, dont les eaux sont saumâtres ou salées.

Sauf trois lacs qui sont remis par l'État en location à des particuliers, tous les autres sont exploités sans contrôle par les populations kirghises ou cosaques qui vivent aux alentours.

Ces trois lacs, les plus importants, sont ceux de : Koriakovskoïé et de Karaçouskoïé (près de Pavlodar), de Karabachskoïé non loin de Sémipalatinsk. Le lac Koriakovskoïé fournit le sel le plus réputé ; l'extraction atteint annuellement le chiffre de 1.200.000 pouds environ ; elle occupe en été jusqu'à 1.200 ouvriers, presque tous Kirghises.

Les deux autres lacs fournissent respectivement 100.000 et 350.000 pouds annuels.

L'extraction du sel a lieu par les moyens les plus simples. On enlève du fond du lac les dépôts salés, on les lave grossièrement, puis on les entasse sur les berges. Ce sel est ensuite chargé sur charrettes traînées par des chevaux ou des chameaux et transporté jusqu'à l'Irtych, où on le transborde sur péniches pour l'expédier par la rivière sur les districts agricoles du gouvernement de Tobolsk. C'est à Tchérnoïarka, sur l'Irtych, que se font les chargements de sel de Koriakovskoïé.

portèrent à destination de la Sibérie occidentale, environ 840.000 pouds provenant des salines du gouvernement de Perm (Bérésniaki et Vérétio).

(1) Cette statistique paraît inférieure à la réalité, car les Kirghises, Cosaques, et autres populations des steppes ont la jouissance gratuite de nombre de lacs salés dont la production n'est pas mentionnée dans les chiffres officiels. C'est ainsi qu'on estime que l'extraction totale annuelle de sel des lacs des seules steppes kirghises atteint 5.000.000 de pouds.

Le sel vaut sur place environ 5 kopeks par poud.

La partie ouest du gouvernement de Tomsk, formée par les step pes de Baraba, possède aussi de nombreux lacs salés. Les plus importants de ceux qui fournissent du sel comestible sont ceux de : Bourlinskoïé, Korkovatoïé, Petchatotchnoïé, Bolchoié Lomovoié. Ils fournissent ensemble environ 1.200.000 à 1.300.000 pouds annuels. L'extraction se fait de la même façon que dans les lacs des steppes kirghises; elle occupe en été 1.200 à 1.300 ouvriers. Le lac Bourlinskoïé, à environ 125 kilomètres au nord-est de Pavlodar et 180 kilomètres environ à l'est de l'Obi, fournit la quantité la plus considérable de sel; celui-ci s'expédie, soit par l'Irtych, soit par l'Obi, et vient alimenter presque tout le gouvernement de Tomsk. Il vaut sur place 5 à 6 kopeks le poud.

La production des gouvernements d'Yénisséïsk et d'Irkoutsk est beaucoup moins importante. On exploite dans ces régions des sources salées.

Gouvernement d'Yénisséïsk. — La production varie entre 100.000 et 200.000 pouds annuels. La principale saunerie est celle d'Abakansk, à environ 60 kilomètres de Minoussinsk; elle fournit environ la moitié de la production de ce gouvernement. Elle est alimentée par des sources dont l'eau s'accumule dans des puits creusés au fond du lac maintenant desséché de Kisikoul; la consistance de l'eau est de 9-12° Baumé. Le sel se vend sur place 40 à 60 kopeks le poud, c'est-à-dire près de 10 fois le prix des sels kirghises. Cette cherté tient à la faible production du gouvernement et au matériel ancien employé; il faut 1 mètre cube de bois pour évaporer 5 à 9 pouds de sel.

Gouvernement d'Irkoutsk. — La production varie entre 400.000 et 500.000 pouds par an. A l'exception d'une petite saunerie sur l'Ilim qui est louée à des particuliers (MM. Glotof et Yassinsky), les sources salines sont ici exploitées par l'État.

La principale saunerie est celle d'Irkoutskoïé, située près du village Oussolié, à 70 kilomètres d'Irkoutsk; elle est alimentée par des saumures titrant 6 1/2 - 7 1/2° Baumé. L'extraction a lieu au moyen de puits peu profonds et d'un trou de sonde de 189 mètres de profondeur. A l'évaporation, un mètre cube de bois donne 7 pouds de sel. La saunerie d'Irkoutskoïé fournit les 8/10 de la production du gouvernement; le reste est produit par une saunerie à Oust-Koutsk (arrondissement de Kiriensk) et par celle d'Ilimsky que nous avons citée. Les prix du sel sont aussi fort élevés, 40-55 kopeks le poud (1).

(1) En Transbaïkalie, une seule saline est en exploitation, c'est celle du lac Kiransk près de la frontière Mongole (district de Troïtzkosavsk). La saumure est extraite d'une dizaine de puits creusés sur le fond du lac. La production est très faible ; 20 à 30.000 pouds par an. Le prix du sel est ici très élevé : 1 à 1 r. 20 sur place.

— 194 —

Les principaux producteurs de sel sont donc les lacs des steppes occidentales qui peuvent fournir des quantités de sel encore bien plus considérables qu'ils n'en produisent actuellement, et ceci à très bon compte : 7 à 10 kopeks sur wagon à Omsk.

La création du Transsibérien ouvre à ces sels les débouchés de la Sibérie, alors qu'ils ne trouvaient auparavant à s'écouler que dans les limites des bassins de l'Irtych et de l'Obi. La Sibérie centrale commence donc maintenant à s'approvisionner de sel kirghise ou altaïen et les prix du sel extraordinairement élevés dans les gouvernements d'Yénisséïsk, d'Irkoutsk et en Sibérie orientale, subissant déjà l'influence de la concurrence, tendent à baisser.

Les salines les mieux placées de ces gouvernements devront, pour résister à cette concurrence, transformer leur outillage et leurs procédés. Les cuves d'évaporation notamment devront être modifiées ; nous avons vu en effet qu'il fallait un mètre cube de bois pour évaporer 80 à 145 kilos de sel, tandis que, dans l'Oural on obtient, pour une saumure un peu plus riche il est vrai, jusqu'à 480 kilos avec la même quantité de combustible.

Les hauts prix que payent les gouvernements centraux et orientaux de la Sibérie attireront longtemps dans cette direction le sel des lacs de Sibérie occidentale. L'exportation en Russie de ce sel n'est donc pas à prévoir.

La salaison des poissons forme un des emplois industriels principaux du sel produit en Sibérie.

Avec le développement de l'exportation des viandes, des cuirs, etc..., ce sel pourra trouver aussi comme agent conservateur de ces produits une avantageuse utilisation. Les beurres exportés de Sibérie sont salés avec du sel fin provenant de Russie. La création de raffineries de sel traitant le sel kirghise ou altaïen, mettra fin à cette importation.

SEL DE GLAUBER. — Nombre de lacs salés des steppes kirghises et de Baraba, de sources salines de Sibérie occidentale contiennent en dissolution des sels amers et parmi ceux-ci du sel de Glauber. En raison du peu de développement des industries chimiques en Sibérie, la production du pays en thénardite est tout à fait insignifiante (250.000-300.000 pouds).

D'autres lacs (Sélenginskoïé, Borzinskoïé) contiennent aussi du sel, mais mélangé avec une forte proportion de sels amers, ce qui en a fait abandonner ou négliger l'exploitation. L'industrie du sel trouve en Transbaïkalie peu de conditions favorables, d'autant plus que l'absence de combustibles rend l'évaporation très coûteuse.

Le gouvernement d'Iakoutsk possède au contraire d'importantes mines de sel gemme et en divers endroits des sources salines. En raison de la rareté des populations qui habitent ces régions et de la difficulté des transports, elles ne donnent lieu qu'à une exploitation restreinte et limitée aux besoins locaux. La concentration des saumures jusqu'à 20-25° Baumé s'opère ici par la gelée.

Dans les steppes de Baraba, on retire le sel de Glauber d'un seul lac, celui de Bolchoié Mormychanskoié, à égale distance entre Sémipalatinsk et Barnaoul; il fournit environ 100 à 150.000 pouds de sulfate de soude utilisé par quelques verreries et par la fabrique de soude de Barnaoul (1); on l'employait également dans les fonderies de l'Altaï comme fondant dans la métallurgie des minerais de plomb argentifère.

La région des steppes possède des quantités énormes de sulfate de soude qui, de longtemps, surpasseront les besoins industriels de la Sibérie.

Dans la partie sud du district d'Atchinsk-Minoussinsk, les lacs Altaïskoié et Béiskoïé fournissent des saumures de sulfate de soude. On retire ce sel en hiver par la congélation de l'eau; il se dépose alors en cristaux; la production annuelle de ces lacs ne dépasse pas 30.000 pouds; elle est destinée aux verreries du rayon.

Nombre d'autres lacs de ce district pourraient fournir d'énormes quantités de sulfate de soude si celui-ci trouvait à s'employer.

Dans le district de Vierkholénsk (gouvernement d'Irkoutsk), on extrait annuellement d'une saline à Tabagajoui 40 à 50.000 pouds de sulfate de soude utilisé aussi par des verreries.

En Transbaïkalie, le lac de Kiransk qui donne un peu de sel gemme, fournit également 10 à 15.000 pouds annuels de sulfate de soude employés par une petite fabrique de soude. Les lacs Doroninsk (district de Bargouzin), donnent des dépôts, peu importants il est vrai, de sel mélangés fortement de sulfate de soude. Celui-ci est employé dans des verreries locales. L'extraction est irrégulière et ne dépasse pas 50.000 pouds.

Les autres lacs contenant de la thénardite ne sont pas exploités, faute de débouchés.

GRAPHITE. — On connaît en Sibérie plusieurs gisements de cet utile minéral, tous situés à des distances considérables des voies de communication qui en eussent permis l'exploitation.

Le plus célèbre de ces gisements est celui de Mariinsky, sur le mont Bogotolsky (chaîne des monts Toulkinsky, contreforts des monts Sayan), à environ 220 kilomètres à l'ouest d'Irkoutsk. Dans ce gisement découvert en 1840 par le marchand Alibert, les dépôts se trou-

---

(1) Cette petite fabrique fut achetée dernièrement par la Société Lioubimof, Solway et Cᵒ, les plus importants producteurs de soude de Russie. Sa production était d'environ 20.000 pouds de soude par an, dont les 3/4 en soude caustique; elle tirait la houille qui lui était nécessaire de la houillère de Koltchougino et les calcaires lui étaient fournis par les carrières de Pérébornaïa. Il est possible que la Société acquéreur augmente cette production en raison des besoins croissants du pays; mais peut-être cet achat a-t-il eu simplement pour but de monopoliser en Sibérie, comme ceci eut lieu jusqu'à ces dernières années en Russie, le commerce de la soude!

vent à une profondeur de 30 mètres environ; la qualité du graphite de Mariinsky est bien connue partout.

Des essais d'exploitation eurent lieu à différentes reprises, mais ils ne purent être continués par les différents possesseurs du gisement, faute de capitaux pour organiser la mine (1).

L'exploration en a été très sommaire et les seules installations qui furent faites furent un puits d'extraction et quelques abris en bois. L'exploitation du gîte est en effet très difficile. Même aujourd'hui où le Transsibérien unit Irkoutsk à l'Europe, elle ne semble pas être plus aisée qu'auparavant. En pleine montagne, sans habitants, à 250 kilomètres au moins de la voie ferrée ou d'Irkoutsk dont elle est séparée par des sentiers qui empruntent souvent le lit des torrents, la mine Alibert, à moins d'assurer ses transports et d'organiser une extraction mécanique qui rendît moins sensible la cherté de la main-d'œuvre et la difficulté des approvisionnements, semble dans l'impossibilité de concurrencer encore sur les marchés européens les graphites anglais, allemands ou indiens.

Dans le gouvernement d'Yénisséïsk, on connaît, associés à des roches sédimentaires, de vastes gisements de graphite.

Ils furent découverts vers 1810, par un des pionniers de l'industrie minière en Sibérie, M. Sidorof, dans le district de Touroukhansk, sur le cours de la Tougouska inférieure, de la Kouriéïka et de la Bakhta, affluents de droite du bas Yénisséï.

Le graphite se trouve en filons qu'on dit très puissants et séparés par des schistes argileux (2). On exploita quelque peu ces gisements qui furent ensuite abandonnés en raison de la difficulté des transports. Le graphite s'expédiait en hiver sur des traîneaux tirés par des rennes qui avaient à traverser toutes les immenses toundras et l'Oural jusqu'à la Petchora ou jusqu'à Arkhangel.

La main-d'œuvre dans ces régions était aussi très rare, et en hiver les travaux de surface étaient interrompus pendant 7 à 8 mois. On annonce cependant que les possesseurs actuels doivent envoyer en 1901, dans ces régions, des ingénieurs pour y exécuter des recherches détaillées permettant l'estimation exacte des richesses du sous-sol et la détermination définitive de la possibilité de leur exploitation. La voie de transport la plus commode pour l'exportation de ces graphites serait la voie maritime du nord, par la baie de l'Yénisséï.

(1) Il fut livré seulement quelques centaines de ponds d'essai pour diverses Expositions et pour la fabrique de crayon Faber; on prépara également quelques creusets pour le laboratoire d'Irkoutsk.

(2) Ce graphite est schisteux, il se présente soit en morceaux plats et de couleur gris de plomb, soit en menu; des analyses faites en 1898 au laboratoire de la fonderie de Tomsk, donnèrent les résultats suivants :

Carbone 85,24 — 88,38 %.

Humidité 0,40 — 0,24 %.

Cendres (oxyde de fer, alumine, magnésie, chaux, silice).

Dans le district de Sémipalatinsk, on connaîtrait des gîtes de graphite sur lesquels les renseignements nous font défaut, car ils ne donnent lieu à aucune exploitation.

En divers points de la Sibérie orientale, on connaît des dépôts de ce minéral; nous citerons notamment une découverte récente sur la rive gauche de l'Amour moyen, à environ 7 à 8 kilomètres du village cosaque de Soïouznaïa.

MICA. — On n'a jusqu'ici donné que peu d'attention aux gîtes de mica que possède la Sibérie.

On connaît trois emplacements où la présence de cet utile minéral a été constatée.

La qualité du mica que contiennent les gisements reconnus sur la Mama (affluent de la Vitim), territoire d'Iakoutsk, est, dit-on, fort belle. Mais que les dépôts y soient importants comme on le dit, ou non, leur exploitation dans des régions désertes et à des distances énormes de la voie ferrée semble de longtemps encore difficile.

Un autre gisement est bien mieux situé; il se trouve dans la région montagneuse qui avoisine la pointe sud du Baïkal, sur le cours des torrents Bystraia et Slioudenka, c'est-à-dire sur le parcours du tronçon du chemin de fer qui doit contourner le lac Baïkal (1).

LAPIS-LAZULI. — A ce même endroit se trouvent à peu de profondeur des nids de lapis-lazuli qui fournirent la matière des revêtements de colonnes de l'Iconostase de la cathédrale Saint-Isaac et de différents motifs de décoration pour le Musée de l'Ermitage à Saint-Pétersbourg. Le lapis-lazuli qu'on a extrait à différentes reprises de ces gîtes, est très beau mais inégal; les morceaux en doivent être assortis.

Ces gisements sont réservés au Cabinet Impérial. Ils bénéficieront, comme les dépôts de mica près desquels ils sont situés, du passage dans cette région de la ligne ferrée.

ASBESTE. — Des indices permettent de penser que l'asbeste (amiante brut) qu'en Russie l'Oural est seul à fournir, existe en Sibérie. Dans le gouvernement d'Yénisséïsk, sur le système de l'Oussa, affluent du Haut-Yénisséï, le cuir fossile abonde en effet et l'on aurait trouvé quelques morceaux d'amiante. Il en de même dans le gouvernement d'Irkoutsk, près du gisement de graphite d'Alibert et sur un point du district de Nijnié-Oudinsk. Dans l'Altaï du sud-est on aurait aussi constaté la présence de l'amiante.

(1) On connaîtrait enfin non loin de Krasnoïarsk, sur la ligne du chemin de fer entre cette ville et Kansk, des filons de quartz intercalés d'épaisses couches de mica; la situation de ces gisements les rendrait fort intéressants.

· NÉPHRITES. — Les belles néphrites vertes de Sibérie sont célèbres. On les trouve dans le gouvernement d'Irkoutsk (dans le rayon d'Alarskaïa), à environ 33-60 kilomètres au sud de Tchérémkhovo ; elles se présentent en galets roulés par les eaux de certains torrents, petits affluents de gauche de l'Angara (notamment le torrent Onot qui se jette dans la Biclaia).

Les explorations de l'ingénieur Iatchévsky en 1896-1897 ont fait découvrir des gîtes d'origine de cette précieuse pierre dans des schistes actinolitiques sur les torrents Ourik, Anat, Kera-jéma ; elle se trouve là en masses importantes.

Tous les gîtes de néphrites sont retenus par l'Administration du Cabinet Impérial. Les blocs extraits sont travaillés à la taillerie impériale d'Iékatérinbourg.

On trouve des marbres gris, blancs, et quelquefois bigarrés dans le gouvernement d'Yénisséïsk et plus particulièrement dans le domaine d'Irba, sur la rivière Kyzyr (affluent de droite de l'Yénisséï) et sur le Haut-Yénisséï, près du village d'Oznatchéno. On en trouve également dans le territoire de Transbaïkalie, sur la rive orientale du Baïkal et sur les systèmes de l'Onon et de l'Argoun.

On trouve des jaspes, des porphyres, des quartz divers (souvent verts), dans le district altaïen, arrondissement de Zméinogorsk.

· A peu de distance de cette dernière ville, une taillerie appartenant au Cabinet, la taillerie de Kolyvan, utilise ces pierres pour la décoration des monuments impériaux en Russie.

· La serpentine de même que les améthystes, les béryls, topazes, les tourmalines noires, les fluorines, etc..... ne se trouvent guère qu'en Transbaïkalie, dans le district de Nïertchinsk.

Les argiles réfractaires se rencontrent en maints endroits dans les steppes kirghises, dans les districts de Mariinsk, de Tomsk, de Krasnoïarsk, de Kansk, de Minoussinsk et dans le gouvernement d'Irkoutsk. Quelques-uns de ces bancs sont exploités.

Il existe du kaolin en quantités importantes dans des bancs d'argile réfractaire du gouvernement de Tomsk (à peu de distance du village Badaïskoïé, sur la voie ferrée Nijniéoudinsk-Irkoutsk, près de l'embouchure de la Bielaia dans l'Angara). Ce kaolin est exploité par la fabrique de porcelaine et de faïence de Khaïtinsk, au sieur Pérévalof.

Les pierres de construction, principalement les grès et les calcaires se rencontrent en abondance presque partout, sauf cependant sur le parcours du chemin de fer entre Tchélabinsk et l'Obi.

VIII. — INDUSTRIES DE TRANSFORMATION.

Ce que nous avons dit précédemment sur les populations sibériennes, leurs ressources, leur genre de vie, explique le peu de développement des industries de transformation dans ce pays.

Des populations d'agriculteurs, disséminées sur des espaces immenses, éloignées par des centaines et des milliers de kilomètres des grandes villes, privées de moyens de transport rapides et économiques, sont obligées de se suffire à elles-mêmes, de limiter leurs besoins à leurs productions.

Le blé, grossièrement broyé dans de petits moulins à meules installés sur la rivière qui arrose le village, fournit la farine, base de l'alimentation paysanne; le lait, le beurre et la viande des bestiaux forment le complément. Sa maison, ses instruments de travail, ses charrettes, ses traîneaux, le cultivateur les construit lui-même en employant le plus possible le bois de la forêt voisine pour éviter d'avoir à acheter du fer. Ses vêtements, ce sont de grossières peaux de moutons, souvent préparées et cousues à la maison.

Le léger excédent de sa production en céréales, en beurre fondu, en suif, vendu à des prix infimes, lui fournit seul un peu d'argent en espèces. C'est cette petite somme qui, une fois l'impôt déduit, lui procure les moyens d'acheter ce qu'il ne peut produire lui-même : la « vodka » (eau-de-vie blanche), sans laquelle la vie serait comme un ciel toujours sombre, puis des produits manufacturés : des vêtements de drap pour remplacer la touloupe (vêtement en peau de mouton) si lourde et si chaude en été, des bottes en cuir ou en feutre, d'épais gants de travail, des ceintures, des foulards, des châles aux couleurs voyantes, ornements des femmes, des ustensiles de ménage en fonte, du tabac grossier, etc., etc...

Les nomades, Kirghises ou Ostiaks, Samoyèdes, Bouriates ou Toungouses, ont des besoins encore plus réduits. Les uns vivent du produit de leur pêche, les autres du lait de leurs bêtes; c'est tout au plus pour de la farine et des cuirs tannés que les Kirghises échange-

ront dans les bourgs ou les foires, leurs bestiaux et les dépouilles de
ceux-ci, tandis qu'un peu de farine et d'eau-de-vie, échangées contre leurs beaux poissons ou leurs riches fourrures, fera oublier aux
Ostiaks, aux Samoyèdes et aux Toungouses leurs souffrances, les
durs et longs hivers sous la forêt, les courses sans fin à travers la
toundra.

On conçoit facilement que dans ces conditions, les industries sibériennes jusqu'à présent aient eu seulement pour objet la transformation grossière des produits les plus abondants du sol ou de l'élevage,
et ceci pour la satisfaction des besoins locaux. Si j'en excepte quelques fonderies de suif dont les produits étaient achetés en Russie,
ceux des autres industries restaient en effet dans le pays. Les fabriques n'étaient guère que de petits ateliers de famille : petits moulins
à façon mus par l'eau, minuscules tanneries, corderies, verreries, etc.
Les distilleries, les fonderies de suif et un très petit nombre de tanneries avaient seules une importance industrielle réelle.

La création du chemin de fer et la colonisation viennent un peu
modifier cette organisation par trop antique, patriarcale et misérable.

Une évolution commence à s'opérer, à laquelle nous assistons. Des
ateliers se transforment en usines, des fabriques se créent, plus fortes
qu'auparavant pour répondre à des demandes plus importantes, mieux
outillées pour travailler avec plus d'économie et résister à la concurrence aujourd'hui possible des usines russes ou étrangères.

Passons rapidement en revue les différentes industries existant actuellement en Sibérie.

En 1897, la production industrielle du pays ne dépassait pas
23 millions de roubles; encore dans ce chiffre comprenait-on les
usines métallurgiques dont nous avons déjà parlé au chapitre des
mines. Les différents ateliers ou usines occupaient environ 30.000
ouvriers répartis en 11.350 ateliers (1).

La moitié de la production industrielle de la Sibérie est fournie par
les deux gouvernements de Tobolsk et de Tomsk et plus particulièrement par les villes de Tioumène, Kourgane, Petropavlovsk,
Omsk, Sémipalatinsk, Barnaoul et Tomsk.

Les industries les plus importantes sont celles dont les matières
premières sont fournies par l'agriculture.

DISTILLERIES. — Elles sont disséminées un peu partout et surtout
dans les centres agricoles. Elles marchent, pour la plupart, sur froment et sur seigle. Elles ont un caractère vraiment industriel; elles

(1) Le simple rapprochement de ces chiffres indique bien que la grande majorité de
ces établissements ne sont que de petits ateliers d'artisans, car nous obtenons une moyenne
de moins de trois ouvriers par atelier, et une production moyenne d'environ 2.000 roubles
annuels pour chacun d'eux.

appartiennent habituellement aux plus riches marchands des rayons où elles se trouvent ; elles fournissent à leurs propriétaires de très beaux revenus. L'alcool, toujours très demandé, se vend en effet à des prix en disproportion avec ceux des grains. La concurrence russe ne peut naturellement exister que très faiblement ; quant à la concurrence locale, les distillateurs, pour en prévenir les effets, se sont souvent organisés en petits syndicats qui maintiennent les prix de l'alcool.

Le monopole de l'État sur l'alcool doit être appliqué à partir de 1902 aux gouvernements de la Sibérie occidentale et à partir de 1904, il sera en vigueur dans les gouvernements centraux, en Transbaïkalie et dans le territoire d'Iakoutsk. Les distillateurs devront alors vendre comme en Russie leurs produits à l'État, à l'exclusion de tout autre acheteur (sauf pour l'exportation). Cette mesure va entraîner la diminution des prix de l'alcool et par conséquent des bénéfices que les distillateurs trouvaient à sa fabrication. Son imminence oblige dès maintenant ceux-ci à transformer leurs appareils et à se munir notamment d'appareils de distillation-rectification continue, plus économiques.

Les distilleries rectifient en général elles-mêmes leurs flegmes ; elles livrent au public de l'alcool rectifié, à 40° ; la fabrication des liqueurs a lieu très rarement.

MOULINS. — Ce sont pour la plupart de petits moulins à meules établis sur des rivières ou des cours d'eau. Ils travaillent à façon, en mouture basse et avec un blutage des plus grossiers, les grains qui leur sont remis par les paysans du village avoisinant.

Depuis la création du Transsibérien, des moulins à cylindres, travaillant à la vapeur, se sont élevés en divers endroits de la Sibérie occidentale, plus particulièrement à Tioumène, Kourgane, Sémipalatinsk, Barnaoul, Tomsk. Ces minoteries sont bâties en bois, pour un travail de 100 à 400 quintaux métriques de blé par 24 heures.

Elles ont été outillées pour la plupart par la maison Ant. Erlanger de Moscou qui a une succursale à Iékatérinbourg et un agent à Tomsk. Cet outillage est moderne, mais souvent imparfait : le nettoyage est incomplet, les blés ne sont pas calibrés ; les sasseurs, ouverts, répandent dans tout le moulin une poussière nuisible à la qualité des produits et dangereuse, car elle peut amener des incendies. Les mélangeuses, les empocheuses mécaniques, les monte-charges, etc... font défaut, de même que les silos pour la manutention et la conservation économiques du blé.

Les moutures se font habituellement en mélangeant deux à trois parties de froment tendre (rousskaïa) avec une partie de blé dur ou demi-dur. Les farines produites (en trois ou quatre broyages) ne sont pas toujours très blanches. Elles se divisent en : krouptchatka (gruaux fins), qualité 00, qualité 0, qualité 1, qualité 2. Les gruaux s'envoient en général en Russie, les autres qualités se consomment sur place ou s'expédient sur l'Oural, la Sibérie centrale et la Sibérie orientale.

Les deux moulins de Sémipalatinsk qui travaillent exclusivement des blés durs du rayon, produisent une farine qui est fort goûtée et qui s'expédie par l'Irtych sur Omsk, Tobolsk, Tioumène, puis par le chemin de fer sur Samara, Moscou et Pétersbourg pour les vermicelleries de ces villes. Le gouvernement de Tomsk en absorbe aussi une certaine quantité.

Les issues sont repassées à la meule et sont vendues très bon marché

La qualité ordinaire des farines sibériennes et surtout leurs hauts prix en gênent souvent l'envoi en Russie; elles empêchent presque complètement les expéditions hors de Russie. Le prix d'un poud de farine de première qualité (00) est en effet ordinairement le double du prix d'un poud de blé.

Nous signalons en passant l'emplacement merveilleux qu'offrirait pour la création d'une grande minoterie, la station Obi (Novo-Nikolaiévsk). A cheval sur le Transsibérien et sur le fleuve Obi, une minoterie située en cet endroit pourrait non seulement s'approvisionner sur place, mais recevoir par le fleuve les céréales de l'Altaï et par le Transsibérien celles du gouvernement de Tobolsk et des steppes kirghises; elle aurait pour principal débouché tout le gouvernement de Tomsk (traversé par le Transsibérien et par l'Obi); elle pourrait expédier en outre ses farines sur l'Oural et le nord du district de Tobolsk par la voie du fleuve, sur la Sibérie centrale et orientale par le chemin de fer.

La mouture du seigle a lieu dans de petits moulins à meules dans les rayons où l'on cultive cette céréale.

BRASSERIES. — Presque toutes les villes un peu importantes possèdent maintenant des brasseries produisant de 50 à 100.000 vedros par an. Elles sont assez bien montées, surtout en Sibérie occidentale, où elles sont conduites, la plupart du temps, par des brasseurs polonais, allemands ou autrichiens. Le travail a lieu en général en hiver seulement, avec l'eau provenant de la fonte de la glace. L'eau que fournissent en effet les rivières ou les fleuves est de très mauvaise qualité.

L'orge employée est celle du rayon, le houblon est importé des gouvernements russes du sud-ouest ou de l'étranger.

La bière fabriquée est d'assez bonne qualité et du type habituel des bières russes, avec un degré d'alcool peut-être un peu plus élevé. Elle se vend en moyenne environ 1 r. 50 le vedro. Ce prix augmente considérablement à mesure que l'on s'avance vers l'est; il est très considérable en Sibérie orientale.

On compte encore en Sibérie occidentale, dans le rayon de Tioumène et de Kourgane, quelques fabriques de mélasse de pommes de terre et quelques féculeries. Les prix de la pomme de terre varient dans ce rayon de 0 r. 05 à 0 r. 10 le poud (0 fr.82 - 1 fr.63 les 100 kilos). La mélasse se vend de 1 r. 30 à 2 roubles le poud (21 fr. 25 à 32 fr. 60 les 100 kilos), la fécule de 1 à 2 roubles (16 fr. 30 à 32 fr. 60). La mélasse de pomme de terre est utilisée, ainsi que la fécule, pour la préparation de gâteaux spéciaux (sorte de pains d'épice) fort en honneur en Sibérie.

Les autres industries traitant des matières premières agricoles sont de peu d'importance. Nous devons cependant mentionner la création récente en quelques villes, à Omsk par exemple, de nouveaux moulins à huile, bien outillés et travaillant pour la consommation du pays les graines de lin, de chanvre, et de tournesol dont les prix sont très avantageux.

Parmi les industries traitant des matières premières fournies par l'élevage, les plus en vue sont actuellement les beurreries dont nous avons déjà parlé en détail dans notre chapitre sur l'agriculture. Viennent ensuite les tanneries et les fonderies de suif.

FONDERIES DE SUIF. — Elles sont nombreuses et importantes en Sibérie occidentale et plus particulièrement dans le gouvernement de Tobolsk et dans la partie nord du territoire d'Akmolinsk. C'est en effet l'élevage kirghise qui fournit la matière première la plus abondante. Les fonderies de Kourgane, de Petropavlovsk, d'Ialoutorovsk, d'Ichim, etc., fondent directement le suif des animaux abattus dans les tueries des environs et refondent le suif préparé grossièrement par les paysans.

Quelques-unes de ces fonderies s'adjoignent la fabrication des chandelles et des savons communs. La production de ces usines est d'environ 2.000.000 de roubles annuels. Leur outillage est très sommaire; la fusion a lieu à feu nu.

Les suifs, comme nous l'avons vu, s'exportent sur la Russie, principalement sur Kazan et Ourakovo.

TANNERIES ET PEAUSSERIES. — Il en existe un peu dans tous les rayons, mais elles sont surtout nombreuses en Sibérie occidentale, dans les gouvernements de Tobolsk et de Tomsk. Leur production est d'environ 2.500.000 roubles par an.

Les plus dignes d'attention sont celles de Tioumène. La tannerie Kolmagorovy frères, dans cette ville, est la plus importante; elle travaille annuellement 60.000 peaux de bœufs ou de vaches et de 6 à 10.000 peaux de chevaux qui lui sont fournies soit par Kourgane, Ichim et Petropavlovsk, soit par Sémipalatinsk, soit encore par Biisk et Barnaoul. Elle prépare elle-même les extraits de saule qu'elle emploie pour le tannage des cuirs forts. Le tannage de ces cuirs dure de 8 à 10 mois pour les cuirs à semelles, 12 mois et plus pour les cuirs à courroies; celui des peaux souples (Ioufts) se fait sur jus de saule et dure de 4 à 6 mois.

Une grande partie de ces ioufts s'expédient à Kiakhta où ils servent d'objets d'échange contre les thés et les soies de Chine ou les produits de l'élevage mongol. Ils sont alors noircis ou colorés et reçoivent sur fleur une sorte de large quadrillage; ils peuvent à volonté être graissés à l'huile de bouleau qui leur donne l'odeur connue du cuir de Russie. Ils se vendent à la longueur par quart d'archine (le quart d'archine équivaut environ à $0^m,18$) : 10 peaux font de 90 à 98 quarts d'archine valant de 0 r. 70 à 0 r. 80.

Les cuirs forts, assez peu épais en général, se vendent au poud. Malgré le bon marché de la matière première, leur prix est très élevé : 19 à 20 roubles le poud pour les cuirs à semelles, 22 roubles pour les cuirs à courroies.

Le cuir de cheval se vend à environ 18 roubles le poud; il s'expédie sur Varsovie et sur Moscou, où il reçoit son ultime transformation en « cuir de Hambourg ».

Les écharnures sont achetées à d'assez bons prix par des fabriques de colle de Tioumène et d'Iékatérinbourg.

De petits ateliers d'artisans utilisent les cuirs et les peaux tannées pour préparer des vêtements en peau de mouton, des gants de travail pour l'hiver, des harnais, des selles, etc.

DRAPERIES. — Il n'y a actuellement en Sibérie que deux fabriques de draps : celle de MM. Andréiéf, près de Tioumène, et celle de Biélogolovy près d'Irkoutsk; la première file elle-même des laines de Mongolie et des steppes kirghises qu'elle achète et lave à Tchougoutchak, à Kouldja, à Zaïçansk, à Sémipalatinsk; elle tisse des draps grossiers destinés soit aux fournitures militaires des troupes de Sibérie, soit à la confection de vêtements pour les paysans. Elle entretient dans ce but dans les plus importantes villes sibériennes des magasins où elle vend ses draps et des vêtements confectionnés.

Une concurrence assez vive lui est faite par les draperies de l'Oural (Alafousovy et Cie par exemple).

La deuxième est moins importante; elle reçoit ses laines de Mongolie, via Kiakhta et Irkoutsk. Les laines kirghises et sibériennes sont encore utilisées par les artisans du rayon de Tioumène qui préparent des tapis à la main connus dans toute la Sibérie, grâce à leur bon marché; elles s'emploient également pour la fabrication de bottes de feutre (pimy) pour l'hiver.

Parmi les usines traitant le bois, il en est peu qui aient une véritable importance industrielle. Les forêts sont partout près des champs, autour des villes, à proximité des exploitations minières. Paysan ou mineur, le Sibérien est aussi bûcheron, charpentier et menuisier; pour bâtir sa maison, et pour la meubler, il ira lui-même à la forêt, abattra les arbres dont il aura besoin, les coupera, les sciera ou les fendra avec ses propres moyens. Les scieries industrielles n'avaient donc pas lieu jusqu'à présent d'exister.

L'augmentation de la population des villes, le déboisement progressif des rayons de culture font naître en divers points des scieries mécaniques. C'est ainsi qu'à Tioumène, à Tomsk, à Barnaoul, à Irkoutsk, se sont installées des scieries, peu importantes il est vrai, mais actionnées néanmoins par l'eau ou la vapeur; quelques-unes ont entrepris la fabrication industrielle des péniches en usage sur les fleuves sibériens.

Quelques fabriques d'allumettes existent maintenant en Sibérie: on en compte une dizaine environ, dont la majorité en Sibérie occidentale, près de Tomsk notamment. Elles fabriquent presque uniquement les allumettes dites suédoises.

Leur production, encore que bien faible, semble suffire à la consommation.

A l'exception de deux minuscules vinaigreries, nous ne connaissons pas d'usines traitant le bois pour les produits chimiques qu'il fournit.

Une fabrique de papier, près de Tioumène, s'était outillée pour la fabrication de la pâte mécanique de bois. Cette fabrique, ayant dû pour des causes diverses, parmi lesquelles une mauvaise administration paraît la principale, cesser de travailler, il ne se fabrique pas de pâte de bois dans toute la Sibérie;

Et pourtant, cette fabrication adjointe à celle du papier trouverait rarement autant d'éléments de succès qu'en Sibérie.

Nous n'avons, pour en donner une idée, qu'à citer ce fait : les papiers ordinaires consommés dans le pays proviennent d'une fabrique de l'Oural qui fait venir de Finlande et de Norwège, via Hambourg, Anvers ou Pétersbourg, les pâtes mécaniques ou les celluloses qu'elle emploie. De pareils transports, joints aux droits de douane que payent ces marchandises à leur entrée en Russie, grèvent lourdement des matières de faible valeur comme les pâtes de bois; nous croyons donc qu'une fabrique de papier installée près d'un centre, tel que Tomsk par exemple. munie d'un outillage moderne et produisant elle-même ses pâtes, trouverait, avec une matière première des plus abondantes et des moins coûteuses, un débouché très avantageux.

Les papiers fins et de luxe proviennent de Moscou ou de Pétersbourg.

Les meubles employés en Sibérie sont en général importés de Russie ou de l'étranger; les meubles grossiers sont seuls fabriqués dans le pays par de petits ateliers de menuiserie. Une usine à vapeur qui fabriquerait mécaniquement des meubles usuels aurait des chances de réussite; nous la placerions à Tomsk.

Les tonneaux nécessaires au transport des suifs et quelquefois du beurre sont faits à la main, dans le rayon de Tioumène principalement. La plus grande partie cependant de ceux destinés au transport du beurre pour l'exportation viennent de l'étranger prêts à être montés.

Pour les industries transformant des matières premières minérales, elles sont, si nous en exceptons les usines matallurgiques dont nous avons eu déjà l'occasion de nous entretenir, fort peu considérables. Il n'existe que quelques verreries sans importance dispersées auprès des grands centres qu'elles approvisionnent de produits communs : vitres, verres, bouteilles pour la bière, les eaux minérales artificielles, le kvass et les eaux de fruits dont il est fait une assez forte consommation. Les produits plus soignés : verrerie fine et cristaux sont importés de Russie. Il n'existe qu'une usine de faïence et de porcelaine non loin d'Irkoustk; sa production est faible, son outillage ancien et rudimentaire; elle produit des objets communs. Son propriétaire (Perevalof) manque des ressources nécessaires pour l'organiser d'une façon plus moderne.

L'industrie de la poterie est très peu développée malgré l'abondance des bonnes argiles, car le Sibérien remplace les objets de poterie et souvent aussi la vaisselle, par des récipients en bois ou en écorce confectionnés à la maison ou bien par des objets de fonte. Les ateliers de potiers se trouvent surtout dans le district de Tioumène.

Les briquetteries sont assez nombreuses aux environs des villes.

ATELIERS MÉCANIQUES. — Si nous en exceptons les ateliers de réparations installés à Omsk, Krasnoiarsk et en d'autres points, par le chemin de fer pour les besoins de son exploitation, les ateliers mécaniques sont en très petit nombre et assez peu considérables; il en existe un à Tioumène (à l'armateur Ignatof) qui s'occupe de la construction de vapeurs fluviaux et de moteurs; il en existe aussi à Tomsk et à Krasnoiarsk. L'emploi de plus en plus répandu des machines et des instruments métalliques tendra à augmenter le nombre de ces usines; il fait naître déjà en divers centres de petits ateliers de réparations.

Pour terminer cette revue des industries sibériennes, nous devons signaler la courte existence d'une petite sucrerie d'essai marchant sur betteraves et située dans le district de Minoussinsk. Cette usine, fondée vers 1890, a fermé ses portes par suite de la mort de son propriétaire. Les betteraves lui étaient fournies par les paysans du rayon et par l'exploitation agricole qu'elle s'était adjointe. Sans que leur richesse en sucre fût considérable, ces betteraves étaient parfaitement susceptibles d'être traitées fructueusement. Mais un outillage ancien et des plus défectueux (c'était de vieux appareils achetés d'occasion), une direction technique et commerciale déplorable, enfin une trop faible production (15.000 pouds de sucre par an) empêchèrent l'entreprise de recueillir les fruits d'une situation très avantageuse. Les résultats obtenus par cette sucrerie prouvent cependant que la culture des betteraves à sucre est possible dans certains rayons agricoles de la Sibérie et qu'une sucrerie bien dirigée, raffinant elle-même ses sables, aurait des chances certaines de succès, en raison du prix de revient très bas de la betterave, du bon marché des combustibles, des lourds transports qui grèvent les sucres russes et pour d'autres raisons qu'il pourrait paraître fastidieux d'énumérer ici.

MAIN-D'ŒUVRE. — La classe des artisans ne forme pas à proprement parler une classe ouvrière, mais c'est chez elle que se recrutera la main-d'œuvre dont auront besoin les industries à naître. Ces travailleurs sont nombreux en Sibérie occidentale; ils peuvent se contenter de salaires modiques (7 à 20 roubles par mois) et si l'instruction primaire ou technique leur fait le plus souvent complètement défaut, on trouve en eux certaines qualités de travail ou de conduite qu'ils doivent à l'apprentissage familial.

En Sibérie centrale, le contingent ouvrier est au contraire plus réduit et plus difficile à recruter; aussi doit-on payer des salaires mensuels plus élevés (20 à 50 roubles). Les artisans sont en effet plus rares et les ouvriers sont ici les mineurs d'or, sans instruction, d'une moralité douteuse, indépendants au premier chef et très irréguliers. Ils sont cependant intelligents et susceptibles de s'améliorer s'ils sont bien traités.

La rareté des écoles primaires, l'absence d'écoles professionnelles sont un assez difficile obstacle à la création d'industries ayant besoin d'une main-d'œuvre instruite et spécialisée. Nulle part, on ne peut trouver en effet de bons contre maîtres, de bons mécaniciens; il faut dans chaque cas nouveau faire venir ceux-ci de l'Oural où on se les dispute ou bien de Russie où ils n'abondent pas non plus.

Il faut donc retenir ceci : les manœuvres se trouvent presque partout et sont en général peu coûteux; en Sibérie occidentale ils sont particulièrement bon marché. Les bons ouvriers spécialistes n'existent pas et doivent être recrutés en Russie.

Nous avons signalé au fur et à mesure l'intérêt que pouvait offrir pour nous chacun des éléments de la production du pays. Pour ce qui concerne les industries, il nous suffira ici de rappeler brièvement les différents éléments de réussite que le pays offre aux industries diverses qui pourront venir s'y fonder :

Matières premières abondantes et extrêmement bon marché fournies par la culture et l'élevage ou bien, comme les forêts et les mines, mises par la nature à la disposition de l'homme;

Main-d'œuvre inexpérimentée mais suffisamment nombreuse et peu coûteuse;

Débouchés intérieurs qui vont en croissant. Pour certains produits, débouchés extérieurs;

Écart énorme entre les prix des produits bruts et ceux des produits fabriqués;

Concurrence extérieure écartée par les tarifs de douane protecteurs et par de longs et onéreux transports.

Vue générale d'Irkoutsk.

IX. — COMMERCE.

Caractéristiques. — Villes commerciales.

En étudiant chacun des éléments de production du pays, nous avons signalé au fur et à mesure les échanges dont ils étaient ou pouvaient être l'objet ; nous n'avons donc ici qu'à donner un aperçu des formes que ceux-ci affectent.

Un des caractères du commerce sibérien, caractère commun à tous les pays peu développés et dont les moyens de communications sont rudimentaires, est la périodicité des échanges. Ceux-ci s'effectuent à date fixe dans un grand nombre de petites foires locales, ceci pour les relations d'un même rayon ou entre rayons voisins, dans de grandes foires, celle de Kréstovskoié en août, mais surtout celle d'Irbit en février, pour les échanges à grande distance. Ces deux localités sont situées sur le versant oriental ouralien. Chaque année, les commerçants des différentes contrées de l'Asie du Nord apportent à Irbit, les produits de leur région susceptibles d'y être vendus ; ils y achètent les marchandises ou les produits manufacturés qu'ils savent pouvoir placer chez eux. Il n'y a donc pas de spécialisation commerciale. En outre, cette organisation entraîne une longue immobilisation des capitaux engagés dans le commerce et la monopolisation de celui-ci. Le marchand qui revient de la foire avec des marchandises ne craint plus en effet aucune concurrence ; il est le maître absolu du marché jusqu'à l'année suivante ; inutile de dire qu'il profite largement de sa situation.

La voie ferrée transforme actuellement cette organisation archaïque. Les foires perdent leur importance et les réunions auxquelles elles donnent encore lieu servent surtout maintenant à régulariser les cours des marchandises, mais sont de moins en moins accompagnées d'arrivages.

A Irbit, par exemple, il y a quelques années, s'accumulaient en vue de la foire pour 45 à 50 millions de roubles de marchandises diverses : thés, objets manufacturés, draperies et cotonnades, fonte, fer, objets métalliques, suif, fourrures, etc., etc... ; aujourd'hui la plupart de ces marchandises désertent la foire et les affaires tendent de plus en plus à s'y traiter sur simples échantillons. La foire d'été de Kréstovskoïé dont l'importance était de beaucoup inférieure à celle d'Irbit, n'est plus aujourd'hui qu'un marché local.

Les villes situées sur le parcours du chemin de fer ont bénéficié de la décadence de ces foires; des entrepôts permanents de marchandises s'y constituent dans lesquels viennent s'approvisionner les marchands des régions plus éloignées. Des relations directes s'établissent entre marchands sibériens et industriels ou commerçants russes. Ceux-ci créent des magasins de vente dans les villes les plus intéressantes, envoient leurs commis visiter la clientèle sibérienne. Si les monopoles existent encore quelquefois du fait de l'énorme fortune acquise par quelques marchands, leurs effets sont en tous cas bien moins sensibles dans tous les rayons traversés par le chemin de fer et, dans les centres plus éloignés, ils ne trouvent plus à s'exercer qu'en hiver, lorsque la navigation est interrompue par les glaces. Des banques russes installent des agences dans les centres commerciaux, organisent le crédit et contribuent ainsi de leur côté à multiplier les entreprises commerciales en les rendant accessibles à un plus grand nombre.

Trois villes se partageaient auparavant la prépondérance commerciale en Sibérie : Tioumène et Tomsk, dans les bassins de l'Irtych, de l'Obi et de l'Yénisséï, Irkoutsk pour la Sibérie orientale.

La création du chemin de fer, multipliant les centres commerciaux, a fait déchoir ces villes, surtout les deux premières, de leur suprématie primitive.

Si leur rayon d'action est moins étendu aujourd'hui, il est par contre devenu plus actif et ces deux villes continuent à voir s'accroître leurs échanges commerciaux.

Passons rapidement en revue les principaux centres sibériens :

Tioumène (environ 30.000 hab.), sur la rivière Toura qui, par la Tobol, la relie à l'Irtych et à l'Obi; elle est la tête de ligne de la flottille qui navigue dans tout le bassin de l'Obi. Elle est aussi le point de départ du chemin de fer ouralien (Tioumène-Perm) qui se continue jusqu'à Kotlas (sur la Dvina septentrionale.) Outre la station du chemin de fer appelé Tioumène, elle dispose d'une gare fluviale appelée Toura.

La situation remarquable de Tioumène a fait de cette ville, jusqu'à la construction du Transsibérien, l'unique point de transit entre la Sibérie et la Russie. Aujourd'hui encore, la grande majorité des chargements de céréales, de farines, etc... drainés par l'Obi ou l'Irtych, choisissent Tioumène comme point de transbordement. Il en est de même pour les fers, les fontes, les objets métalliques de l'Oural, les bois de construction, etc...

L'activité locale de Tioumène est assez intense en raison des beaux rayons de culture qui s'étendent au sud de la ville. Au point de vue industriel, Tioumène est un des centres sibériens les plus remarquables.

La ville possède des tanneries, moulins, savonneries, ateliers divers et tout le district est peuplé d'artisans dont les produits sont très réputés.

On compte à Tioumène une succursale de la Banque Impériale, de la « Banque commerciale sibérienne », une banque municipale et une banque particulière (à M. Andréiéf). Les affaires de ces banques sont en progrès rapides et constants.

Tioumène est à peu de distance d'Irbit et bénéficiait jusqu'ici de l'activité de cette foire.

Tobolsk (20.000 hab. environ). Dans un rayon pauvre, à l'écart de la voie ferrée et distante par bateau de 2 jours de Tioumène, de 5 à 6 jours d'Omsk, elle n'a qu'un commerce tout à fait restreint. Les éléments en sont presque uniquement les poissons du Bas-Obi et les fourrures.

Quelques artisans fabriquent divers objets en utilisant comme matière première l'ivoire de mammouth. Il est découvert en effet assez fréquemment par les paysans de ces régions des défenses de mammouth très bien conservées dans un sol argileux et éternellement gelé. Les bons ivoires que l'on déterre chaque année sont cependant en trop faible quantité pour alimenter un commerce important (1).

Tobolsk possède une banque municipale et une succursale de la Banque impériale.

Kourgane (10.000 hab. environ). Ce bourg doit sa grande activité à la richesse agricole de son district.

C'est un des points d'expéditions les plus importants de Sibérie pour les blés, la farine, le beurre, les viandes et le suif. La station du chemin de fer de Kourgane expédie ainsi annuellement plus de 5.000.000 de pouds de marchandises. On compte dans cette ville de nombreux comptoirs étrangers qui y achètent les beurres et les œufs, le gibier, etc., et y vendent divers ustensiles. Au point de vue industriel, Kourgane est également à un très bon rang. Elle possède deux minoteries, des distilleries, brasseries, fonderies de suif, féculeries et fabriques de mélasse, etc.

La Banque commerciale sibérienne (2) a installé, en 1898, une

---

(1) Les ivoires fossiles du territoire d'Irkoutsk sont plus abondants et font l'objet d'échanges plus considérables.

(2) La Banque commerciale sibérienne a son siège principal à Pétersbourg; elle a été fondée il y a une vingtaine d'années au capital de 2.400.000 roubles divisé en 9.600 actions. Elle distribue depuis plusieurs années des dividendes de 40 roubles par titre (soit environ 16 % du capital primitif). Ses affaires participent au développement économique de la Sibérie et sont en progression constante. Aussi ses titres émis à 250 roubles sont-ils cotés maintenant 725-750 roubles.

succursale à Kourgane. En 1899, le chiffre d'affaires de cette succursale monta à 21.000.000 de roubles.

Petropavlosk (environ 20.000 hab. dont la moitié environ sont de race russe, l'autre moitié Tatars et Kirghises). C'est un important centre d'échanges entre la Sibérie russe et les steppes kirghises. Toute l'activité commerciale de la ville est concentrée dans le « Miénovoï Dvor » (Cour du change), sorte de grand bazar ou caravansérail où le commerce, il y a quelques années encore, se pratiquait sous forme de trocs.

Les Kirghises y apportent les produits de leur élevage : bestiaux sur pied, peaux, laines ainsi que les soies, les tapis et les fruits secs du Turkestan transportés à dos de chameaux à travers l'immensité des steppes. Ils prennent en échange des produits manufacturés : objets de fonte, cuirs préparés.

La station de Petropavlosk expédie annuellement par le Transsibérien plus de 3 millions de pouds de marchandises.

Omsk (38.000 hab. environ). Cette ville, centre administratif des territoires steppiens, n'avait autrefois aucune importance commerciale. La création du Transsibérien lui donne aujourd'hui une situation privilégiée. A cheval sur l'Irtych et la voie ferrée, elle devient le point de transit obligé des marchandises allant dans les steppes que baigne l'Irtych et des produits qui en viennent.

Grâce à cette situation, grâce aussi aux arrivages des houilles kirghises, l'administration du Transsibérien y a installé de grands ateliers mécaniques. De nouvelles usines, des ateliers s'y créent maintenant assez nombreux.

La rayon dont Omsk est le centre bénéficie encore d'un mouvement de colonisation important.

La station d'Omsk expédie annuellement un peu plus d'un million de marchandises : principalement des beurres et des produits de l'élevage kirghise. Ce chiffre devra s'élever lorsque le port d'Omsk sera muni d'une gare fluviale dont l'absence force nombre d'expéditeurs des steppes à choisir Tioumène pour le transbordement de leurs marchandises. La suppression de la brisure des tarifs du chemin de fer à Tchélabinsk donnera une vive impulsion au transit d'Omsk. Omsk possède une succursale de la Banque impériale et de la Banque commerciale sibérienne. Le chiffre des affaires de cette dernière succursale est en rapide croissance. (Il était en 1900 six fois plus fort qu'en 1893.)

Sémipalatinsk (27.000 hab. environ). C'est le centre des échanges dans les steppes du sud. C'est au port fluvial de Sémipalatinsk que viennent s'embarquer les céréales et les produits de l'élevage kirghise et mongol. C'est aussi par l'Irtych à Sémipalatinsk qu'arrivent les marchandises russes destinées à la consommation des steppes. Le commerce y est pratiqué principalement par des Tatars ; il existe cependant quelques importants négociants de race russe.

La Banque commerciale sibérienne y possède une succursale dont les affaires se développent.

Barnaoul (environ 25.000 hab., sur l'Obi). Elle devait autrefois son existence au district minier de l'Altaï dont elle est le centre. En attendant que l'industrie privée réponde aux appels du Cabinet et que les mines mieux exploitées lui redonnent sa splendeur passée, Barnaoul tourne son activité du côté des produits de la terre et de l'élevage. C'est avec Biisk (en amont sur l'Obi), le centre le plus important des expéditions et des réceptions de l'Altaï. Elle entretient certaines relations commerciales avec la Mongolie (territoire de Kobdo) par Biisk et la voie de terre de la Tchouïa.

Elle est visitée régulièrement et à de courts intervalles par des vapeurs assez rapides qui, pendant 6 à 7 mois de l'année, naviguent entre Tomsk et Biisk.

Elle se développe assez rapidement. La Banque commerciale sibérienne y a une succursale qui travaille très activement.

Novo-Nikolaïesk (station Obi), à la rencontre du fleuve Obi et de la voie ferrée. C'est un gros bourg de 15 à 16.000 âmes qui s'est fondé en cinq ou six ans depuis la construction de la ligne. La situation magnifique de cet emplacement, au seuil des riches contrées altaïennes, lui réserve un brillant avenir commercial. Au point de vue industriel elle présente aussi des avantages remarquables qui attireront rapidement en ce point la création d'usines.

Tomsk (53.000 hab. environ, sur la Tom). Elle est reliée au Transsibérien par un embranchement de 89 kilomètres de long. C'est le premier centre administratif et universitaire de la Sibérie. C'est en outre le siège de l'administration du Transsibérien Tchélabinsk-Irkoutsk. Elle comptait autrefois comme le grand entrepôt commercial des bassins de l'Obi et de l'Yénisséï. Le Transsibérien lui a enlevé cette suprématie et son commerce de gros a bien diminué ; Tomsk n'a cependant rien perdu, car ses affaires locales se sont par contre grandement développées.

La production industrielle de la ville est évaluée à un peu plus de deux millions de roubles. Les usines les plus importantes sont des distilleries, des brasseries, des tanneries, fabriques de voitures, d'allumettes, ateliers de typographie etc...

Tomsk possède, à un emplacement situé à quelques kilomètres de la ville, appelé Tchérémochniki, une gare fluviale sur la Tom.

Il existe dans la ville une banque communale, une succursale de la Banque impériale (dont le chiffre d'affaires annuel est très important), de la Banque commerciale sibérienne et de la « Banque russe pour le commerce extérieur ». Une Bourse de marchandises pour les transactions au comptant, la seule existant en Sibérie, vient de s'y ouvrir.

Tomsk a été choisi pour le siège d'un grand institut technologique ouvert en 1900 (sa construction a coûté environ 21.000.000 de roubles). Cet institut, dont la nécessité se faisait vivement sentir en Sibérie, comprend 4 divisions :

Division mécanique { construction de machines. / électricité.

Division chimique { Industrie métallurgique. / Industrie agricole.

Division d'architecture.
Division des mines.

En 1901, Tomsk possédera en outre une école commerciale du type des écoles commerciales de la Russie d'Europe, c'est-à-dire appartenant à l'enseignement secondaire. Ce sera la première école commerciale fondée en Sibérie.

Krasnoïarsk (27.000 hab. environ). L'activité commerciale et industrielle de cette ville est encore faible. Mais sa situation avantageuse au confluent du Transsibérien et du fleuve d'Yénisséï commence à faire de Krasnoïarsk un point de transit très intéressant et susceptible de devenir très considérable lorsque la colonisation du district agricole de Minoussinsk aura pris plus d'intensité. La ville possède une succursale de la Banque impériale et de la Banque commerciale sibérienne. La maison Poppam et Willet y entretient un comptoir.

Irkoutsk (52.000 hab., sur l'Angara). Cette ville qui, en Sibérie, dispute le premier rang à Tomsk, est actuellement le plus considérable entrepôt sibérien. Elle reçoit les thés de Chine venus par la voie mongole ou par l'Amour ; elle les réexpédie sur toute la Sibérie et la Russie. Elle approvisionne en outre en produits manufacturés, en farines et autres denrées, le bassin de la Léna avec ses importantes mines d'or, la Transbaïkalie et une partie du bassin de l'Amour.

Les commerçants d'Irkoutsk sont célèbres en Sibérie par leurs richesses parfois énormes. Ils disposent pour leurs opérations commerciales des succursales de la Banque impériale, de la Banque commerciale sibérienne, de la Banque russo-chinoise et d'une banque privée. Deux banques foncières russes y ont comme à Tomsk des agences.

L'activité industrielle d'Irkoutsk est très réduite.

En Sibérie orientale, nous citerons pour mémoire comme ayant une importance commerciale particulière : Kiakhta sur la frontière sibéro-mongole, le grand entrepôt des thés des caravanes ; Blago-viéchtchénsk sur l'Amour (32.000 habitants environ), premier centre agricole et minier du bassin de l'Amour, Khabarovsk (1), au confluent de l'Oussouri et de l'Amour ; enfin les deux ports maritimes de Nikolaïévsk et de Vladivostok. La franchise douanière influa vivement sur le développement de ces deux ports et surtout du dernier ; sa suppression depuis janvier 1900 porte au commerce de la Sibérie orientale et par suite à celui de Vladisvostok, un coup funeste. On peut s'attendre, dès le Transmandchourien achevé, à voir Dalny lui enlever dans ce coin d'Asie la prépondérance qu'il espérait.

Usages commerciaux.

Ces usages sont assez semblables aux usages russes. Le marchand sibérien ressemble en effet à son frère de la métropole. Son origine, la difficulté des communications, et en général celle de la vie, la grande indépendance l'ont rendu peut-être plus intelligent, plus énergique et parfois plus entreprenant. Ses transactions sont empreintes d'autant d'honnêteté que celles du « koupiétz » de Russie. Les paiements ont lieu habituellement à longs termes, 3, 6, 9 et 12 mois. La proportion des valeurs impayées des banques sibériennes n'est pas cependant supérieure à ce qu'elle est en Russie. Il faut remarquer en effet que la corporation des marchands sibériens, en raison même des difficulté du commerce et de l'importance des capitaux que son exercice réclame, est bien moins mélangée qu'en Russie et que la moyenne de la fortune de chaque négociant y est peut-être plus élevée.

Débouchés sibériens.

Tout ce qui a précédé nous montre dans quelle dépendance étroite de la Métropole se trouve la Sibérie cisbaïkalienne. Si le superflu de ses matières premières, blé, beurre, fourrures, etc., franchit souvent les frontières russes pour aller se déverser en Europe, les produits dont elle a besoin, elle les reçoit presque exclusivement de la Russie avec laquelle elle ne fait qu'un au point de vue douanier.

La création du Transsibérien modifie dans une certaine mesure cet

(1) Khabarovsk a environ 15.000 habitants ; cette ville se trouve dans une situation merveilleuse, au confluent de l'Oussouri et de l'Amour, à peu de distance en aval du confluent de ce fleuve et de la Soungari, la grande artère mandchourienne. Khabarovsk est en outre reliée à Vladivostok par le chemin de fer de l'Oussouri.

état de choses. La Sibérie reste bien la vassale de la métropole, mais, grâce au chemin de fer qui augmente ses richesses, elle est mise à même de consommer plus et de faire comme la métropole, mais dans des proportions beaucoup moindres, appel aux produits étrangers.

Nous pouvons donc en Sibérie trouver un débouché pour beaucoup des marchandises que nous envoyons déjà en Russie. Ce débouché cependant, dans les premières années surtout, sera forcément restreint. En effet, l'élément principal de nos exportations en Russie est constitué par des objets de luxe ou des produits fins. Ceux-ci ne peuvent évidemment trouver de placement dans les campagnes peuplées de cultivateurs ou de pasteurs demi-nomades. D'autre part, les agglomérations urbaines sont peu importantes; les villes n'englobent qu'un huitième de la population; leurs habitants, à part certains hauts fonctionnaires et quelques riches marchands, ne sont guère susceptibles d'acheter nos produits qui arrivent là-bas grevés de frais de transport, de douane, et d'intermédiaires qui en doublent ou en triplent le prix.

Nous ne pouvons donc exporter qu'en petites quantités : nos vins et spiritueux, nos conserves de poissons, de fruits et de légumes, nos huiles d'olive et autres huiles végétales, des objets de toilette, de la parfumerie, des cristaux, des objets de porcelaine et de faïence, des tissus de laine et de soie, des armes, des meubles, des livres, des instruments de musique, des articles d'horlogerie, des papiers fins, des objets en métal, des appareils de physique et divers, des peaux travaillées, des gommes, des résines, des couleurs, des tanins, des semences, du café et des épices, etc...

Nous ne voyons pour ces articles que deux villes susceptibles d'une certaine consommation : Tomsk et Irkoutsk.

Les instruments et outils agricoles, les machines et le matériel industriel pour minoteries, huileries, beurreries, distilleries, tanneries, mines d'or, de fer, de houille, scieries, briqueteries, sauneries, fabriques de conserves, corderies, papeteries, etc... peuvent, nous l'avons montré, offrir un débouché plus considérable en raison de la transformation actuelle de l'économie du pays.

La Sibérie orientale, et surtout le bassin de l'Amour — celui de la Léna dépendant exclusivement d'Irkoutsk — offrait auparavant aux produits étrangers un champ d'activité plus intéressant. Accessible par la voie du Pacifique, elle avait en outre cet avantage d'offrir la franchise douanière à la majorité des marchandises importées. C'était, économiquement parlant, une sorte de pays indépendant, ouvert aussi bien aux étrangers qu'aux Russes. Elle avait donc déjà des relations assez suivies avec la Chine, le Japon, les États-Unis et l'Allemagne. Deux maisons, l'une de Hambourg, la maison « Kunst

Un coin de Tobolsk : Une église.

L'Entrepôt des Thés à Kiakhta.

et Albers », l'autre américaine, la maison « Emeri », s'y sont partagé le meilleur de ces échanges internationaux. La première, qui a un siège à Odessa, installait en 1864 une maison à Vladivostok; elle possède maintenant en Sibérie orientale, et notamment à Blago-viéchtchénsk, à Khabarovsk, Nikolaïévsk, Port-Arthur, etc... 18 succursales. Représentant de nombreuses sociétés d'assurances et de transports, des compagnies maritimes russes ou étrangères, elle traite en outre toutes les affaires imaginables, est maison de banque, et comptoir technique, a en dépôt les marchandises les plus variées, machines agricoles, objets de toilette, vêtements et liqueurs, etc.; elle réalise d'énormes bénéfices. Les marchandises qu'elle importe viennent principalement de Hambourg et d'Odessa.

La maison américaine J. Emeri, fondée en 1870, travaille dans des conditions analogues. Son bureau central est à Moscou et elle a des agences à Vladivostok, Nikolaïévsk, Khabarovsk, Blagoviéch-tchénsk, etc...; elle a une maison d'achats à Hambourg.

La suppression de la franchise douanière dont jouissaient les ports sibériens du Pacifique rattache étroitement la Sibérie orientale à la Cisbaïkalie et à la Russie. Les échanges internationaux devront donc se ralentir au profit du commerce russe. Les produits nécessaires à la consommation de l'Amour viendront maintenant par le chemin de fer ou bien seront apportés, mais de Russie seulement, via Pétersbourg ou Odessa, par la voie maritime.

La Sibérie orientale se présente pour nous maintenant comme les contrées cisbaïkaliennes, mais avec cette différence qu'étant moins peuplée et moins productive que ces dernières, elle ne peut nous offrir qu'un débouché encore plus limité.

Comment se produire en Sibérie.' L'éloignement de la Sibérie, la lenteur des transports ne permettent évidemment guère à des commerçants ou des fabricants français, s'ils n'ont pas de dépôts de marchandises en Russie, de se contenter d'envoyer des voyageurs visiter la clientèle sibérienne. D'autre part, la faible densité de la population et par suite le peu d'activité des échanges empêcheront pour longtemps encore dans ce pays la spécialisation du commerce.

Les commerçants qui désireraient se produire sur ce nouveau marché ne peuvent donc pas établir des comptoirs spéciaux pour telle ou telle marchandise. Nous ne voyons guère qu'un moyen efficace et économique. C'est celui qui consiste à se grouper entre négociants ou fabricants, à accréditer à frais communs des représentants à Tomsk et à Irkoutsk. Ceux-ci auront, c'est indispensable, un dépôt de marchandises suffisant pour répondre aux demandes de l'acheteur qui, la plupart du temps préférera payer plus cher si la marchandise est sur place, disponible, plutôt qu'avoir de meil-.

leurs prix, mais attendre trois, six mois et plus l'exécution d'une commande. Le dépôt de marchandises est absolument essentiel pour la grande majorité des produits et ce serait aller à un échec certain que d'essayer de s'en passer. Le représentant devra connaître la langue russe sans laquelle la vie et les affaires lui seraient impossibles. Les ventes auront lieu en poids, mesures et monnaies russes, marchandises dédouanées et rendues en Sibérie. Les Sibériens sont en effet restés tout à fait en dehors de l'influence européenne et ils ignorent nos usages beaucoup plus encore que leurs confrères Russes. Les paiements et tous règlements devront avoir lieu par l'intermédiaire des représentants qui seront choisis avec assez de soin pour que l'on puisse avoir en eux toute confiance et leur laisser l'initiative nécessaire.

Nous conseillerions aux groupements commerciaux qui pourraient se former pour chercher en Sibérie la vente de leurs produits, de s'efforcer autant que possible d'aborder directement la consommation par la création de grands dépôts-magasins où la marchandise pourrait se vendre au demi-gros et au détail. Le commerçant sibérien est en effet habitué à grever de lourds pourcents les marchandises qu'il vend; en passant par son intermédiaire, vous lui laisserez le meilleur des bénéfices. La vente directe à la consommation a en Russie même fait déjà ses preuves.

X. — CONCLUSIONS.

ES ressources de la Sibérie, nous venons de le voir, sont très
considérables. Nous ne pouvons nous empêcher de les comparer à celles d'un autre pays avec lequel la Sibérie offre des ana-
logies frappantes, nous voulons parler du Canada.

Situé, lui aussi, à l'extrémité septentrionale d'un continent, soumis à un climat également rude qui pendant près de la moitié de
l'année interrompt toute navigation sur ses lacs et ses rivières, le
Canada offre à ses habitants des ressources identiques à celles des
contrées sibériennes :

De vastes zones de terres noires donnent à l'exportation des excédents considérables de beau froment: d'immenses herbages nourrissent un nombreux cheptel dont les produits forment avec ceux
de la terre la base de la richesse du Canada ; les zones plus
froides, couvertes de hautes futaies, fournissent des matériaux
abondants et servent d'asile aux animaux à riches fourrures; avec
la chasse, la pêche dans des fleuves, des rivières, des baies et des
lacs poissonneux, nourrit les populations des contrées moins favorisées. Enfin en maints endroits, le sous-sol recèle l'or, l'argent, le
fer, le cuivre, et des combustibles minéraux.

Dans les deux pays, nous trouvons une population comparable,
formée en minorité de races autochtones dont l'immigration européenne absorbe les éléments les plus vitaux, refoule vers l'extrême
nord les autres appelés à disparaître.

La ressemblance entre le Canada et la Sibérie est donc surpre-
nante. Pourquoi la Sibérie, avec un chiffre de population peut-être
légèrement supérieur à celui du Dominion, a-t-elle jusqu'ici si peu
tiré parti de ses richesses? Pourquoi, également douée par la nature,
a-t-elle eu un développement plus tardif?

Des particularités géographiques en sont une cause : le Canada,
avec un admirable système de voies naturelles intérieures, de lacs,
avec des fleuves débouchant sur des océans dont l'un baigne l'Europe, se trouve en outre sur des milliers de kilomètres et dans

sa zone la plus productive en contact intime avec un autre riche pays, habité par une nation libre, vigoureuse et entreprenante. La Sibérie au contraire, était isolée. Ses districts les plus riches, séparés de la Chine par d'énormes croupes montagneuses et des déserts, de l'Europe par l'Oural et des steppes infinies, ne se sont éveillés que lorsque la petite locomotive russe est venue à travers des espaces immenses les arracher à leur sommeil séculaire.

Mais il est d'autres raisons qui ont favorisé l'essor économique du Canada : la plus frappante est la qualité de ses habitants. Ceux-ci émigrent de nations riches; ils appartiennent à des races qui marchent à l'avant-garde dans l'assaut que le monde donne au progrès. Une organisation sociale basée sur la liberté laisse à ces colons dans la lutte contre une nature sauvage et un âpre climat, l'emploi de toutes leurs qualités d'intelligence, d'énergie, de volonté, d'initiative et de prévoyance : au Canada, plus de 17.000 écoles répandent gratuitement l'instruction primaire; des collèges, 14 universités, des écoles spéciales jettent dans les centres urbains la semence féconde de l'enseignement supérieur et professionnel. Le pays tout entier vit d'une vie consciente, car de nombreux journaux quotidiens et périodiques enregistrent les continuelles pulsations de sa vie intérieure et forment un des anneaux de la chaîne qui l'unit au monde étranger. Aussi, participant à la richesse de sa métropole et de ses puissants voisins, cette colonie a-t-elle commencé brillamment à mettre en valeur ses richesses. Les produits du sol qu'un outillage rationnel permet d'obtenir économiquement sont pour partie exportés à l'état brut; les autres sont mis en œuvre par de grandes minoteries, des scieries à vapeur, des fabriques de conserves et nombre d'autres industries. Un réseau ferré de 27.000 kilomètres a été construit; des canaux ont amélioré les voies navigables naturelles.

Que voyons-nous au contraire en Asie?

Lieu de déportation, la Sibérie était jusqu'à présent l'immense réceptacle où venait s'épandre l'écume d'un peuple. Elle doit, c'est vrai, beaucoup de ses progrès aux relégués politiques, polonais ou russes qui, de la terre d'exil, se sont souvent fait une seconde patrie. Mais qu'est le nombre de ceux-ci comparé à la masse des condamnés de droit commun qui a formé la base de la colonisation primitive? Les rapports sociaux étaient réglés par des fonctionnaires échappant à tout contrôle. Ce régime d'arbitraire a cessé. De nouvelles couches de colons, plus nombreuses, ont pris possession du pays, lui infusant un sang plus sain et plus généreux. Mais ces nouveaux habitants portent-ils en eux le germe d'une vie économique plus intense?

L'inertie, l'absence de prévoyance et d'épargne sont parmi les caractères dominants du paysan russe. Inculte, à peine libéré du ser-

Marché d'hiver à Minoussinsk.

vage qui l'a, avec une religiosité excessive, façonné au fatalisme et à la passivité, il vivait de père en fils sur les terres communales, aussi éloigné et isolé du monde que si celui-ci n'eût pas existé. Une série de mauvaises récoltes, la misère et la faim l'ont transporté, muet et résigné, à des milliers de kilomètres des plaines natales, dans d'autres plaines toutes semblables dont sa pensée ne dépasse pas l'horizon fuyant et imprécis.

Le voilà fixé à une nouvelle terre, abondante à souhait, grasse, vierge et sur laquelle le blé pour mûrir n'exige pas trop d'efforts. Il y est attaché, il en vit; grâce à elle, il échappe lui et les siens à la faim. Pour lui le but est atteint. Que peut-il demander de plus à ce sol dont il n'a que les fruits, qu'il féconde aujourd'hui de sa sueur, mais qui demain passera à d'autres maîtres? L'aiguillon qui pourrait exciter son activité est émoussé par cette organisation rigide de la possession communale, survivance d'âges et de civilisations disparues. Pas d'écoles; son intelligence sommeille ignorante d'elle-même et du monde; c'est dans un culte tout extérieur et grossier que vont se perdre les vagues élans, les aspirations inconscientes de son âme assoupie.

Le régime social en outre rive l'homme à son milieu, lui interdit d'y échapper. Pourra-t-il dans ces conditions demander au travail autre chose que des satisfactions immédiates? Y pourra-t-il voir un moyen de se libérer par la richesse des nécessités matérielles, d'élargir sa vie, de s'élever dans l'échelle du progrès humain, une étape seulement dans la poursuite éternelle du bonheur? La conquête du sol ne sera-t-elle pas pour lui le but, la fin?

Si son grenier regorge des fruits d'abondantes récoltes, si les maladies ont épargné son troupeau, il vivra, inculte et grossier, de la même vie végétative, la seule que pauvre ou riche, il connaisse. Passif et oublieux, il ne prévoira pas les mauvais jours, les années de malheur où la terre desséchée s'ouvre et se fendille sous un soleil de feu, où les troupeaux décimés meurent sur leurs pâturages. Il attend tout en effet de sa nourricière, la terre, et si celle-ci vient à manquer à ses promesses, ce n'est pas en lui-même qu'il trouvera le remède et la force contre l'adversité, c'est du dehors, de la charité officielle ou privée que devront lui venir les secours.

Moins de misère cependant, plus de bien-être et plus de liberté portaient leurs fruits et le paysan sibérien était déjà supérieur à son malheureux frère de Russie lorsque le Transsibérien faisant irruption dans sa vie est venu achever de le transformer, faire de lui un autre homme travaillant et produisant davantage, révéler en lui des facultés d'énergie et d'activité qu'on ne soupçonnait pas. Ce n'est pas en vain en effet que télégraphes et chemins de fer sillonnent un pays, que la circulation des idées et des choses y devient plus intense. Ceci aboutit toujours aux étonnants progrès que la ligne sibérienne, encore bien imparfaite, a réalisés en Asie.

Mais cette colonisation est restée agricole et pastorale. Ses propres productions ne lui suffisent pas ; elle a des besoins qui croissent en raison de la facilité qu'elle trouve à les satisfaire.

C'est dans une faible mesure seulement qu'elle peut les contenter si le pays doit acheter des produits importés, s'il lui faut, à lui dont les produits sont de faible valeur, s'approprier les résultats du labeur d'hommes travaillant à des milliers de kilomètres par delà plaines et monts en Russie ou en Europe.

Quand au contraire en Sibérie même s'élèveront des usines et des fabriques, laboratoires où s'élabore un peu des progrès humains, quand le panache de fumée de leurs hautes cheminées ternira au loin l'horizon, lorsque du sol fouillé et remué on arrachera combustibles et minéraux, lorsque la lueur des hauts fourneaux, le bruit des pilons, le halètement rythmé des moteurs éveilleront les steppes endormies, il n'en sera plus de même, et le paysan, surpris alors et charmé, aura hâte de profiter des fruits de ce travail qui lui est destiné. Mais la création d'industries diverses nécessite des énergies accumulées, des réserves de travail que ce pays, né d'hier, n'a pu encore amasser et que la Métropole ne peut que difficilement lui fournir. Absorbée dans son propre développement et ne pouvant suffire elle-même à ses besoins, la Russie fait appel à notre épargne pour créer ses chemins de fer, outiller ses ports, mettre en valeur ses mines, créer des usines et des fabriques qui assureront du travail à une population croissante et lui rendront ainsi la vie plus facile. Elle se contente de peupler sa colonie, de lui donner le principal, les hommes ; mais elle ne peut songer à subvenir à ses besoins qu'autant que ceux-ci mettent en cause les intérêts généraux de l'Empire.

C'est donc l'étranger qui peut seul assister la Sibérie, lui donner l'appui dont elle manque, être son éducateur et son banquier et retirer les avantages d'une telle situation.

Ce rôle doit nous tenter, nous Français qui l'avons entrepris déjà, presque toujours avec succès, dans le Donetz, au Caucase, en Pologne, et dans l'Oural.

Les fruits d'une épargne qui à l'intérieur semblent quelquefois frappés de stérilité, nous pouvons les employer à jeter dans « les arpents de neiges » de cet autre Canada, la semence que nos colonies ne sont pas toutes prêtes à recevoir. Nous pouvons vivifier et féconder par notre initiative des capitaux stagnants en allant aider la mise en valeur d'un pays nouveau ; nous pouvons utiliser le superflu de nos forces et de nos réserves à tirer parti de richesses inexploitées, à créer du bonheur auquel nous participerons les premiers.

Obéissant à des lois inéluctables, l'humanité en marche agrandit

chaque jour son domaine. En éclairant la Sibérie d'un plus vif
reflet de civilisation, nous remplirons nos devoirs de solidarité
humaine, nous contribuerons à établir l'harmonie universelle vers
laquelle tout tend, nous accomplirons notre Mission Historique de
civilisateurs et de précurseurs et nous travaillerons ainsi à la gloire
et au profit d'une plus grande France...

À Krasnoïarsk, la Sibérie de la Déportation :
Un forçat entre deux soldats.

XI. — ANNEXES.

Gouvernements et territoires. — Chefs-lieux. . Population.

(Année 1897)

SIBÉRIE OCCIDENTALE	CHEFS-LIEUX	POPULATION	
Gouvernement de Tobolsk.........	Tobolsk.	1.438.000	habitants.
Gouvernement de Tomsk..........	Tomsk.	1.929.000	—
Lieutenance générale des steppes...	Omsk.		
(Territoire de Semipalatinsk).......	Semipalatinsk.	085.000	—
(Territoire d'Akmolinsk)...........	Akmolinsk.	079.000	—
SIBÉRIE CENTRALE			
Gouvernement d'Yénisseïsk........	Krasnoïarsk.	560.000	—
Gouvernement d'Irkoutsk..........	Irkoutsk.	506.000	—
SIBÉRIE ORIENTALE			
Territoire de Transbaïkalie........	Tchita.	644.000	—
Territoire d'Iakoutsk..............	Iakoutsk.	262.000	—
Lieutenance générale Amourienne..	Khabarovsk.		
(Territoire de l'Amour)............	Blagoviéchtchénsk.	118.000	—
(Province maritime)..............	Vladivostosk.	220.000	—
Ile de Sakhaline..................		28.000	—

Au total en 1897.......... 7.069.000 habitants.

Pour avoir la population actuelle il faudrait ajouter, outre les excédents de la natalité sur la mortalité, l'apport fourni par l'immigration russe (environ 600.000 âmes depuis 1897).

Les races autochtones entrent dans ce total pour environ 1.900.000 âmes appartenant à différents groupes ethniques dont les plus importants sont les Kirghises (1.000.000), les Tatars (250.000), les Iakoutes (230.000) et les Bouriates (200.000).

Mesures et monnaie russes

MONNAIE

Un rouble = 100 kopeks = 2 fr. 66/2, 67.

POIDS

Un poud = 40 livres = 16 k. 38.
Une livre = 96 zolotniks = 409 gr. 512.
Un zolotnik = 96 dolis = 4 gr. 266.
Un doli = 0 gr. 044.

LONGUEUR

Une verste = 500 sagènes = 1 kilm. 067.
Une sagène = 3 archines = 2 m. 134.
Une archine = 16 vershoks = 71 centimètres.
Un vershok = 4 cent. 445.
Pied anglais = 1/7ᵉ de sagène = 30 cent., 48.
Pouce anglais = 1/12ᵉ de pied = 2 cent., 54.

SURFACE

Déciatine = 109 ares 25.

VOLUME ET CAPACITÉ

Sagène cubique = 9 m³,712.
Vedro = 12 litres 29.

Parités en francs aux 100 kilos des prix énoncés en roubles par poud, au change de 37 r. 50 = 100 francs ou 1 R. = 2 fr. 67.

Roubles.	Francs.	Roubles.	Francs.	Roubles.	Francs.
0,10	1,628	0,58	9,440	0,91	14,815
0,11	1,790	0,60	9,760	0,92	14,977
0,12	1,963	0,65	10.583	0,93	15,140
0,13	2,126	0,70	11,397	0,94	15,302
0,14	2,288	0,75	12,211	0,95	15,465
0,15	2,442	0,76	12,372	0,96	15,618
0,16	2,605	0,77	12,534	0,97	15,781
0,17	2,760	0,78	12,698	0,98	15,954
0,18	2,930	0,79	12,862	0,99	16,116
0,19	3,095	0,80	13,024	1,00	16,279
0,20	3,256	0,81	13,186	1,01	16,440
0,25	4,070	0,82	13,350	1,02	16,605
0,30	4,884	0,83	13,512	1,03	16,770
0,35	5,698	0,84	13,675	1,04	16,930
0,40	6,513	0,85	13,838	1,05	17,094
0,45	7,327	0,86	14,000	1,06	17,256
0,50	8,139	0,87	14,163	1,07	17,419
0,52	8,465	0,88	14,326	1,08	17,582
0,54	8,991	0,89	14,489	1,09	17,745
0,56	9,115	0,90	14,652	1,10	17,908

Une variation de 1 kopek par poud correspond à une variation d'environ 0 fr. 1628 par 100 kilos.

Références et ouvrages à consulter.

Recueils statistiques des mouvements de passagers et de marchandises sur le chemin de fer Perm-Tioumène.
— sur le Transsibérien (Tomsk).
Rapports de l'Administration des voies fluviales (Tomsk).
Rapports des agronomes gouvernementaux.
Rapports de l'Administration de l'armée cosaque sibérienne (Omsk).
Rapports sur l'agriculture dans le district de l'Altaï (Barnaoul).
Renseignements sur l'émigration en Sibérie (édit. de l'Administration de l'émigration près le Ministère de l'Intérieur (Pétersbourg).
Annales de la Société de Géographie impériale russe, section de l'ouest sibérien (Omsk).
Les indigènes d'Atchinsk et de Minoussinsk-*Kouznetzof et Koulakof.* (Comité de statistique du gouvernement d'Yénisséïsk (Krasnoïarsk).
Industrie agricole du district de Minoussinsk *P. Argounof* (Kazan).
Renseignements sur l'industrie du beurre en Sibérie Occidentale. (Tobolsk).
Annuaires du Musée gouvernemental de Tobolsk (Tobolsk).
— du gouvernement de Tobolsk (Tobolsk).
— du gouvernement d'Yénisséïsk (Krasnoïarsk).
— du territoire de Sémipalatinsk (Sémipalatinsk), etc.
Rapports des ingénieurs de districts.
Aperçu des explorations géologiques minières le long du Transsibérien (Comité du chemin de fer transsibérien (Pétersbourg).
La Sibérie et le Transsibérien (1896) (édit. du Ministère des Finances) (Saint-Pétersbourg).
En Sibérie, par Jules Legras (Paris (1).
L'Oural, par M. Verstraete (Paris) (1).
La Russie à la fin du XIXᵉ siècle. (Commission impériale de Russie à l'Exp. Univers. de Paris) (Paris) (1).
Note sur la traversée de la Sibérie en 1900, par M. H. Jullin (Bulletin de la Société française des ingénieurs coloniaux) 1901 (1).
Etc., etc.

(1) En langue française.

Calendrier sibérien commercial et industriel, *Romanof* (Tomsk).
Guide à travers la Sibérie-*Dolgoroukof* (Tomsk).
Guide le long du Transsibérien (édit. du Ministère des voies de
communications, Saint-Pétersbourg).
Courrier de l'industrie de l'or et autres industries minières (Tomsk),
etc... (bi-mensuel).

Sibirski listok, Tobolsk.
Sibirskaïa Jiznie, Tomsk.
Sibirskaïa torgovaïa gazeta, Tioumène.
Sibirski viestnik, Tomsk.
Tomski listok, Tomsk.
Tomskia goubernskia viédomosti, Tomsk.
Yénisséi, Krasnoïarsk.
Yénisséiskia viedomosti, Krasnoïarsk.
Vostotchnoié obozriénié, Irkoutsk.

TABLE DES MATIÈRES

TABLE DES GRAVURES

Typographie Firmin-Didot et Cie. — Mesnil (Eure).

LOI RUSSE

SUR LES EFFETS DE COMMERCE

SANCTIONNÉE PAR S. M. IMPÉRIALE

le 27 mai 1902 (ancien style)

INTRODUCTION

Article premier (1).

Les effets de commerce peuvent être, soit des billets à ordre, soit des lettres de change. Les règles concernant les billets à ordre s'appliquent également aux lettres de change en observant toutefois pour celles-ci les règles spéciales énoncées dans la deuxième partie de la présente loi.

Art. 1. — Le type de l'effet de commerce pris par la loi, et à l'occasion duquel sont posés les principes généraux, est le billet à ordre, et non la lettre de change, à la différence de la loi française et de toutes les autres législations.

Pourquoi cette interversion?

Elle s'explique par ce fait que le billet à ordre est de beaucoup le plus usité en Russie dans les relations commerciales. Le mécanisme de la lettre de change est plus compliqué. En outre, le billet à ordre est un instrument de crédit plus souple et mieux adapté aux usages du commerce russe.

Certaines législations étrangères, par suite de la terminologie,

---

(1) Dans le présent ouvrage, la traduction du texte même de la loi se trouve en tête. Puis viennent en caractères différents, (*italiques*), l'exposé des motifs, et enfin, en notes, les observations du commentateur.

1

Les formules d'effets et d'endossements qu'on trouvera à titre d'exemples à la suite du texte pourront permettre de se conformer plus facilement dans la rédaction des effets aux règles de la présente loi.

Cet article a pour but de montrer que la loi permet l'usage aussi bien des billets à ordre que des lettres de change, sans accorder une signification spéciale aux effets mixtes, tels que le trassirt-eigene *Wechsel.*

La seconde partie de cet article a en vue d'éviter toute confusion dans l'application des règles établies pour chacune des deux espèces d'effets. (Notes explicatives, 1899.)

Article 2.

Peuvent s'obliger tant par billets à ordre que par lettres de change, toutes personnes légalement capables de contracter des obligations pécuniaires. Sont exceptés de cette règle générale :

1° — Les personnes appartenant aux clergés de toutes les confessions ;

2° — Les paysans non propriétaires d'immeubles, s'ils n'ont pris de patente professionnelle.

Les femmes mariées et les filles même majeures, non séparées de leurs parents, ne peuvent, les premières sans l'autorisation de leur mari, les secondes, sans

---

comprenant sous une dénomination unique les deux espèces d'effets, ne distinguent pas dans leurs dispositions la lettre de change et le billet à ordre. L'Allemagne connaît le *Wechsel* et l'Italie le *cambiale*.

La loi française, comme la langue elle-même, a été analytique.

Art. 2. — L'article 113 du code de commerce français se montre moins libéral en décidant que les non commerçantes, femmes mariées même autorisées, ou filles, ne sont obligées que civilement par leur signature sur lettres de change. L'article ne parle pas du billet à ordre.

La loi russe déroge ici au droit commun qui reconnaît aux membres du clergé, aux paysans, aux filles majeures et même aux femmes mariées la capacité de contracter des obligations pécuniaires.

l'autorisation de leurs parents, souscrire des billets à ordre, accepter des lettres de change, ni engager leur responsabilité par billets à ordre ou lettres de change, si elles ne font du commerce sous leur nom personnel.

Au moment de l'introduction en Russie de la première loi sur les effets de commerce (1729), on accordait à toutes les personnes capables de contracter des obligations le droit de s'obliger par effets de commerce. Sous le règne de Catherine II, ce droit fut enlevé aux paysans, sous Paul Ier aux nobles et sous Alexandre Ier il fut retiré en partie aux étrangers. C'est ainsi que la loi de 1832 refusait la capacité de s'obliger aux nobles, aux bourgeois honoraires, aux fonctionnaires, aux paysans et aux étrangers, qui ne faisaient pas partie d'une guilde ou d'une classe de marchands; exception était faite pour les membres des corporations de Pétersbourg et de Moscou et pour les hôtes étrangers, qui pouvaient contracter des obligations par effets de commerce, mais seulement avec les commerçants des deux premières guildes et classes. Une décision du Conseil de l'Empire, sanctionnée le 3 décembre 1862, supprima ces incapacités et admit comme règle générale que toutes les personnes capables de contracter des obligations pécuniaires étaient également capables de s'obliger par effets de commerce. Elle n'exceptait plus que les membres du clergé, les paysans, les soldats et sous-officiers, les femmes mariées et les filles non séparées de leurs parents. La loi du 5 juin 1875 a supprimé l'incapacité des soldats et sous-officiers.

La disposition de notre code pouvait en quelque sorte se justifier lorsqu'on voulait éviter aux femmes les rigueurs de la contrainte par corps. Mais depuis l'abolition de cette mesure par la loi du 22 juillet 1867, elle n'a plus aucune raison d'être.

PREMIÈRE PARTIE

DES BILLETS A ORDRE

CHAPITRE PREMIER

De la rédaction et de la circulation des billets à ordre.

SECTION 1

DE LA RÉDACTION DES BILLETS A ORDRE

Article 3.

Un billet doit être rédigé sur papier timbré de la valeur prescrite (1); il doit contenir :

§ 1. L'indication du lieu et de la date (année, mois et quantième) de sa création;

---

(1) On trouvera dans le tableau suivant l'échelle des prix du papier timbré requis pour les effets de commerce (en roubles).

MONTANT DE L'EFFET	PRIX DU PAPIER	MONTANT DE L'EFFET	PRIX DU PAPIER
jusqu'à :	Rb	jusqu'à :	Rb
		2.000 Rb	3, 00
50 Rb	0, 10	3.000	4, 50
100	0, 15	4.000	6,
200	0, 30	5.000	7, 50
300	0, 45	6.000	9,
400	0, 60	7.000	10, 50
500	0, 75	8.000	12,
600	0, 90	9.000	13, 50
700	1, 05	10.000	15,
800	1, 20	20.000	30,
900	1, 35	30.000	45,
1.000	1, 50	40.000	60,
1.500	2, 25	50.000	75,

(*Note des traducteurs.*)

§ 2. L'indication dans le texte de la nature du titre, ceci par l'inscription du mot « *wechsel* » (effet de commerce) ou du mot correspondant de la langue dans laquelle il est rédigé, s'il n'est pas rédigé en langue russe ;

§ 3. La déclaration par le souscripteur, inscrite dans le texte du billet, qu'il s'engage à en effectuer le paiement ;

§ 4. L'indication du nom ou de la firme de la personne à laquelle le billet à ordre est remis, personne qui prend nom de premier preneur ;

§ 5. L'indication du montant de la somme à payer ;

§ 6. L'indication de l'échéance fixée pour le paiement ;

§ 7. La signature du souscripteur.

1°. — Le début de cet article énonce la règle que tout effet doit être rédigé sur papier timbré de la valeur prescrite ; faute de quoi, en vertu de l'art. 14, il est réputé sans valeur. On avait eu tout d'abord l'intention de se borner à exiger pour la validité d'un effet sa rédaction sur papier timbré, et à ne sanctionner que par des amendes les infractions aux dispositions de la loi régissant l'impôt du timbre.

Art. 3. — En France, la loi du 5 juin 1850 a sanctionné l'obligation de rédiger la lettre de change et le billet à ordre sur papier timbré par des amendes et certaines déchéances à l'égard du porteur (*V. art.* 4 *et* 5). La loi russe est plus rigoureuse puisqu'elle va jusqu'à refuser au titre la qualité d'effet de commerce.

La loi n'exige pas la mention de la valeur fournie, à la différence de la loi française (art. 110, C. Co.).

A l'exemple des lois allemande, belge, italienne, anglaise.

Sur l'utilité de cette mention voir notre introduction.

§ 2. — Voir également pour la lettre de change art. 86, § 2.

Cette disposition de la loi russe est empruntée à la loi allemande (art. 4, § 1, et 96, § 1), qui sur ce point a été suivie notamment par le code italien (art. 251, 2°), et le code suisse des obligations (art. 722, 1°).

Notre loi française n'exige cette mention ni sur le billet à ordre, ni sur la lettre de change. Il en est de même de la loi anglaise de 1882 (art. 3) et de la loi belge du 20 mai 1872 (art. 1).

Sur les avantages de cette disposition voir l'introduction.

Le Ministère des finances fit alors observer que cette menace était insuffisante pour sauvegarder les intérêts du fisc, étant donné que de tous les effets créés en Russie 1 % seulement est protesté et produit en justice. En conséquence, d'après la nouvelle loi, toute infraction aux règles de l'impôt sur le timbre entraîne l'invalidité du titre, en tant qu'effet de commerce (art.14).

2°. — L'énumération des mentions obligatoires contenues dans cet article correspond à celle de l'art. 2 de la loi de 1893, avec cette seule différence que l'indication de la valeur fournie n'est plus exigée. En effet, l'essence d'un effet de commerce est d'être une reconnaissance formelle de dette, dont la valeur ne dépend pas du fondement même de la dette. La nouvelle loi ne reproduit pas la clause de l'art. 2 qui interdisait l'usage des blancs-seings comme effets de commerce, et, sans les autoriser par une disposition spéciale comme dans les lois hongroise et anglaise, elle stipule que des titres signés en blanc sur papier timbré ne valent pas comme effets de commerce, tant qu'ils n'ont pas reçu les mentions obligatoires indiquées dans le présent article (art. 14).

3°. — La nouvelle loi interdit au souscripteur d'un billet à ordre de s'indiquer comme premier preneur ; elle n'autorise donc plus les billets à l'ordre du souscripteur, ceci en vue d'éviter la création, au moyen d'un endossement en blanc, d'effets au porteur. L'autorisation de créer des billets au porteur existe seulement en Angleterre et au Japon ; elle est inconnue aux législations continentales et équivaut presque à accorder à des particuliers le droit d'émettre des billets de banque. (N. expl. 1899.)

Article 4.

Le montant du billet doit être écrit en toutes lettres ; il peut en outre être répété en chiffres. Si ce montant est inscrit en lettres plusieurs fois, mais pour des sommes différentes, c'est la plus faible de ces sommes qui est tenue pour exigible.

Art. 4. — 1° La loi française n'exige pas la mention de la somme à payer en toutes lettres.

2° La règle posée dans la seconde partie de cet article n'est pas formulée expressément dans le code de commerce français. Mais elle doit s'appliquer, le cas échéant, en vertu du principe que, dans le doute, la convention s'interprète en faveur du débiteur (art. 1102 C.).

L'art. 5 de l'ancienne loi exigeait l'inscription en chiffres et en lettres du montant de l'effet ; cette double obligation a été reconnue gênante et superflue, et l'on a jugé suffisant d'exiger uniquement la mention en lettres, sans pour cela interdire l'inscription en chiffres que l'on a coutume de placer en tête des effets. On a jugé également utile d'envisager le cas où l'indication en lettres du montant de l'effet serait inscrite plusieurs fois, mais pour des sommes différentes. On a pour ce cas adopté la solution de la loi allemande, qui consiste à tenir pour exigible la plus faible de ces sommes. (N. expl. 1899.)

Article 5.

Il ne peut y avoir qu'une échéance pour le montant total du billet ; cette échéance se fixe d'une des manières suivantes :

§ 1. — *A jour déterminé*, avec l'indication de l'année, du mois et du quantième ;

§ 2. — *A tant de temps de date ;*

§ 3. — *A vue ;*

§ 4. — *A tant de temps de vue ;*

§ 5. — *A telle foire ;*

§ 6. — *A telle foire à vue.*

Dans les deux derniers cas le billet est appelé « *iarmarotchny* » (billet de foire). N'est pas réputé cependant « *iarmarotchny* » un billet qui est payable à une foire déterminée, mais qui contient aussi l'indication de l'échéance ; dans ce cas, l'indication de la foire vaut seulement comme désignation du lieu de paiement. Si l'échéance est fixée pour le commencement, le

---

Art. 5. — 5° D'après le C. Co. français (art. 132, 2°), les mois sont tels qu'ils sont fixés par le calendrier grégorien.

Notre Code ne parle pas du mode de fixation de l'échéance ; par contre, la loi russe ne mentionne pas l'indication de l'échéance par le délai d'usance.

Le délai pendant lequel un effet payable à vue peut être présenté au paiement ou à l'acceptation n'est pas, d'après l'art. 160 du C. Co. français, laissé à la convention des parties. Il est déterminé suivant

milieu ou la fin d'un mois, le billet est réputé payable le premier, le quinzième ou le dernier jour de ce
mois.

*L'ancienne loi admettait encore l'échéance suivant les usan-
ces; ce terme de paiement, inconnu de la plupart des législations étrangères, est abandonné par la nouvelle loi. Du reste, d'a-
près la loi de 1893, l'échéance fixée « suivant les usances » ne
dépendait nullement des usages particuliers à telle ou telle localité, mais tombait toujours quinze jours après la présentation
de l'effet à l'acceptation. Cette manière de faire était une source
de complications inutiles, et son manque de clarté et de précision pouvait facilement entraîner le porteur à des omissions ou
à des négligences préjudiciables à ses droits. (N. expl. 1884 et
1899.)*

Article 6.

Pour les billets payables à vue ou à tant de temps
de vue, il est permis de fixer dans le texte du billet
un délai spécial avant l'expiration duquel le billet devra être présenté, au paiement dans le premier cas,
au visa mentionnant la date de la vue dans le second cas.
Ce délai ne peut dépasser douze mois à compter du
jour de la souscription du billet (art. 38 et 42).

*La durée maxima (12 mois) de ce délai spécial est la même
que celle fixée par la précédente loi. (N. expl. 1899.)*

Article 7.

Est réputé être le lieu du paiement celui de la création du billet, à moins que le souscripteur, dans le
billet lui-même et avant sa signature, n'ait désigné

---

le lieu d'émission de l'effet et varie pour le continent de trois mois
à un an.

D'après la loi allemande (art. 31), l'effet doit être présenté dans
le délai de deux ans.

La loi anglaise de 1882 ne fixe aucun délai.

un autre lieu. Outre le lieu du paiement, on peut indiquer aussi dans le billet le domicile même où doit s'effectuer ce paiement.

1°. — Il arrive souvent que l'indication du lieu du paiement n'est faite qu'après la rédaction d'un effet, lors de la désignation d'un intervenant ou d'un payeur spécial. C'est pourquoi la loi n'exige pas que cette indication fasse partie du texte même de l'effet, pourvu qu'elle se trouve dans le billet. D'autre part, comme il est indiscutable que le droit d'indiquer le lieu du paiement n'appartient qu'au créateur de l'effet, la loi l'oblige à faire cette indication avant sa signature. (Jal des Dép. Réun. du Cons. de l'Emp. 1902.)

2°. — Outre l'indication du lieu du paiement, le souscripteur peut encore indiquer le domicile même où doit avoir lieu le paiement. Le porteur d'un effet revêtu de cette indication ne se trouve donc plus dans la nécessité de rechercher les bureaux ou l'appartement du payeur ; il en résulte une grande simplification pour la présentation des effets au paiement et la confection des protêts faute de paiement. La loi belge sur le protêt du 10 juillet 1877 et la loi italienne sur le change (art. 304, § 1) contiennent des dispositions analogues. (N. expl. 1884.)

Article 8.

Le souscripteur peut désigner un payeur spécial pour effectuer le paiement du billet.

La désignation d'un tiers qui aura à effectuer le paiement d'un billet à ordre pourrait faire prendre ce billet pour une lettre de change. C'est pourquoi le législateur a jugé nécessaire d'indiquer dans l'art. 8 que le souscripteur peut désigner un payeur spécial pour effectuer le paiement du billet. (Jal des Dép. Réun. du Cons. de l'Emp. 1902.)

Article 9.

Si le souscripteur, soit parce qu'il ne sait pas écrire, soit pour une autre cause, ne peut signer lui-même le

---

Art. 9. — La loi française ne prévoit pas le cas.

billet, la signature pourra, sur sa demande, en être apposée par un tiers, mais cette signature devra toujours être suivie d'une attestation notariée en la forme requise, certifiant que le billet a bien été signé sur la demande du souscripteur.

La procédure pour la légalisation des souscriptions faites par des tiers signant pour des illettrés, des sourds-muets, des aveugles, etc... diffère de la légalisation notariée ordinaire en ce qu'elle exige, non seulement la légalisation proprement dite des signatures, mais encore l'attestation que ces tiers ont réellement reçu mandat de signer. En conséquence, l'art. 9, pour plus de précision, stipule qu'une souscription faite par un tiers, devra toujours être suivie d'une attestation notariée en la forme requise, certifiant que le billet a bien été signé sur la demande du souscripteur. (J^{al} des Dép. Réun. du Cons. de l'Emp. 1902.)

<h3 style="text-align:center">Article 10.</h3>

Un billet peut être souscrit également par plusieurs souscripteurs; de même il peut être souscrit au profit de plusieurs premiers preneurs (art. 3 et 4). Toutefois le montant du billet ne peut être fractionné ni entre plusieurs souscripteurs ni entre plusieurs premiers preneurs.

1°. — L'ancienne loi envisageait le cas de plusieurs souscripteurs et admettait le fractionnement du montant d'un billet entre plusieurs personnes. Un tel partage des responsabilités n'est plus considéré comme admissible, car il entraîne des diffi-

---

La disposition de la loi russe est inspirée de la loi allemande (art. 94).

Art. 10. — Il y a solidarité entre les souscripteurs du billet. C'est là également un principe admis par notre jurisprudence. (*V. notamment Cass. 19 mai 1884. S. 85-1-123.*)

Rapprocher l'art. 17 qui prohibe le fractionnement en cas de transmission à plusieurs bénéficiaires.

L'ancienne loi admettait au contraire le fractionnement du montant du billet, ce qui entraînait des complications.

cultés insolubles. C'est pourquoi il est interdit par la loi qui n'admet aucune close tendant à limiter la responsabilité d'un souscripteur.

2°. — Il arrive assez fréquemment que le texte d'un billet souscrit par plusieurs personnes est rédigé au singulier. Pour éviter dans ce cas toute confusion, la nouvelle loi emprunte à la législation anglaise la disposition qui consiste à réputer souscripteurs tous les signataires du billet. (N. expl. 1884.)

Article 11.

Aucune clause tendant à rendre conditionnelle l'obligation du paiement ne peut être inscrite dans un billet.

Un billet ne peut être établi sous une forme conditionnelle; ceci résulte du principe général sur lequel s'appuie la présente loi, d'après lequel un effet est un titre formel, dont la valeur est indépendante de toute cause matérielle. La plupart des législations étrangères ne formulent pas l'interdiction contenue dans l'art. 11; la loi allemande par exemple ne s'exprime pas formellement, mais de l'essence même du billet tel qu'il est compris par la doctrine (Staub, Canstein, etc...), et par la jurisprudence, découle ce principe général qu'une obligation par effet de commerce est une promesse de paiement sans condition. C'est pourquoi la loi donne pour sanction à cette règle l'inefficacité en tant qu'effet de commerce d'un titre contenant des clauses conditionnelles. On avait eu d'abord la pensée de ranger les promesses conditionnelles dans la catégorie des clauses sans effet, mais ceci eût été incommode. Si l'on considère par exemple un engagement par billet à ordre pris sous la condition que le souscripteur recevra auparavant telle ou telle marchandise, ou que tel ou tel événement se produira, il est clair que la volonté du souscripteur n'étant pas entière, l'engagement luimême deviendra conditionnel et comme son exécution pourra

---

Art. 11. — L'insertion d'une condition, en rendant incertaine l'échéance de l'effet, en rendrait la circulation difficile. Le titre qui contiendrait une pareille clause ne serait pas un effet de commerce.

La jurisprudence française applique le même principe. Le commentaire officiel rattache cette prohibition au principe général sur lequel repose la loi, et d'après lequel un effet est un titre formel dont la valeur est indépendante de toute cause matérielle.

*ne pas se produire, il en résultera un obstacle des plus sérieux
à la circulation du billet.* (N. expl. 1899.)

Article 12.

Sont sans effet les stipulations insérées dans un
billet et tendant au paiement d'intérêts ou de dommages
intérêts, ou encore tendant à libérer le porteur de
l'observation de l'une quelconque des règles énoncées
dans la présente loi.

*On a soulevé la question de savoir si cet article interdisait
entre les parties toutes conventions tendant par exemple au
paiement d'indemnités, d'intérêts, d'amendes, etc. Il est donc
nécessaire d'indiquer que les art. 11 et 12 n'excluent pas la
possibilité de telles conventions, mais interdisent seulement leur
insertion dans l'effet lui-même; toute convention analogue doit
donc être rédigée à part sur un acte spécial.* (Jⁱ des Dép. Réun.
du Cons. de l'Emp. 1902, n° 197.)

Article 13.

Toute correction dans le billet, si elle présente une
modification essentielle du contenu du billet (art. 3)
doit être approuvée par le souscripteur avant sa signature. Dans l'indication du montant du billet, tout changement, même approuvé, est interdit.

*1°. — Cette règle a été reconnue nécessaire en vue d'éviter
les contestations qui pourraient surgir au sujet de corrections
purement accidentelles et n'apportant pas de modifications es-*

Art. 12. — C'est encore au même principe que se rattache l'interdiction d'une stipulation d'intérêts. La législation allemande est en
ce sens.

. Le code français n'interdit pas cette clause.

Il va sans dire, toujours en vertu du même principe, que les clauses prévues par les art. 11 et 12 sont interdites sur la lettre de change,
mais peuvent résulter d'une convention rédigée par acte séparé. (*V.
exposé des motifs.*)

sentielles au contenu de l'effet. D'autre part, pour éviter les abus, on a reconnu la nécessité d'exiger que les corrections en question fussent approuvées avant la signature du créateur de l'effet, c'est-à-dire que la signature fût unique et apposée après l'approbation des corrections. (N. expl. 1899.)

2°. — Pour ce qui concerne l'interdiction de tout changement ou correction dans l'indication du montant du billet, la nouvelle loi reproduit les dispositions de sa devancière; il eût été en effet impossible de rechercher et d'établir, pour un billet en circulation, le moment où aurait été fait ce changement. L'art. 13 évite ce danger et sauvegarde les intérêts des contractants. (J^l des Dép. Réun. du Cons. de l'Emp. 1902, n° 197.)

Article 14.

Le titre qui ne satisfait pas à l'une quelconque des conditions indiquées dans les articles 3-5, 9-11 et 13 n'est pas réputé être un billet à ordre et les signatures et endossements que porte ce titre ne valent pas comme signatures et endossements de billets à ordre.

De même, un billet signé en blanc sur papier timbré ne vaut pas comme billet à ordre, tant qu'il n'a pas reçu les mentions que doit contenir un billet à ordre en vertu de l'article 3.

L'art. 14 sanctionne l'inobservation des conditions de forme et l'omission des mentions obligatoires que doit contenir un effet; cette sanction est formelle et ne dépend pas de l'appréciation des tribunaux comme l'art. 4 de l'ancienne loi semblait l'admettre. (N. expl. 1899.)

SECTION II

Article 15.

Un billet ne vaut pour le premier bénéficiaire qu'autant qu'il en a été fait remise à celui-ci par le souscripteur.

Un effet ne peut faire naître de droits pour celui qui l'acquiert qu'autant que cet acquéreur est de bonne foi, c'est-à-dire qu'autant qu'il ignore que l'effet n'émane pas du souscripteur et qu'il a été mis en circulation malgré lui. Cette bonne foi dans la possession de l'effet est une condition de sa validité, en raison de son importance pour chacun des acquéreurs (J$^{n!}$ des Dép. Réun. du Cons. de l'Emp. 1902, n° 197).

Article 16.

Un billet est réputé remis par le souscripteur au premier preneur si celui-ci l'a en sa possession, à moins qu'il ne soit prouvé qu'en fait et au su du premier preneur cette remise n'a pas eu lieu.

Article 17.

Le premier preneur du billet a le droit d'en transmettre la propriété à un tiers. Chacun des preneurs suivants a le même droit.

Le billet peut être transmis, soit à un seul bénéficiaire, soit à plusieurs bénéficiaires à la fois, mais sans que le montant puisse en être fractionné. Il peut être transmis aussi à une personne figurant déjà dans ledit billet et celle-ci peut le transmettre à d'autres; exception est faite pour le souscripteur à qui le billet ne peut être retourné que pour être annulé.

La règle de l'art. 17 stipulant qu'un billet peut être transmis même à une personne figurant déjà dans ledit billet et que cette personne peut elle-même le transmettre plus loin est admise dans les législations allemande, hongroise, scandinave, suisse, belge, anglaise; elle signifie que ces transmissions n'éteignent l'effet qu'au cas où celui-ci est retourné au souscripteur lui-même; il ne peut être alors question d'une transmission ultérieure.

Article 18.

La transmission du billet s'établit par une inscription appelée endossement. L'endossement doit contenir la signature du cédant et peut être, soit nominatif, s'il porte le nom du cessionnaire, soit en blanc, s'il n'en est pas fait mention (1°). Dans ce dernier cas, chaque preneur a le droit de transmettre le billet, même sans nouvel endossement (2°).

Le projet primitif interdisait l'inscription de tout endossement sur le recto du billet. Le législateur, tout en reconnaissant les avantages de cette interdiction, a toutefois fait exception pour le premier endossement, à condition qu'il soit nominatif.

Article 19.

Les endossements en blanc et les endossements nominatifs s'inscrivent sur le verso du billet, mais le

---

Art. 18. — (1) La loi n'exige donc ni la mention de la date, ni celle de la valeur fournie, ni le nom du bénéficiaire à l'ordre de qui l'endossement a lieu, à la différence du droit français (art. 137-138 *C. Co.*). Par suite, elle attribue le même effet translatif de propriété à l'endossement nominatif et à l'endossement en blanc.

Au contraire, d'après le C. Co. français, l'endossement en blanc ne vaut que comme procuration, c'est-à-dire que le bénéficiaire est présumé n'avoir reçu que le mandat de recouvrer le montant de la lettre. L'endosseur reste propriétaire. Toutefois, d'après la jurisprudence française, la preuve contraire peut être admise dans certains cas. La plupart des législations ont décidé, comme la loi russe, que la signature de l'endosseur suffit à constituer un endossement translatif. [*Loi allemande sur le change* (art. 12 et 13) ; — *code italien* (art. 288) ; — *loi belge du 20 mai 1872*, art. 27) ; — *loi anglaise de 1882* (art. 32].

(2). — Le preneur échappe ainsi à la garantie.

premier endossement, s'il est nominatif, peut être, soit commencé, soit écrit en entier sur le recto. Lorsque le verso du billet est couvert d'inscriptions, les endossements suivants sont inscrits sur une allonge de telle manière que le premier de ces nouveaux endossements commence au bas du verso du billet.

La sanction de ces règles est la nullité de la transmission du billet. Les corrections dans les endossements sont autorisées si elles sont approuvées et dûment signées. Un endossement rayé dans son entier est réputé annulé.

Article 20.

Chaque preneur du billet a le droit de transformer un endossement en blanc en endossement nominatif par l'indication du nom du bénéficiaire suivant.

Article 21.

Le porteur, lors de la transmission du billet, a le droit d'inscrire dans l'endossement la clause « sans retour sur moi » (art. 51). Cette clause, si elle vient à être biffée, n'est tenue pour annulée que dans le cas où l'endosseur qui l'a inscrite en a mentionné et signé l'annulation.

Il avait été tout d'abord question d'autoriser l'endosseur à indiquer sur l'effet un délai spécial pour la présentation du billet au paiement ou pour le visa du jour de la vue, délai à l'expiration duquel l'endosseur rejetait toute responsabilité. On a reconnu par la suite le danger que présenterait une telle autorisation; elle équivaudrait en effet à donner à l'endosseur la faculté de changer à son gré les mentions primitives de l'effet. (J^{al} des Dép. Réun. du Cons. de l'Emp. 1902.)

Art. 19. — L'endossement en blanc ne peut pas être inscrit au recto du titre. Il risquerait de se confondre avec l'aval.

RENSEIGNEMENTS PRATIQUES

SUR LA VIE MATÉRIELLE D'UN FRANÇAIS AUX COLONIES ET A L'ÉTRANGER

Rio-de-Janeiro, le 27 juillet 1901.

A M. L. LENGLET, Président de la Commission du *Bulletin* de l'Association des Anciens Élèves de l'École des Hautes Études Commerciales.

Mon cher LENGLET,

Nos camarades trouveront plus loin un « Questionnaire » qui se passe de longues explications.

Tous ceux d'entre eux qui ont dû partir une première fois pour un pays étranger savent combien il est difficile d'obtenir, dans le délai généralement court dont on dispose, des renseignements sérieux sur les points qu'il énumère.

J'ai donc pensé qu'il serait utile de mettre à la disposition des intéressés (élèves des Écoles supérieures de Commerce, de Centrale, des Arts et Métiers, et en général de tous les jeunes gens de cette classe sociale, — il faut se limiter pour être précis —) un Guide dans lequel ils trouveraient ces renseignements en un clin d'œil.

Voilà cinq ans déjà que, tu le sais, je me suis mis à la besogne, et j'ai certes réuni pendant ce temps une collection assez respectable de Questionnaires remplis. Notre camarade MARCHAL a même commencé à les publier dans son journal « *Banque et Commerce* ». Mais, pour faire œuvre utile, il faut aboutir, et *aboutir vite*, en sorte de ne pas imprimer, au jour final, des renseignements déjà vieux.

Or je rencontre ici deux difficultés, et c'est pour les vaincre que je recours à notre *Bulletin*.

D'abord il me manque encore, naturellement, des renseignements. Jamais je n'en aurai trop, car il faut recevoir plusieurs réponses par contrée si l'on veut établir soi-même une juste moyenne entre les optimistes et les pessimistes probables.

Pour remédier à ce premier point, c'est à nos camarades que je m'adresse. Non pas seulement en priant ceux qui sont à l'étranger de remplir un Questionnaire pour leur région (presque tous, d'ailleurs, l'ont déjà fait), mais encore en demandant à tous ceux qui penseront que ce travail soit utile et vienne à son heure, d'être mes collaborateurs directs et de *solliciter eux-mêmes de leurs propres correspondants à l'étranger*, Français de préférence, des renseignements sur les pays où ils résident. Si je dis « Français de préférence », c'est que des étrangers peuvent avoir d'autres besoins que nous et juger les choses d'une façon toute différente, surtout si on les interroge sur leur propre pays.

Ma requête aboutira-t-elle?

Oui sans aucun doute pour ceux qui ne remettront pas au lendemain le service que je leur demande. Remettre au lendemain en pareil cas, nous savons tous en effet où cela mène!

Je n'ai pas besoin, n'est-ce pas, de faire de phrases pour entraîner les bonnes volontés? Donc, à ceux que la question intéresse, je demande de sauter illico sur leur plume et d'avaler tout de suite la pilule.

Reste le second obstacle que je me borne aujourd'hui à signaler :

Les dépenses de temps, et aussi d'argent, qu'a entraînées et qu'entraînera encore la conduite à bien de ce travail, ne sont guère compatibles qu'avec le métier de rentier, lequel je n'ai malheureusement pas l'avantage de professer. En conséquence, il faudra trouver une combinaison, par exemple former un petit groupe en temps opportun, et recueillir les quelques souscriptions nécessaires. Je crois pouvoir dire que cela sera facile.

En tout cas, avec la permission de la Commission du *Bulletin*, nous reviendrons sur ce deuxième point; mais, dès à présent, je le signale à ceux de nos camarades qui voudraient bien m'aider de leurs observations et de leurs conseils.

Reçois, mon cher LENGLET, avec mes remerciements en partie échus et en partie à échoir, mes cordiaux souvenirs.

Paul RENGNET.

QUESTIONNAIRE

1. — Région à laquelle peut s'étendre les renseignements ci-dessous.

2. — Équipement et vêtements à emporter de France. — A acheter sur place.

3. — Voyage d'aller. — Durée. — Prix. — Ligne à préférer. — Frais de route. — Passeports.

4. — Voyages dans l'intérieur. — Leur mode. — Leur prix (au moins approximatif). — Bagages.

5. — Dépenses mensuelles indispensables à un Européen pour vivre convenablement. — Habitation. — Nourriture. — Pension. — Domestiques (dans les centres et à l'intérieur).

6. — Langues et dialectes usités. — Leur nécessité.

7. — Climat. — Températures extrêmes. — Saisons.

8. — Maladies endémiques. — Épidémiques. — Fièvres. — Hygiène à suivre.

9. — Observations particulières et conseils.

10. — Nom et nationalité de la personne qui a fourni ces renseignements.

Date........................

Adresser les réponses à :

M. Paul RENGNET, Directeur de la Banque nationale brésilienne, 20, rua da Alfandega, RIO-DE-JANEIRO (Brésil).

Chemins de fer de Paris à Lyon et à la Méditerranée.

Régates internationales de Nice (27 février au 8 mars).
Régates internationales de Cannes (17 mars au 7 avril).
Vacances de Pâques.
Tir aux pigeons de Monaco.

*Délivrance du 23 février au 30 avril 1902 inclus, de billets
d'aller et retour de 1re et de 2e classes.*

De Paris à Cannes, Nice et Menton

valables pendant 20 jours, y compris le jour de l'émission

viâ Dijon	CANNES.	1re classe 177 fr. 40	—	2e classe	127 fr. 75
Lyon	NICE...	» 182 fr. 60	—	»	131 fr. 50
Marseille	MENTON.	» 186 fr. 80	—	»	134 fr. 60

Faculté de prolongation de deux périodes de 10 jours, moyennant un supplément de 10 % pour chaque période.

Ces billets donnent droit à deux arrêts en route, tant à l'aller qu'au retour.

On peut se procurer des billets et des prospectus détaillés aux gares de Paris-Lyon et de Paris-Nord, ainsi que dans les bureaux de ville de la Cie P.-L.-M. et dans les agences spéciales.

On peut aussi se procurer des renseignements sur ces billets dans toutes les gares du réseau.

VOYAGES CIRCULAIRES A ITINÉRAIRES FIXES

Il est délivré, toute l'année, à la gare de PARIS-LYON, ainsi que dans les principales gares situées sur les itinéraires, des billets de Voyages circulaires à itinéraires fixes extrêmement variés, permettant de visiter en 1re ou 2e classe, à des prix très réduits, les contrées les plus intéressantes de la *France*, ainsi que l'ALGÉRIE, la TUNISIE, l'ITALIE, l'ESPAGNE, l'AUTRICHE et la BAVIÈRE.

Avis important. — Les renseignements les plus complets sur les voyages circulaires et d'excursion (prix, conditions, cartes et itinéraires), ainsi que sur les billets simples et d'aller et retour, cartes d'abonnement, relations internationales, horaires, etc., sont renfermés dans le Livret-Guide P.-L.-M.

VOYAGES A ITINÉRAIRES FACULTATIFS
France en Algérie et en Tunisie

Il est délivré, pendant toute l'année, dans toutes les gares P.-L.-M., des carnets de 1re, 2e et 3e classes pour effectuer des voyages pouvant comporter des parcours sur les lignes des réseaux P.-L.-M., Est, État, Midi, Nord, Orléans, Ouest, P.-L.-M.-Algérien, Est-Algérien, État (lignes algériennes), Ouest-Algérien, Bône-Guelma, et sur les lignes maritimes desservies par la Compagnie Générale Transatlantique, par la Compagnie de Navigation Mixte (Cie Touache) ou par la Société Générale de Transports Maritimes à vapeurs.

Ces voyages dont les itinéraires sont établis à l'avance par les voyageurs eux-mêmes, doivent comporter, en même temps que des parcours français, soit des parcours maritimes, soit des parcours maritimes algériens ou tunisiens ; les parcours sur les réseaux français doivent être de 300 kilomètres au moins ou être comptés pour 300 kilomètres.

Les parcours maritimes doivent être effectués exclusivement sur les paquebots d'une même compagnie.

Les voyages doivent ramener les voyageurs à leur point de départ. Ils peuvent comprendre non seulement un circuit dont chaque portion n'est parcourue qu'une fois, mais encore des sections à parcourir dans les deux sens, sans qu'une même section puisse y figurer plus de deux fois (une fois dans chaque sens ou deux fois dans le même sens).

Arrêts facultatifs dans toutes les gares du parcours.

Validité : 90 jours, avec faculté de prolongation de 3 fois 30 jours, moyennant le paiement d'un supplément de 10 % chaque fois. Faire la demande de carnets 5 jours au moins à l'avance.

Italie — Algérie — Tunisie — Égypte — Syrie.

La Compagnie P.-L.-M. organise avec le concours de l'Agence des "Voyages Modernes" :

1°. — Une excursion en ITALIE, du 15 janvier au 2 février 1902.
Prix (*tous frais compris*) : 1re classe, 875 fr.; 2e classe, 775 fr.

2° — Une excursion en TUNISIE et en ALGÉRIE, du 19 Janvier au 17 Février 1902.
Prix (*tous frais compris*) : 1re classe, 1290 fr.; 2e classe, 1010 fr.

3° — Une excursion en ÉGYPTE, HAUTE-ÉGYPTE, PALESTINE, TERRE SAINTE et SYRIE, du 23 janvier au 14 mars 1902.

Prix (*tous frais compris*) : { Égypte et Haute-Égypte .... 1re classe, 2100 fr.
{ Égypte, Haute-Égypte, Palestine et Syrie. 1re classe, 3200 fr.

S'adresser, pour renseignements et billets, aux bureaux de l'Agence des "Voyages Modernes", 1, rue de l'Échelle, à Paris.

VOYAGES CIRCULAIRES
A COUPONS COMBINABLES
sur le réseau P.-L.-M. et sur les réseaux P.-L.-M. et Est.

Il est délivré, toute l'année, dans toutes les gares du réseau P.-L.-M., des carnets individuels ou de famille, pour effectuer, sur ce seul réseau ou sur les réseaux P.-L.-M. et Est, en 1re, 2e et 3e classes, des voyages circulaires à itinéraire tracé par les voyageurs eux-mêmes avec parcours totaux d'au moins 300 kilomètres. Les prix de ces carnets comportent des réductions très importantes qui peuvent atteindre, pour les carnets collectifs, 50 % du tarif général. La validité de ces carnets est de 30 jours jusqu'à 1.500 kilomètres ; 45 jours de 1.501 à 3.000 kilomètres ; 60 jours pour plus de 3.000 kilomètres. Faculté de prolongation, à deux reprises, de 15 jours pour les carnets valables 30 jours ; 23 jours pour les carnets valables 45 jours, et de 30 jours pour les carnets valables 60 jours, moyennant le paiement d'un supplément égal à 10 % du prix total du carnet pour chaque prolongation.

Arrêts facultatifs à toutes les gares du parcours.

Pour se procurer un carnet individuel ou collectif, il suffit de tracer sur une carte qui est délivrée gratuitement dans toutes les gares P.-L.-M. bureaux de ville et agences de la compagnie, le voyage à effectuer et d'envoyer cette carte, 5 jours avant le départ, à la gare où le voyage doit être commencé en joignant à cet envoi une consignation de 10 fr. Le délai de demande est réduit à 2 jours (dimanches et fêtes non compris) pour certaines grandes gares.

Relations directes entre Paris & l'Italie
(Viâ Mont-Cenis).

Billets d'Aller et Retour de Paris à Turin, à Milan, à Gênes et à Venise
(Viâ Dijon, Mâcon, Aix-les-Bains et Modane)

Prix des billets : TURIN, 1re classe, 148 fr. 10 ; 2e classe, 106 fr. 45. — MILAN, 1re classe, 166 fr. 55 ; 2e classe, 121 fr. 70. — GÊNES, 1re classe, 168 fr. 40 ; 2e classe, 120 fr. 05. — VENISE, 1re classe, 218 fr. 95 ; 2e classe, 155 fr. 80. — Validité : 30 jours.

Ces billets sont délivrés, toute l'année, à la gare de Paris P.-L.-M. et dans les bureaux-succursales.

La validité des billets d'aller et retour *Paris-Turin* est portée gratuitement à 60 jours lorsque les voyageurs justifient avoir pris à Turin un billet de voyage circulaire intérieur italien. D'autre part, la durée de validité des billets d'aller et retour *Paris-Turin* peut être prolongée d'une période unique de 15 jours, moyennant le paiement d'un supplément de 14 fr. 80 en 1re classe, et de 10 fr. 65 en 2e classe.

Arrêts facultatifs à toutes les gares du parcours.

Franchise de 30 kilos de bagages sur le parcours P.-L.-M.
Trajet rapide de Paris à Turin et à Milan, sans changement de voiture.

EXCURSIONS EN DAUPHINÉ

La Compagnie P.-L.-M. offre aux touristes et aux familles qui désirent se rendre dans le Dauphiné, vers lequel les voyageurs se portent de plus en plus nombreux chaque année, diverses combinaisons de voyages circulaires à itinéraires fixes ou facultatifs permettant de visiter à des prix réduits les parties les plus intéressantes de cette admirable région : la GRANDE-CHARTREUSE, les GORGES DE LA BOURNE, les GRANDS-GOULETS, les massifs d'ALLEVARD et des SEPT-LAUX, la route de BRIANÇON et le massif du PELVOUX, etc...

La nomenclature de ces voyages, avec prix et conditions, figure dans le Livret-Guide P.-L.-M. qui est mis en vente au prix de 0 fr. 50 dans les gares du réseau, ou envoyé contre 0 fr. 85 en timbres-poste adressés au Service central de l'Exploitation (Publicité), 20, boulevard Diderot, Paris.

BILLETS SIMPLES DE FRANCE EN ESPAGNE

Des gares ci-dessous à Barcelone	1re cl.	2e cl.	3e cl.	De Barcelone aux gares ci-dessous	1re cl.	2e cl.	3e cl.
Paris	132.80	91.55	59.45	Paris	132.90	91.65	59.50
Lyon	83.05	57.95	37.55	Lyon	83.15	58.05	37.60
Marseille	61.80	43.80	28 »	Marseille	61.40	43.40	26.05
Genève	100.65	69.85	45.80	Genève	100.75	69.95	45.85

Livret-Guide P.-L.-M.

Le LIVRET-GUIDE OFFICIEL P.-L.-M. qui contient tous les détails sur les billets d'aller et retour, d'excursions, de bains de mer, circulaires, etc., est mis en vente, au prix de 50 centimes, dans toutes les gares du réseau, ou envoyé contre 85 centimes en timbres-poste, adressés au Service central de l'exploitation (Publicité), 29, boulevard Diderot, à Paris.

Chemins de fer de Paris à Orléans.

Excursions aux Stations Thermales et Hivernales des Pyrénées et du Golfe de Gascogne
Arcachon, Biarritz, Dax, Pau, Salies-de-Béarn, etc.

Des billets aller et retour de toutes classes, valables pendant 33 jours, non compris les jours de départ et d'arrivée, avec réduction de 25 % en 1re classe et de 20 % en 2e et 3e classes sur les prix calculés au tarif général d'après l'itinéraire effectivement suivi, sont délivrés toute l'année, à toutes les stations du réseau d'Orléans pour :

ADGE(Le Grau), ALET, AMÉLIE-LES-BAINS, ARCACHON, ARGELÈS-GAZOST, ARGELÈS-SUR-MER, ARLES-SUR-TECH (La Preste), ARREAU-CADÉAC (Vielle-Aure), AX-LES-THERMES, BAGNÈRES-DE-BIGORRE, BAGNÈRES-DE-LUCHON, BALARUC-LES-BAINS, BANYULS-SUR-MER, BARBOTAN, BIARRITZ, BOULOU-PERTHUS (le), CAMBO-LES-BAINS, CAPVERN, CAUTERETS, COLLIOURE, COUI-ZA-MONTAZELS (Rennes-les-Bains), DAX, ESPÉRAZA (Campagne-les-Bains), GAMARDE, GRENADE-SUR-L'ADOUR (Eugénie-les-Bains), GUÉTHARY (halte), GUJAN-MESTRAS, HENDAYE, LABENNE (Capbreton), LABOUHEYRE (Mimizan), LALUQUE (Préchacq-les-Bains), LAMALOU-LES-BAINS, LARUNS-EAUX-BONNES (Eaux-Chaudes), LEUCATE (La Franqui), LOURDES, LOURES-BAR-BAZAN, MARIGNAC-SAINT-BÉAT (Lez, Val-d'Aran), NOUVELLE (la), OLORON-SAINTE-MARIE (Saint-Christau), PAU, PIERREFITTE-NESTALAS (Barèges, Luz, Saint-Sauveur), PORT-VENDRES, PRADES (Molitg), QUILLAN (Ginoles, Carcanières, Escouloubre, Usson-les Bains), SAINT-FLOUR (Chaudesaigues), SAINT-GAUDENS (Encausse, Ganties), SAINT-GIRONS (Audinac, Aulus), SAINT-JEAN-DE-LUZ, SALÉCHAN (Sainte-Marie, Siradan), SALIES-DE-BÉARN, SALIES-DU-SALAT, USSAT-LES-BAINS et VILLEFRANCHE-DE-CONFLENT (le Vernet, Thuès, les Escaldas, Gratis-de-Canaveilles).

Excursions en Touraine, aux Châteaux des Bords de la Loire
ET AUX STATIONS BALNÉAIRES
De la Ligne de Saint-Nazaire au Croisic et à Guérande

1er Itinéraire
1re classe : 86 francs. — 2e classe : 63 francs.

DURÉE : 30 JOURS

PARIS, ORLÉANS, BLOIS, AMBOISE, TOURS, CHENONCEAUX, et retour à TOURS, LOCHES, et retour à TOURS, LANGEAIS, SAUMUR, ANGERS, NANTES, SAINT-NAZAIRE, LE CROISIC, GUÉRANDE, et retour à PARIS, ou VENDOME, on par ANGERS et CHARTRES, sans arrêt sur le réseau de l'Ouest.

2e Itinéraire
1re classe : 54 francs. — 2e classe : 41 francs.

DURÉE : 15 JOURS

PARIS, ORLÉANS, BLOIS, AMBOISE, TOURS, CHENONCEAUX, et retour à TOURS, LOCHES, et retour à TOURS, LANGEAIS, et retour à PARIS, vià BLOIS ou VENDOME.

Les voyageurs porteurs de billets du premier itinéraire auront la faculté d'effectuer sans supplément de prix, soit à l'aller, soit au retour, le trajet entre Nantes et Saint-Nazaire dans les bateaux de la Compagnie Française de Navigation et de Constructions navales.

La durée de validité du premier de ces itinéraires peut être prolongée d'une deux ou trois périodes successives de 10 jours, moyennant paiement, pour chaque période, d'un supplément égal à 10 % du prix primitif du billet.

BILLETS DE PARCOURS SUPPLÉMENTAIRES

Il est délivré, de toute station du réseau pour une autre station du réseau située sur l'itinéraire à parcourir, des billets aller et retour de 1re et de 2e classe aux prix réduits du Tarif spécial G. V. n° 2.

Services les plus rapides entre Paris, Cologne, Coblence et Francfort-sur-Mein.

ALLER			RETOUR		
Paris-Nord . . . . .*dép.*	1.50 s.	9.25 s.	Francfort-sur-Mein.*dép.*	8.25m.	5.48 s.
Cologne. . . . . . .*arr.*	11.20 s.	7.58m.	Coblence . . . . . .*dép.*	11.19m.	8.39 s.
Coblence . . . . . .*arr.*	2.52 s.	10.12m.	Cologne. . . . . . .*dép.*	1.45 s.	11.19 s.
Francfort-sur-Mein.*arr.*	6.32m.	Midi 17	Paris-Nord . . . . .*arr.*	11. » s.	8.20m.

En utilisant le **Nord-Express**, 1re et 2e classes, entre Paris et Liège, et le train de luxe **Ostende-Vienne**, entre Liège et Francfort-sur-Mein, le trajet de Paris-Nord à Coblence s'effectue en 10 heures et celui de Paris-Nord à Francfort-sur-Mein en 12 heures, par les itinéraires indiqués ci-dessous " Nord-Express ", pour l'aller et le retour.

Nord-Express.

Le train de luxe NORD-EXPRESS circule tous les jours entre *Paris-Nord, Liège* et *Berlin* avec continuation, les jeudis et dimanches, de *Berlin* sur *St-Pétersbourg*. — Au retour, les samedis et mercredis au départ de *St-Pétersbourg*, tous les jours entre *Berlin, Liège* et *Paris*,

Aller. — Départ de Paris-Nord, 1re et 2e classes, à 1 h. 50 soir. — Arrivée à Liège, à 7 h. 6 soir. — *Ce train correspond*, à l'aller seulement à *Liège, avec le train de luxe Ostende-Vienne*. — Départ de Liège, à 8 h. 8 soir. — Arrivée à Cologne, à 11 h. 51 soir. — Arrivée à Coblence, à 1 h. 22 matin. — Arrivée à Francfort-sur-Mein, à 3 h. 33 matin. — Arrivée à Berlin, à 8 h. matin. — Arrivée à Saint-Pétersbourg, les vendredis et les lundis, à 2 h. 40 soir.

Retour. — Départ de St-Pétersbourg, les samedis et mercredis, à 6 h. soir ; de Varsovie, à midi 27, les samedis ; de Berlin, tous les jours, à 11 h. 1 soir. — Départ de Francfort-sur-Mein, à minuit 36. — Départ de Cologne, à 4 h. 16 matin. — Départ de Liège à 6 h. 30 matin. — Arrivée à Paris-Nord, à 4 h. soir.

Services entre Paris, le Danemark, la Suède et la Norvège.

Deux express sur Copenhague, trajet en 28 heures.

Départs de Paris à 1 h. 50 et 9 h. 25 du soir.
Départs de Copenhague à midi et 8 h. 13 du soir.

Deux express sur Stockholm, trajet en 43 heures.

Départs de Paris à 1 h. 50 et 9 h. 25 ou 11 h. du soir.
Départs de Stockholm à 8 h. 40 et 10 h. 15 du soir.

Deux express sur Christiania, trajet en 53 heures.

Départs de Paris à 1 h. 50 et 9 h. 25 ou 11 h. du soir.
Départs de Christiania à 9 h. 40 matin et 11 h. 15 soir.

Chemins de fer du Nord.

Paris-Nord à Londres.
(Viâ Calais ou Boulogne)
Quatre services rapides quotidiens dans chaque sens.

VOIE LA PLUS RAPIDE

Tous les trains comportent des 2ᵉˢ classes.

En outre, les trains de l'après-midi et de Malle de Nuit partant de Paris-Nord pour Londres à 3 h. 25 soir et à 9 h. soir et de Londres pour Paris-Nord, à 2 h. 45 soir et à 9 h. soir, prennent les voyageurs munis de billets directs de 3ᵉ classe.

Départs de Paris-Nord :

Viâ Calais-Douvres : 9 h. 35 (*) (W.R.), 11 h. 20 (*) (W. R.) matin et 9 h. soir.

Viâ Boulogne-Folkestone : 10 h. 30 (*) matin et 3 h. 25 soir.

Départs de Londres :

Viâ Douvres-Calais : 9 h. (*) (W.R.), 11 h. (*) matin et 9 h. soir.

Viâ Folkestone-Boulogne : 10 h. (*) matin et 2 h. 45 soir (W.R.).

(*) Trains composés avec les nouvelles voitures à couloir sur bogies de la Cⁱᵉ du Nord, comprenant water-closet et lavabo.

(W. R.) Wagon-Restaurant entre Paris et Calais, et vice versa. Les voyageurs de 1ʳᵉ classe y ont seuls accès, les voyageurs de 2ᵉ classe n'y sont admis qu'en payant le supplément de 2ᵉ en 1ʳᵉ classe.

SERVICES OFFICIELS DE LA POSTE (Viâ Calais).

La gare de **Paris-Nord**, située au centre des affaires, est le point de départ de tous les Grands Express Européens pour l'Angleterre, l'Allemagne, la Russie, la Belgique, la Hollande, l'Italie, la Côte d'Azur, les Indes, l'Égypte, l'Espagne, le Portugal, etc.

Services directs entre Paris et Bruxelles.
Trajet en 4 h. 30.

Départ de Paris à 8 h. 30 du matin, midi 40, 3 h. 50, 6 h. 20 et 11 h. du soir.

Départs de Bruxelles à 8 h. et 8 h. 57 du matin, 1 h. et 6 h. 4 du soir et minuit 15.

Wagon-salon et wagon-restaurant aux trains partant de Paris à 6 h. 20 du soir et de Bruxelles à 8 heures du matin.

Wagon-salon-restaurant aux trains partant de Paris à 8 h. 30 du matin et de Bruxelles à 6 h. 4 du soir.

Services directs entre Paris et la Hollande.
Trajet en 10 heures.

Départs de Paris à 8 h. 30 matin, midi 40 et 11 h. soir.

Départs d'Amsterdam à 8 h. 28 mat., midi 40 et 6 h. 7 soir.

Départs d'Utrecht à 8 h. 40 matin, 1 h. 16 et 6 h. 46 soir.

Services directs entre Paris et la Russie.
Deux express sur Saint-Pétersbourg, trajet en 51 heures
(par le Nord-Express en 46 heures).

Départs de Paris à 8 h. 50 matin et 9 h. 25 ou 11 h. du soir.

Départs de Saint-Pétersbourg à midi et 10 h. 30 du soir.

Un express sur Moscou, trajet en 62 heures.

Départs de Paris à 9 h. 25 soir ; de Moscou à 5 h. 15 soir.

VOYAGES DANS LES PYRÉNÉES

La Compagnie d'Orléans délivre toute l'année des Billets d'excursions comportant les trois itinéraires ci-après, permettant de visiter le Centre de la France et les stations balnéaires des Pyrénées et du golfe de Gascogne.

1er ITINÉRAIRE

Paris, Bordeaux, Arcachon, Mont-de-Marsan, Tarbes, Bagnères-de-Bigorre, Montréjeau, Bagnères-de-Luchon, Pierrefitte-Nestalas, Pau, Bayonne, Bordeaux, Paris.

2e ITINÉRAIRE

Paris, Bordeaux, Arcachon, Mont-de-Marsan, Tarbes, Pierrefitte-Nestalas, Bagnères-de-Bigorre, Bagnères-de-Luchon, Toulouse, Paris (*Viâ* Montauban-Cahors-Limoges ou *viâ* Figeac-Limoges).

3e ITINÉRAIRE

Paris, Bordeaux, Arcachon, Dax, Bayonne, Pau, Pierrefitte-Nestalas, Bagnères-de-Bigorre, Bagnères-de-Luchon, Toulouse, Paris (*Viâ* Montauban-Cahors-Limoges, ou *viâ* Figeac-Limoges).

Durée de validité : 30 jours (non compris le jour du départ).

Prix des billets : 1re classe, 163 fr. 50. — 2e classe, 122 fr. 50.

La durée de validité de ces billets peut être prolongée d'une, deux ou trois périodes successives de 10 jours, moyennant le paiement, pour chaque période, d'un supplément égal à 10 % des prix ci-dessus.

Billets pour parcours supplémentaires

non compris dans les itinéraires des billets de voyages circulaires ci-dessus.

Il est délivré de toute station des réseaux d'Orléans et du Midi, pour une autre station de ces réseaux située sur l'itinéraire des Billets d'Excursion, ou inversement, des *Billets d'Aller et Retour* de 1re et 2e classe, avec réduction de 25 % en 1re classe et de 20 % en 2e classe sur le double du prix ordinaire des places.

PUBLICATIONS éditées par les soins de la Compagnie d'Orléans et mises en vente dans ses gares

Le **Livret-Guide** illustré de la Compagnie d'Orléans (Notices, Vues, Tarifs, Horaires), est mis en vente au prix de 30 centimes :

1° A Paris : dans les bureaux de quartier et dans les gares du Quai d'Orsay, du Pont Saint-Michel, d'Austerlitz, Luxembourg, Port-Royal et Denfert ;

2° En Province : dans les gares et principales stations.

Les publications ci-après, éditées par les soins de la Compagnie d'Orléans, sont mises en vente dans toutes les bibliothèques des gares de son réseau au prix de : 25 centimes.

Le Cantal. — Le Berry (au pays de George Sand). **— Bretagne. — De la Loire aux Pyrénées. — La Touraine. — Les Gorges du Tarn.**

LA FRANCE EN CHEMIN DE FER (Itinéraires géographiques)

1° De Paris à Tours. **— 2°** De Tours à Nantes. **— 3°** De Nantes à Landerneau et embranchements. **— 4°** D'Orléans à Limoges. **— 5°** De Limoges à Clermont-Ferrand, avec embranchement de Laqueuille à la Bourboule et au Mont-Dore. **— 6°** De Saint-Denis-près-Martel à Arvant, ligne du Cantal.

Cette collection sera continuée.

TYPOGRAPHIE FIRMIN-DIDOT ET Cᴵᴱ. — MESNIL (EURE).

VOYAGES CIRCULAIRES
A PRIX RÉDUITS AUX PYRÉNÉES

Billets de 1ʳᵉ et de 2ᵉ classes
délivrés toute l'année, avec faculté d'arrêt dans toutes
les stations du parcours

PRIX	1ʳᵉ classe	2ᵉ classe	Durée des voyages (1)
1ᵉʳ, 2ᵉ et 3ᵉ parcours. . .	68 fr.	51 fr.	20 jours
4ᵉ, 5ᵉ, 6ᵉ et 7ᵉ parcours. .	91 »	68 »	20 jours
8ᵉ parcours	114 «	87 »	25 jours

INDICATION DES PARCOURS ET DES GARES
délivrant des Billets indiqués ci-dessus

1ᵉʳ parcours. — Bordeaux, Agen, Montauban, Toulouse, Montréjeau, Bagnères-de-Luchon, Tarbes, Bagnères-de-Bigorre, Mont-de-Marsan, Arcachon Bordeaux.

2ᵉ parcours. — Bordeaux, Agen, Montauban, Toulouse, Montréjeau, Bagnères-de-Luchon, Tarbes, Bagnères-de-Bigorre, Pierrefitte, Pau, Bayonne, Hendaye-Irun, Dax, Arcachon, Bordeaux.

3ᵉ parcours. — Bordeaux, Arcachon, Mont-de-Marsan, Tarbes, Bagnères-de-Bigorre, Montréjeau, Bagnères-de-Luchon, Pierrefitte, Pau, Bayonne, Hendaye-Irun, Dax, Bordeaux.

4ᵉ parcours. — Comme au 1ʳᵉ itinéraire, plus le trajet de Toulouse-Cette et retour.

5ᵉ parcours. — Comme au 2ᵉ itinéraire, plus le trajet de Toulouse-Cette et retour.

6ᵉ parcours. — Comme au 1ᵉʳ itinéraire, plus le trajet de Toulouse-Cerbère-Port-Bou et retour.

7ᵉ parcours. — Comme au 2ᵉ itinéraire, plus le trajet de Toulouse-Cerbère-Port-Bou et retour.

8ᵉ parcours. — Marseille, Cette, Béziers, Narbonne, Carcassonne, Castelnaudary, Toulouse, Montauban, Agen, Bordeaux-St-Jean, Arcachon, Dax Bayonne, Pau ou Dax, Mimbaste, Pau, — ou Morcenx, Mont-de-Marsan, Tarbes, Pierrefitte-Nestalas, Bagnères-de-Bigorre, Tarbes, Bagnères-de-Luchon, Montréjeau, Toulouse, Cette, Marseille.

Les billets du 8ᵉ parcours peuvent être délivrés par les gares situées entre Vintimille, Grasse, Draguignan, les Salins d'Hyères et Toulon inclusivement, conjointement avec des billets d'aller et retour pour Marseille (Réduction de 25 % en 1ʳᵉ classe, 20 % en 2ᵉ classe).

Réciproquement, les porteurs de billets circulaires du 8ᵉ parcours délivrés sur le réseau du Midi peuvent obtenir à Marseille des billets d'aller et retour pour les gares du littoral méditerranéen (de Toulon à Vintimille), ayant la même durée que celle du billet circulaire, avec faculté de s'arrêter dans les gares du parcours.

---

(1) La durée de validité des billets peut être prolongée d'une ou de deux périodes de dix jours moyennant paiement, pour chaque période, d'un supplément égal à 10 0/0 de la valeur des billets et à la condition expresse que la demande de prolongation soit faite avant l'expiration de la durée primitive ou de la durée prolongée.

BILLETS D'ALLER ET RETOUR INDIVIDUELS

A DESTINATION DES STATIONS HIVERNALES ET BALNÉAIRES DES PYRÉNÉES

Billets délivrés toute l'année, avec réduction de 25 % en 1re classe et 20 % en 2e et 3e classes dans les gares des Réseaux du Nord, de l'État d'Orléans et du Midi (1).

Durée de validité : 25 jours, non compris les jours de départ et d'arrivée.

Faculté de prolongation moyennant supplément de 10 %

Ces billets doivent être demandés 3 jours à l'avance à la gare du départ.

Un arrêt facultatif est autorisé à l'aller et au retour pour tout parcours de plus de 500 kil.

BILLETS DE FAMILLE

A DESTINATION DES STATIONS HIVERNALES ET BALNÉAIRES DES PYRÉNÉES

Billets délivrés toute l'année dans les gares des réseaux du Nord, de l'État, d'Orléans et du Midi, avec les réductions suivantes :

Pour une famille de 2 personnes 20 % ; de 3, 25 % ; de 4, 30 % ; de 5, 35 % ; de 6 ou plus, 40 %.

Arrêts facultatifs sur tous les points du parcours désignés sur la demande.

Durée de validité : **33 jours**, non compris les jours de départ et d'arrivée.

Faculté de prolongation moyennant supplément de 10 %

Ces billets doivent être demandés au moins 4 jours à l'avance à la gare de départ.

———————

Avis. — Un livret indiquant en détail les prix et les conditions dans lesquelles peuvent être effectués les excursions ci-dessus, est envoyé franco à toute personne qui en fait la demande à la Compagnie du Midi. Cette demande doit être adressée au Bureau commercial de la Compagnie, 54, boulevard Haussmann, à Paris.

———————

(1) Au départ des gares du réseau du Midi, ces billets d'aller et retour ne sont délivrés que pour les stations distantes d'au moins 50 kilomètres de la gare d'émission.

Chemins de fer du Nord.

Paris-Nord à Londres

Nous sommes informés que de notables améliorations vont être apportées par la *Compagnie du Chemin de fer du Nord* et par celle du *South-Eastern and Chatham Railway*, dans l'organisation des services rapides entre **Paris-Londres**, par les deux grandes voies de Boulogne-Folkestone et de Calais-Douvres.

La principale innovation est la création d'un service nouveau d'après-midi tout à fait rapide. Dans le sens de **Paris-Londres**, un grand train rapide de 1re et 2e classes, composé avec de grandes voitures à couloir et à bogies du dernier type, avec wagon restaurant, partira de Paris à 4 h. soir pour arriver à Boulogne à 6 h. 50, en correspondance avec un bateau luxueux et rapide, de Boulogne à Folkestone, qui permettra aux voyageurs d'arriver à Londres (Charing-Cross) à 10 h. 45 soir, c'est-à-dire après un voyage de 6 h. 45 seulement.

De **Londres à Paris**, le service nouveau d'après-midi permettra aux voyageurs de partir de Londres à 2 h. 20 du soir et de Boulogne à 6 h. 17 ; il arrivera à Paris à 9 h. 15 du soir, réalisant une durée totale de trajet de 6 h. 55 seulement ; sur le parcours français, le train sera également composé avec de grandes voitures à couloir et à bogies, comportant un wagon restaurant, etc.

Le grand attrait de ce nouveau service sera de permettre aux voyageurs de faire le trajet entre Paris et Londres, ou vice versa, sans perdre en voyage les heures de la journée qui peuvent être entièrement consacrées aux affaires, et sans rien prélever sur les heures réservées au sommeil. Il permettra, en outre, aux voyageurs rentrant à Londres d'arriver en temps utile pour tous les trains qui desservent la banlieue de Londres et même la direction de Manchester, Liverpool ; aux voyageurs arrivant à Paris, il donnera, par un train passant par la Ceinture, la correspondance avec le Grand Rapide de nuit de Bordeaux, Biarritz et l'Espagne, à la gare d'Orléans, et avec le Rapide de l'Italie, Milan, Venise, etc... à la gare du P.-L.-M.

Ce service nouveau ne constitue pas la seule amélioration apportée dans les relations franco-anglaises *vià* Boulogne et Calais ; les services existants ont été également accélérés.

C'est ainsi que le train partant actuellement de Paris à 8 h. 40 matin et dont le départ sera avancé à 8 h. 15 permettra aux voyageurs d'arriver à Londres, *vià* Boulogne à 3 h. 45 soir, au lieu de 4 h. 55, réalisant ainsi une diminution de parcours de 45 minutes et surtout arrivant en temps utile pour trouver à Londres la correspondance avec tous les grands rapides de l'après-midi dans toutes les directions : Manchester, Liverpool, Leeds, Sheffield, Nottingham, Leicester, Bradfort, Newcastle, Edimbourg.

Les deux grands services rapides, *vià* Calais, qui se partagent la faveur de la haute clientèle internationale, bénéficiant des réductions analogues dans la durée des parcours des grands trains et des grands bateaux, qui les assurent, en réalisant le maximum de confort, grâce à la réunion de tous les perfectionnements connus en fait de matériel de chemin de fer et de navigation.

Le tableau ci-dessous donne le service franco-anglais tel qu'il sera mis en vigueur au 3 Juin prochain, entre Paris et Londres, par les voies de la Compagnie du Nord et celle du S. E. et C.R.

DE PARIS A LONDRES

	DÉP. DE PARIS	ARR. A LONDRES	DURÉE DU TRAJET
1. 2. 3. cl. . . . . Viâ Boulogne.	8 h. 15 m.	3 h. 45 s.	7 h. 30
1. 2. cl. . . . . Viâ Calais.	9 h. 45 m.	4 h. 50 s.	7 h. 05
1. 2. cl. . . . . Viâ Calais.	11 h. 35 m.	7 h. » s.	7 h. 25
1. 2. 3. cl. . . . . . . Viâ Boulogne.	3 h. » s.	10 h. 45 s.	7 h. 45
1. 2. cl. . . . . Viâ Boulogne.	4 h. » s.	10 h. 45 s.	6 h. 45
1. 2. 3. cl. . . . . . . Viâ Calais.	9 h. » s.	5 h. 40 s.	8 h. 40

DE LONDRES A PARIS

	DÉP. DE LONDRES	ARR. A PARIS	DURÉE DU TRAJET
1. 2. cl. . . . . Viâ Calais.	9 h. » m.	4 h. 45 s.	7 h. 45
1. 2. 3. cl. . . . . . . Viâ Boulogne.	10 h. » m.	6 h. 05 s.	8 h. 05
1. 2. cl. . . . . Viâ Calais.	11 h. » m.	6 h. 55 s.	7 h. 55
1. 2. cl. . . . . Viâ Boulogne.	2 h. 20 s.	9 h. 15 s.	6 h. 55
1. 2. 3. cl. . . . . . . Viâ Boulogne.	2 h. 20 s.	10 h. 50 s.	8 h. 30
1. 2. 3. cl. . . . . . . Viâ Calais.	9 h. » s.	5 h. 50 m.	8 h. 50

Il est intéressant d'appeler l'attention sur ce fait que ces progrès ne se-ront pas réservés exclusivement aux voyageurs de 1re et de 2e classes. Ces deux Compagnies, qui admettent déjà les voyageurs de 3e classe dans le ser-vice rapide de nuit *via* Calais, admettront également ces voyageurs de 3e classe dans le premier service de jour *via* Boulogne (Départ de Paris à 8 h. 15. de Londres à 10 h.).

Pendant la période d'Été même, c'est-à-dire généralement de Juin à Oc-tobre, les voyageurs de 3e classe pourront partir de Paris à 3 h. du soir et arriver à Londres à 10 h. 45 et ceux qui quittent Londres, prendre le train de 2 h. 20 à Charing-Cross et arriver à Paris à 10 h. 50, montant dans le train à Bou-logne à 7 h. 10.

Services les plus rapides entre Paris, Cologne, Coblence et Francfort-sur-Mein.

ALLER				RETOUR		
Paris-Nord . . . . .*dép.*	1.50 s.	9.25 s.	Francfort-sur-Mein.*dép.*	8.25m.	5.48 s.
Cologne. . . . . . .*arr.*	11.20 s.	7.58m.	Coblence . . . .*dép.*	11.19m.	8.39 s.
Coblence . . . . .*arr.*	2.52 s.	10.12m.	Cologne. . . . . . .*dép.*	1.45 s.	11.19 s.
Francfort-sur-Mein.*arr.*	6.32m.	Midi 17	Paris-Nord . . . . .*arr.*	11. » s.	8.20m.

En utilisant le **Nord-Express**, 1re et 2e classes, entre Paris et Liège, et le train de luxe **Ostende-Vienne**, entre Liège et Francfort-sur-Mein, le trajet de Paris-Nord à Coblence s'effectue en 10 heures et celui de Paris-Nord à Francfort-sur-Mein en 12 heures, par les itinéraires indiqués ci-dessous " NORD-EXPRESS ", pour l'aller et le retour.

Chemins de fer de Paris à Orléans.

Excursions en Touraine, aux Châteaux des Bords de la Loire
ET AUX STATIONS BALNÉAIRES
De la Ligne de Saint-Nazaire au Croisic et à Guérande

1er Itinéraire

1re classe : 80 francs. — 2e classe : 63 francs.

DURÉE : 30 JOURS

PARIS, ORLÉANS, BLOIS, AMBOISE, TOURS, CHENONCEAUX, et retour à TOURS, LOCHES, et retour à TOURS, LANGEAIS, SAUMUR, ANGERS, NANTES, SAINT-NAZAIRE, LE CROISIC, GUÉRANDE, et retour à PARIS, vià BLOIS, ou VENDÔME, ou par ANGERS et CHARTRES, sans arrêt sur le réseau de l'Ouest.

2e Itinéraire

1re classe : 54 francs. — 2e classe : 41 francs.

DURÉE : 15 JOURS

PARIS, ORLÉANS, BLOIS, AMBOISE, TOURS, CHENONCEAUX, et retour à TOURS, LOCHES, et retour à TOURS, LANGEAIS, et retour à PARIS, vià BLOIS ou VENDÔME.

Les voyageurs porteurs de billets du premier itinéraire auront la faculté d'effectuer sans supplément de prix, soit à l'aller, soit au retour, le trajet entre Nantes et Saint-Nazaire dans les bateaux de la Compagnie Française de Navigation et de Constructions navales.

La durée de validité du premier de ces itinéraires peut être prolongée d'une, deux ou trois périodes successives de 10 jours, moyennant paiement, pour chaque période, d'un supplément égal à 10 % du prix primitif du billet.

BILLETS DE PARCOURS SUPPLÉMENTAIRES

Il est délivré, de toute station du réseau pour une autre station du réseau située sur l'itinéraire à parcourir, des billets aller et retour de 1re et de 2e classe aux prix réduits du Tarif spécial G. V. n° 2.

VOYAGES DANS LES PYRÉNÉES

La Compagnie d'Orléans délivre toute l'année des Billets d'excursions comportant les trois itinéraires ci-après, permettant de visiter le Centre de la France et les stations balnéaires des Pyrénées et du golfe de Gascogne.

1er ITINÉRAIRE

Paris, Bordeaux, Arcachon, Mont-de-Marsan, Tarbes, Bagnères-de-Bigorre, Montréjeau, Bagnères-de-Luchon, Pierrefitte-Nestalas, Pau, Bayonne, Bordeaux, Paris.

2e ITINÉRAIRE

Paris, Bordeaux, Arcachon, Mont-de-Marsan, Tarbes, Pierrefitte-Nestalas, Bagnères-de-Bigorre, Bagnères-de-Luchon, Toulouse, Paris (*Vià* Montauban-Cahors-Limoges ou *vià* Figeac-Limoges).

3e ITINÉRAIRE

Paris, Bordeaux, Arcachon, Dax, Bayonne, Pau, Pierrefitte-Nestalas, Bagnères-de-Bigorre, Bagnères-de-Luchon, Toulouse, Paris (*Vià* Montauban–Cahors-Limoges, ou *vià* Figeac-Limoges).

Durée de validité : 30 jours (non compris le jour du départ).

Prix des billets : 1re classe, 163 fr. 50. — 2e classe, 122 fr. 50.

La durée de validité de ces billets peut être prolongée d'une, deux ou trois périodes successives de 10 jours, moyennant le paiement, pour chaque période, d'un supplément égal à 10 °/₀ des prix ci-dessus.

Billets pour parcours supplémentaires

non compris dans les itinéraires des billets de voyages circulaires ci-dessus.

Il est délivré de toute station des réseaux d'Orléans et du Midi, pour une autre station de ces réseaux située sur l'itinéraire des Billets d'Excursion, ou inversement, des *Billets d'Aller et Retour* de 1re et 2e classe, avec réduction de 25 % en 1re classe et de 20 % en 2e classe sur le double du prix ordinaire des places.

Excursions aux Stations Thermales et Hivernales
des Pyrénées et du Golfe de Gascogne
Arcachon, Biarritz, Dax, Pau, Salies-de-Béarn, etc.

Des billets aller et retour de toutes classes, valables pendant 33 jours, non compris les jours de départ et d'arrivée, avec réduction de 25 % en 1re classe et de 20 % en 2e et 3e classes sur les prix calculés au tarif général d'après l'itinéraire effectivement suivi, sont délivrés toute l'année, à toutes les stations du réseau d'Orléans pour :

ADGE (Le Grau), ALET, AMÉLIE-LES-BAINS, ARCACHON, ARGELÈS-GAZOST, ARGELÈS-SUR-MER, ARLES-SUR-TECH (La Preste), ARREAU-CADÉAC (Vielle-Aure), AX-LES-THERMES, BAGNÈRES-DE-BIGORRE, BAGNÈRES-DE-LUCHON, BALARUC-LES-BAINS, BANYULS-SUR-MER, BARBOTAN, BIARRITZ, BOULOU-PERTHUS (le), CAMBO-LES-BAINS, CAPVERN, CAUTERETS, COLLIOURE, COUI-ZA-MONTAZELS (Rennes-les-Bains), DAX, ESPÉRAZA (Campagne-les-Bains), GAMARDE, GRENADE-SUR-L'ADOUR (Eugénie-les-Bains), GUÉTHARY (halte), GUJAN-MESTRAS, HENDAYE, LABENNE (Capbreton), LABOUHÈYRE (Mimizan), LALUQUE (Préchacq-les-Bains), LAMALOU-LES-BAINS, LARUNS-EAUX-BONNES (Eaux-Chaudes), LEUCATE (La Franqui), LOURDES, LOURES-BAR-BAZAN, MARIGNAC-SAINT-BÉAT (Lez, Val-d'Aran), NOUVELLE (la), OLORON-SAINTE-MARIE (Saint-Christau), PAU, PIERREFITTE-NESTALAS (Barèges, Luz, Saint-Sauveur), PORT-VENDRES, PRADES (Molitg), QUILLAN (Ginoles, Carcanières, Escouloubre, Usson-les-Bains), SAINT-FLOUR (Chaudesaigues), SAINT-GAUDENS (Encausse, Ganties), SAINT-GIRONS (Audinac, Aulus), SAINT-JEAN-DE-LUZ, SALÉCHAN (Sainte-Marie, Siradan), SALIES-DE-BÉARN, SALIES-DU-SALAT, USSAT-LES-BAINS et VILLEFRANCHE-DE-CONFLENT (le Vernet, Thuès, les Escaldas, Gratis-de-Canaveilles).

PUBLICATIONS éditées par les soins de la Compagnie d'Orléans et mises en vente dans ses gares

Le **Livret-Guide** illustré de la Compagnie d'Orléans (Notices, Vues, Tarifs, Horaires), est mis en vente au prix de 30 centimes :

1° À Paris : dans les bureaux de quartier et dans les gares du Quai d'Orsay, du Pont Saint-Michel, d'Austerlitz, Luxembourg, Port-Royal et Denfert ;

2° En Province : dans les gares et principales stations.

Les publications ci-après, éditées par les soins de la Compagnie d'Orléans, sont mises en vente dans toutes les bibliothèques des gares de son réseau au prix de : 25 centimes.

Le Cantal. — Le Berry (au pays de George Sand). — **Bretagne. — De la Loire aux Pyrénées. — La Touraine. — Les Gorges du Tarn.**

LA FRANCE EN CHEMIN DE FER (Itinéraires géographiques)

1° **De Paris à Tours.** — 2° **De Tours à Nantes.** — 3° **De Nantes à Landerneau** et embranchements. — 4° **D'Orléans à Limoges.** — 5° **De Limoges à Clermont-Ferrand**, avec embranchement de Laqueuille à la Bourboule et au Mont-Dore. — 6° **De Saint-Denis-près-Martel à Arvant**, ligne du Cantal. *Cette collection sera continuée.*

Chemins de fer de Paris à Lyon et à la Méditerranée.

BAINS DE MER. — Billets de 33 jours

1° Billets individuels.

Il est délivré du 1er juin au 15 septembre des billets d'aller et retour de bains de mer de 1re, 2e et 3e classes à prix réduits, pour les stations balnéaires suivantes : AGAY, AIGUES-MORTES, ANTIBES, BANDOL, BEAULIEU, CANNES, GOLFE-JUAN-VALLAURIE, HYÈRES, LA CIOTAT, LA SEYNE-TAMARIS-SUR-MER, MENTON, MONACO, MONTE-CARLO, MONTPELLIER, NICE, OLLIOULES-SANARY, ST-RAPHAËL-VALESCURE, TOULON, VILLEFRANCHE-SUR-MER.

Ces billets sont émis dans toutes les gares du réseau P.-L.-M. et doivent comporter un parcours minimum de 300 kilomètres aller et retour.

2° Billets collectifs pour Familles.

Il est également délivré, du 15 mai au 15 septembre de chaque année, aux familles d'au moins deux personnes, des billets d'aller et retour collectifs de bains de mer de 1re, 2e et 3e classes, pour les stations balnéaires citées plus haut ainsi que pour CETTE et JUAN-LES-PINS. Ces billets émis dans toutes les gares du réseau P.-L.-M., doivent comporter un parcours simple minimum de 150 kilomètres.

Le prix s'obtient en ajoutant au prix de deux billets simples (pour la première personne) le prix d'un billet simple pour la deuxième personne, la moitié de ce prix pour la troisième personne et chacune des suivantes.

Arrêts facultatifs.

Faire la demande de billets quatre jours au moins avant le départ.

VOYAGES CIRCULAIRES A ITINÉRAIRES FIXES

Il est délivré, toute l'année, à la gare de PARIS-LYON, ainsi que dans les principales gares situées sur les itinéraires, des billets de Voyages circulaires à itinéraires fixes extrêmement variés, permettant de visiter en 1re ou 2e classe, à des prix très réduits, les contrées les plus intéressantes de la *France*, ainsi que l'ALGÉRIE, la TUNISIE, l'ITALIE, l'ESPAGNE, l'AUTRICHE et la BAVIÈRE.

Avis important. — Les renseignements les plus complets sur les voyages circulaires et d'excursion (prix, conditions, cartes et itinéraires), ainsi que sur les billets simples et d'aller et retour, cartes d'abonnement, relations internationales, horaires, etc., sont renfermés dans le Livret-Guide P.-L.-M.

VILLES D'EAUX. - Billets d'aller et retour collectifs

Il est délivré, du 15 mai au 15 septembre, dans toutes les gares du réseau P.-L.-M., sous condition d'effectuer un simple parcours minimum de 150 kilomètres, aux familles d'au moins quatre personnes payant place entière et voyageant ensemble, des billets d'aller et retour collectifs de 1re, 2e et 3e classes, valables 33 jours, pour les stations thermales suivantes : AIX-EN-PROVENCE, AIX-LES-BAINS (Aix-les-Bains, Marlioz), BAUME-LES-DAMES (Guillon), BESANÇON, BOLLÈNE-LA-CROIZIÈRE (Condorcet), BOURBON-LANCY, CARPENTRAS (Montbrun), CETTE (Balaruc), CHAMBÉRY (Challes), CHARBONNIÈRES, CLERMONT-FERRAND (Royat), COUDES (St-Nectaire), DIGNE, DIVONNE, EUZET-LES-BAINS, ÉVIAN-LES-BAINS (Amphion), GENÈVE (Clampel), GRENOBLE (Uriage), GROISY-LE-PLOT-LA-CAILLE, LA BASTIDE-SAINT-LAURENT-LES-BAINS, LE FAYET-SAINT-GERVAIS, LÉPIN-LAC-D'AIGUEBELETTE (la Beauche), LE VIGAN (Cauvalat-les-Vigan), LONS-LE-SAUNIER, MANOSQUE (Gréoulx), MENTHON (Lac d'Annecy), MONTÉLIMAR (Bondonneau), MONTPELLIER (Palavas), MONTROND (Montrond-Geyser), MOULINS (Bourbon-l'Archambault), MOUTIERS-SALINS (Salins, Brides), PONTCHARRA-SUR-BRÉDA (Allevard), POUGUES-LES-EAUX, RÉMILLY (St-Honoré-les-Bains), RIOM (Châtelguyon, Châteauneuf), ROANNE (St-Alban), SAIL-SOUS-COUZAN, SAINT-GEORGES-DE-COMMIERS (La Motte-les-Bains), ST-JULIEN-DE-CASSAGNAS (Les Fumades), ST-MARTIN-SAIL-LES-BAINS, SALINS (Jura), SANTHENAY, SARRIANS-MONTMIRAIL, SAUVE (Fonsange-les-Bains), THONON-LES-BAINS, VALS-LES-BAINS-LABÉGUDE, VANDENESSE-ST-HONORÉ-LES-BAINS, VICHY (Vichy, Cusset), VILLEFORT (Bagnols).

Le prix s'obtient en ajoutant au prix de six billets simples ordinaires (pour les trois premières personnes) le prix d'un billet simple pour la quatrième personne, la moitié de ce prix pour la cinquième et chacune des suivantes.

Arrêts facultatifs.

Faire la demande de billets quatre jours au moins à l'avance.

VOYAGES CIRCULAIRES
A COUPONS COMBINABLES
sur le réseau P.-L.-M. et sur les réseaux P.-L.-M. et Est.

Il est délivré, toute l'année, dans toutes les gares du réseau P.-L.-M., des carnets individuels ou de famille, pour effectuer, sur ce seul réseau ou sur les réseaux P.-L.-M. et Est, en 1re, 2e et 3e classes, des voyages circulaires à itinéraire tracé par les voyageurs eux-mêmes avec parcours totaux d'au moins 300 kilomètres. Les prix de ces carnets comportent des réductions très importantes qui peuvent atteindre, pour les carnets collectifs, 50 % du tarif général. La validité de ces carnets est de 30 jours jusqu'à 1.500 kilomètres; 45 jours de 1.501 à 3.000 kilomètres; 60 jours pour plus de 3.000 kilomètres. Faculté de prolongation, à deux reprises, de 15 jours pour les carnets valables 30 jours; 23 jours pour les carnets valables 45 jours, et de 30 jours pour les carnets valables 60 jours, moyennant le paiement d'un supplément égal à 10 % du prix total du carnet pour chaque prolongation.

Arrêts facultatifs à toutes les gares du parcours.

Pour se procurer un carnet individuel ou collectif, il suffit de tracer sur une carte qui est délivrée gratuitement dans toutes les gares P.-L.-M., bureaux de ville et agences de la compagnie, le voyage à effectuer et d'envoyer cette carte, 5 jours avant le départ, à la gare où le voyage doit être commencé en joignant à cet envoi une consignation de 10 fr. Le délai de demande est réduit à 2 jours (dimanches et fêtes non compris) pour certaines grandes gares.

Relations directes entre Paris & l'Italie
(Viâ Mont-Cenis).

Billets d'Aller et Retour de Paris à Turin, à Milan, à Gênes et à Venise
(Viâ Dijon, Mâcon, Aix-les-Bains et Modane)

Prix des billets : TURIN, 1re classe, 148 fr. 10; 2e classe, 106 fr. 45. — MILAN, 1re classe, 166 fr. 55; 2e classe, 121 fr. 70. — GÊNES, 1re classe, 168 fr. 40; 2e classe, 120 fr. 05. — VENISE, 1re classe, 218 fr. 95; 2e classe, 155 fr. 80. — Validité : 30 jours.

Ces billets sont délivrés, toute l'année, à la gare de Paris P.-L.-M. et dans les bureaux-succursales.

La validité des billets d'aller et retour *Paris-Turin* est portée gratuitement à 60 jours lorsque les voyageurs justifient avoir pris à Turin un billet de voyage circulaire intérieur italien. D'autre part, la durée de validité des billets d'aller et retour *Paris-Turin* peut être prolongée d'une période unique de 15 jours, moyennant le paiement d'un supplément de 14 fr. 80 en 1re classe, et de 10 fr. 65 en 2e classe.

Arrêts facultatifs à toutes les gares du parcours.

Franchise de 30 kilos de bagages sur le parcours P.-L.-M.

Trajet rapide de Paris à Turin et à Milan, sans changement de voiture.

EXCURSIONS EN DAUPHINÉ

La Compagnie P.-L.-M. offre aux touristes et aux familles qui désirent se rendre dans le Dauphiné, vers lequel les voyageurs se portent de plus en plus nombreux chaque année, diverses combinaisons de voyages circulaires à itinéraires fixes ou facultatifs permettant de visiter à des prix réduits les parties les plus intéressantes de cette admirable région : la GRANDE-CHARTREUSE, les GORGES DE LA BOURNE, les GRANDS-GOULETS, les massifs d'ALLEVARD et des SEPT-LAUX, la route de BRIANÇON et le massif du PELVOUX, etc...

La nomenclature de ces voyages, avec prix et conditions, figure dans le Livret-Guide P.-L.-M. qui est mis en vente au prix de 0 fr. 50 dans les gares du réseau, ou envoyé contre 0 fr. 85 en timbres-poste adressés au Service central de l'Exploitation (Publicité), 20, boulevard Diderot, Paris.

BILLETS SIMPLES DE FRANCE EN ESPAGNE

Des gares ci-dessous à Barcelone	1re cl.	2e cl.	3e cl.	De Barcelone aux gares ci-dessous	1re cl.	2e cl.	3e cl.
Paris...........	132.80	91.55	59.45	Paris...........	132.90	91.65	59.50
Lyon...........	83.05	57.95	37.55	Lyon	83.15	58.05	37.60
Marseille.......	61.80	43.30	28 »	Marseille.......	61.40	43.40	28.05
Genève........	100.65	69.85	45.80	Genève........	100.75	69.95	45.35

Livret-Guide P.-L.-M.

Le LIVRET-GUIDE OFFICIEL P.-L.-M. qui contient tous les détails sur les billets d'aller et retour, d'excursions, de bains de mer, circulaires, etc., est mis en vente, au prix de *50 centimes,* dans toutes les gares du réseau, ou envoyé contre *85 centimes* en timbres-poste, adressés au Service central de l'exploitation (Publicité), 20, boulevard Diderot, à Paris.

TYPOGRAPHIE FIRMIN-DIDOT ET Cie. — MESNIL (EURE)

Chemins de fer de Paris à Orléans.

Excursions en Touraine, aux Châteaux des Bords de la Loire
ET AUX STATIONS BALNÉAIRES
De la Ligne de Saint-Nazaire au Croisic et à Guérande

1er Itinéraire
1re classe : 86 francs. — 2e classe : 63 francs.

DURÉE : 30 JOURS

PARIS, ORLÉANS, BLOIS, AMBOISE, TOURS, CHENONCEAUX, et retour à TOURS, LOCHES, et retour à TOURS, LANGEAIS, SAUMUR, ANGERS, NANTES, SAINT-NAZAIRE, LE CROISIC, GUÉRANDE, et retour à PARIS, viâ BLOIS, ou VENDÔME, ou par ANGERS et CHARTRES, sans arrêt sur le réseau de l'Ouest.

2e Itinéraire
1re classe : 54 francs. — 2e classe : 41 francs.

DURÉE : 15 JOURS

PARIS, ORLÉANS, BLOIS, AMBOISE, TOURS, CHENONCEAUX, et retour à TOURS, LOCHES, et retour à TOURS, LANGEAIS, et retour à PARIS, viâ BLOIS ou VENDÔME.

Les voyageurs porteurs de billets du premier itinéraire auront la faculté d'effectuer sans supplément de prix, soit à l'aller, soit au retour, le trajet entre Nantes et Saint-Nazaire dans les bateaux de la Compagnie Française de Navigation et de Constructions navales.

La durée de validité du premier de ces itinéraires peut être prolongée d'une, deux ou trois périodes successives de 10 jours, moyennant paiement, pour chaque période, d'un supplément égal à 10 % du prix primitif du billet.

BILLETS DE PARCOURS SUPPLÉMENTAIRES
Il est délivré, de toute station du réseau pour une autre station du réseau située sur l'itinéraire à parcourir, des billets aller et retour de 1re et de 2e classe aux prix réduits du Tarif spécial G. V. n° 2.

VOYAGES DANS LES PYRÉNÉES

La Compagnie d'Orléans délivre toute l'année des Billets d'excursions comportant les trois itinéraires ci-après, permettant de visiter le Centre de la France et les stations balnéaires des Pyrénées et du golfe de Gascogne.

1er ITINÉRAIRE
Paris, Bordeaux, Arcachon, Mont-de-Marsan, Tarbes, Bagnères-de-Bigorre, Montréjeau, Bagnères-de-Luchon, Pierrefitte-Nestalas, Pau, Bayonne, Bordeaux, Paris.

2e ITINÉRAIRE
Paris, Bordeaux, Arcachon, Mont-de-Marsan, Tarbes, Pierrefitte-Nestalas, Bagnères-de-Bigorre, Bagnères-de-Luchon, Toulouse, Paris (Viâ Montauban-Cahors-Limoges ou viâ Figeac-Limoges).

3e ITINÉRAIRE
Paris, Bordeaux, Arcachon, Dax, Bayonne, Pau, Pierrefitte-Nestalas, Bagnères-de-Bigorre, Bagnères-de-Luchon, Toulouse, Paris (Viâ Montauban-Cahors-Limoges, ou viâ Figeac-Limoges).

Durée de validité : 30 jours (non compris le jour du départ).

Prix des billets : 1re classe, 163 fr. 50. — 2e classe, 122 fr. 50.

La durée de validité de ces billets peut être prolongée d'une, deux ou trois périodes successives de 10 jours, moyennant le paiement, pour chaque période, d'un supplément égal à 10 °/₀ des prix ci-dessus.

Billets de famille à prix réduits à l'occasion des Grandes Vacances.

En vue de faciliter les déplacements pendant les Grandes Vacances, la Compagnie d'Orléans délivre du 15 juillet (inclus) au 1er octobre (inclus) de toute station de son réseau pour toute station du réseau, distante d'au moins 125 kil. de la station de départ, des billets d'aller et retour de famille en 1re, 2e et 3e classes aux conditions suivantes :

Réduction de 50 % sur le double du prix des billets simples pour chaque personne en sus de deux, autrement dit, le prix du billet de famille, aller et retour, s'obtient en ajoutant au prix de quatre billets simples, le prix d'un de ces billets pour chaque membre de la famille en plus de deux, l'itinéraire peut ne pas être le même à l'aller qu'au retour et les domestiques ont la faculté de prendre place dans une autre classe de voiture ou même dans un autre train que la famille.

Arrêt facultatif dans toutes les gares du parcours.

Durée de validité de ces billets 33 jours, non compris le jour du départ.

Facilités données aux Voyageurs pour aller visiter les plages de Bretagne desservies par le réseau d'Orléans.

La Compagnie d'Orléans délivre pendant la période du Samedi veille de la fête des Rameaux, au 31 octobre (inclusivement) des billets d'aller et retour individuels en 1re, 2e, et 3e classes pour les stations balnéaires de SAINT-NAZAIRE, PORNICHET, ESCOUBLAC-LA-BAULE, LE POULIGUEN, BATZ, LE CROISIC, GUÉRANDE, QUIBERON, St-PIERRE QUIBERON, PLOUHARNEL-CARNAC, VANNES, LORIENT, QUIMPERLÉ, CONCARNEAU, QUIMPER, PONT-L'ABBÉ, DOUARNENEZ et CHATEAULIN.

En vue de faciliter les déplacements des familles, la Compagnie vient de soumettre à l'approbation ministérielle la proposition de délivrer, au départ de toutes les stations du réseau situées à 125 kilomètres au moins des stations balnéaires dénommées ci-dessus, des billets collectifs aux familles d'au moins 3 personnes payant place entière et voyageant ensemble.

Le prix de ces billets s'obtient en ajoutant au prix de quatre billets simples ordinaires le prix de ces billets pour chaque membre de la famille en plus de deux. Toutefois, le prix par personne ne peut excéder le prix des billets individuels actuellement délivrés pour les mêmes stations balnéaires.

Aux termes de la proposition précitée, le chef de famille peut être autorisé à revenir seul à son point de départ à la condition d'en faire la demande en même temps que celle du billet.

Il peut, en outre, obtenir une carte d'identité sur la présentation de laquelle il pourra voyager isolément à moitié prix du tarif général pendant la durée de la villégiature de la famille, entre le lieu de départ et le lieu de destination mentionnés sur le billet.

La durée de validité des billets est de 33 jours, non compris le jour du départ ; elle peut être prolongée une ou deux fois d'une période de 30 jours moyennant le paiement d'un supplément de 10 % par chaque période.